Marion Steven

Produktionscontrolling

Verlag W. Kohlhammer

1. Auflage 2016

Alle Rechte vorbehalten
© W. Kohlhammer GmbH, Stuttgart
Gesamtherstellung: W. Kohlhammer GmbH, Stuttgart

Umschlagsabbildung:©tashatuvango – Fotolia.com

Print:
ISBN 978-3-17-30368-3

E-Book-Formate:
pdf: 978-3-17-30371-3
epub: 978-3-17-30373-7
mobi: 978-3-17-30374-4

Für den Inhalt abgedruckter oder verlinkter Websites ist ausschließlich der jeweilige Betreiber verantwortlich.
Die W. Kohlhammer GmbH hat keinen Einfluss auf die verknüpften Seiten und übernimmt hierfür keinerlei Haftung.

Vorwort

Die Aufgabe des Produktionscontrollings besteht in der Planung, Steuerung und Kontrolle der Abläufe in Produktion und Logistik sowie der dabei entstehenden Wertflüsse. Dabei kommen vielfältige Controlling-Instrumente zum Einsatz, die teils auf der strategischen und teils auf der operativen Ebene angesiedelt sind. Im Unterschied zum finanzwirtschaftlichen Controlling, das sich auf monetäre, quantitativ erfassbare Sachverhalte konzentriert, werden beim Produktionscontrolling auch nicht-monetäre und qualitative Sachverhalte betrachtet.

Das vorliegende Lehrbuch bietet eine gründliche Einführung in die Denkweise und die Methoden des Produktionscontrollings. Im Anschluss an eine Einführung in die Bedeutung des Produktionscontrollings und des Kostenmanagements werden die Planungs-, Koordinations-, Kontroll- und Informationsinstrumente für das Produktionscontrolling systematisch dargestellt. Anschließend wird die Anwendung dieser Instrumente anhand der Beispiele Logistikcontrolling, Controlling hybrider Leistungsbündel und Umweltcontrolling gezeigt.

Zielgruppen des Buchs sind Studierende der Wirtschaftswissenschaften und verwandter Studiengänge, die das Fach Produktionswirtschaft oder ähnliche Fächer, z. B. Logistik, Supply Chain Management, Materialwirtschaft, vertiefen und sich für das Gebiet des Produktionscontrollings interessieren. Weiter eignet es sich für Studierende der Natur- und Ingenieurwissenschaften sowie für Praktiker, die sich wirtschaftswissenschaftliche Kenntnisse aus dem Produktionscontrolling aneignen wollen.

Das Buch ist zur Unterstützung der gleichnamigen Masterveranstaltung an der Ruhr-Universität Bochum konzipiert und setzt daher einen gewissen betriebswirtschaftlichen Kenntnisstand voraus. Als Vorkenntnisse werden Grundlagen der Produktionswirtschaft benötigt, wie sie z. B. in den ebenfalls im Kohlhammer Verlag erschienenen Lehrbüchern „Einführung in die Produktionswirtschaft" (Steven 2013), „Produktionsmanagement" (Steven 2014) und „Produktionslogistik" (Steven 2015) vermittelt werden. Bei Sachverhalten, die in einem dieser Bücher ausführlich dargestellt werden, erfolgt ein entsprechender Verweis.

Der Aufbau des Buchs entspricht dem Ablauf einer Vorlesung. Es ist in 13 Lehreinheiten gegliedert, deren Inhalt jeweils dem Inhalt einer Vorlesungs-Doppelstunde entspricht. Die einzelnen Lehreinheiten können weitgehend unabhängig voneinander durchgearbeitet werden. Zu jeder Lehreinheit wird zusätzliche Literatur angegeben, durch die sich das jeweilige Thema vertiefen lässt. Die Ausführungen wechseln zwischen einem beschreibenden Niveau, durch das konzeptionelle und institutionelle Zusammenhänge verdeutlicht werden, und formalen Modellen, mit denen sich einzelne Teilprobleme abbilden und lösen lassen.

Lehreinheit 1 geht auf die wesentlichen Grundlagen ein: Es werden die Entwicklung und Bedeutung des Produktionscontrollings dargestellt sowie dessen Objekte, Ziele und Aufgaben behandelt.

Gegenstand der Lehreinheiten 2 bis 4 ist die Verankerung des Produktionscontrollings in der Kostenrechnung. Ausgehend von den Abläufen in der klassischen Kostenrechnung in Lehreinheit 2 werden in den Lehreinheiten 3 und 4 die grundsätzliche Vorgehensweise sowie aktuelle, für den Produktionsbereich besonders wichtige Erweiterungen des Kostenmanagements erläutert und anhand von Beispielen veranschaulicht.

In den Lehreinheiten 5 bis 10 stehen die Instrumente des Produktionscontrollings im Vordergrund. Dabei wird dem Ablauf des Controllingprozesses gefolgt, dessen Ausgangspunkt die Planung ist. Lehreinheit 5 befasst sich daher mit quantitativen und qualitativen Planungsverfahren für das Produktionscontrolling. Gegenstand der Lehreinheiten 6 und 7 sind Koordinationsinstrumente, die die Steuerung von Produktionsprozessen unterstützen. Im Anschluss an eine grundsätzliche Diskussion der Bedeutung der Koordination im Unternehmen werden Verrechnungspreise, die Budgetierung und Anreizsysteme dargestellt. Den Abschluss des Controllingprozesses bildet die Kontrolle. Lehreinheit 8 behandelt verschiedene Kontrollinstrumente, insbesondere die Abweichungsanalyse. Von großer Bedeutung für den Controllingprozess ist die Bereitstellung aktueller und geeigneter Informationen. Dies wird in den Lehreinheiten 9 und 10 anhand von Kennzahlen und dem Berichtswesen als wichtigen Informationsinstrumenten thematisiert.

Die letzten drei Lehreinheiten zeigen am Beispiel dreier ausgewählter Bereiche, wie sich die zuvor dargestellten Controlling-Instrumente konkretisieren und anwenden lassen. Lehreinheit 11 befasst sich mit dem Logistikcontrolling, Lehreinheit 12 mit dem Controlling hybrider Leistungsbündel und Lehreinheit 13 mit dem Umweltcontrolling.

Ich danke meinem Lehrstuhlteam für die vielfältige Unterstützung bei der Erstellung dieses Buchs. Meine früheren und derzeitigen wissenschaftlichen Mitarbeiter haben mir während der Entstehungszeit in intensiven Diskussionen geholfen, die Darstellung verständlich zu gestalten und auf die wesentlichen Sachverhalte zu beschränken. Die studentischen Hilfskräfte haben durch die Erstellung von Abbildungen und die Datenbeschaffung ebenfalls einen wichtigen Beitrag geleistet. Dank gilt auch den Bochumer Studierenden, die mir mit ihren kritischen Fragen viele wertvolle Anregungen gegeben haben. Dem Kohlhammer Verlag danke ich für die Bereitschaft zur Publikation des vorliegenden Buches und insbesondere Herrn Dr. Uwe Fliegauf für seine Anregungen, die kontinuierliche Betreuung und die reibungslose Abwicklung.

Bochum, im März 2016   Marion Steven

Inhalt

1	**Bedeutung des Produktionscontrollings**	**1**
1.1	Grundlagen des Produktionscontrollings	1
1.2	Entwicklung des Produktionscontrollings	3
1.3	Objekte des Produktionscontrollings	6
1.4	Ziele und Aufgaben des Produktionscontrollings	8
1.5	Weiterführende Literatur	12
2	**Klassische Kostenrechnung**	**13**
2.1	Grundlagen der Kostenrechnung	13
2.2	Kostenbegriff	15
2.3	Kostenverläufe	16
2.4	Prinzipien der Kostenverrechnung	18
2.5	Ablauf der Kostenrechnung	19
2.5.1	Kostenartenrechnung	21
2.5.2	Kostenstellenrechnung	23
2.5.3	Kostenträgerrechnung	30
2.6	Kostenrechnungssysteme	34
2.7	Weiterführende Literatur	37
3	**Grundlagen des Kostenmanagements**	**38**
3.1	Kostenmanagement als Teilgebiet der Kostenlehre	38
3.2	Gemeinkostenmanagement	39
3.2.1	Stufenweise Fixkostendeckungsrechnung	40
3.2.2	Relative Einzelkosten- und Deckungsbeitragsrechnung	44
3.3	Proaktives Kostenmanagement	46
3.4	Objekte des Kostenmanagements	48
3.5	Aufgaben des Kostenmanagements	49
3.5.1	Kostenplanung	50
3.5.2	Kostenkontrolle	52
3.5.3	Kostensteuerung	53
3.6	Weiterführende Literatur	56
4	**Instrumente des Kostenmanagements**	**57**
4.1	Einordnung der Kostenmanagement-Instrumente	57
4.2	Target Costing	60

4.2.1	Vorgehensweise des Target Costing	60
4.2.2	Beispiel zum Target Costing	63
4.2.3	Beurteilung des Target Costing	66
4.3	Prozesskostenrechnung	66
4.3.1	Grundgedanke der Prozesskostenrechnung	66
4.3.2	Aufbau der Prozesskostenrechnung	67
4.3.3	Beispiel zur Prozesskostenrechnung	70
4.3.4	Einsatz der Prozesskostenrechnung	72
4.4	Time-Driven Activity-Based Costing	74
4.5	Prozesswertanalyse	77
4.6	Weiterführende Literatur	79
5	**Planungsinstrumente**	**81**
5.1	Planungsprozess	81
5.2	Quantitative Planungsverfahren	83
5.2.1	OR-Verfahren für die quantitative Planung	84
5.2.2	Postoptimale Analysen	88
5.2.3	Quantifizierung von Zusammenhängen	90
5.3	Qualitative Planungsverfahren	91
5.3.1	Nutzwertanalyse	92
5.3.2	Höchstpunktzahlverfahren zur Lieferantenbewertung	95
5.3.3	Szenario-Technik	97
5.3.4	Delphi-Methode	98
5.4	Weiterführende Literatur	99
6	**Koordinationsinstrumente I – Bedeutung, Verrechnungspreise**	**100**
6.1	Bedeutung der Koordination	100
6.1.1	Koordinationsbedarf	100
6.1.2	Koordinationsinstrumente	102
6.1.3	Koordinationsobjekte	103
6.1.4	Koordinationsorgane	104
6.1.5	Dimensionen der Koordination	105
6.2	Verrechnungspreise	108
6.2.1	Notwendigkeit von Verrechnungspreisen	108
6.2.2	Funktionen von Verrechnungspreisen	109
6.2.3	Typen von Verrechnungspreisen	110
6.2.4	Beispiel zum Einsatz von Verrechnungspreisen	113
6.3	Weiterführende Literatur	117
7	**Koordinationsinstrumente II – Budgetierung, Anreizsysteme**	**118**
7.1	Budgetierung	118
7.1.1	Anforderungen an Budgets	118
7.1.2	Budgetarten	119
7.1.3	Budgetierungsprozess	121

7.1.4	Beurteilung der Budgetierung	125
7.2	Anreizsysteme	126
7.2.1	Anreize und Motivation	127
7.2.2	Anforderungen an Anreizsysteme	128
7.2.3	Entlohnungsfunktionen	129
7.2.4	Einordnung von Anreizsystemen	129
7.3	Anreizsysteme für die Budgetierung	130
7.3.1	Weitzman-Schema	131
7.3.2	Profit-Sharing	132
7.3.3	Groves-Mechanismus	134
7.4	Weiterführende Literatur	135
8	**Kontrollinstrumente**	**136**
8.1	Bedeutung der Kontrolle	136
8.2	Kontrollaktivitäten	138
8.3	Benchmarking	141
8.4	Abweichungsanalyse	145
8.4.1	Alternative Abweichungsanalyse	150
8.4.2	Kumulative Abweichungsanalyse	151
8.4.3	Summarische Abweichungsanalyse	152
8.5	Weiterführende Literatur	152
9	**Informationsinstrumente I – Kennzahlen und Kennzahlensysteme**	**153**
9.1	Bedeutung der Informationsversorgung	153
9.2	Kennzahlen	154
9.2.1	Merkmale von Kennzahlen	154
9.2.2	Klassifikation von Kennzahlen	156
9.2.3	Typen von Kennzahlen	158
9.2.4	Kennzahlenvergleich	159
9.3	Kennzahlensysteme	161
9.3.1	Anforderungen an Kennzahlensysteme	161
9.3.2	DuPont-System	162
9.3.3	Balanced Scorecard	163
9.3.4	Overall Equipment Effectiveness	166
9.4	Visualisierung von Kennzahlen	169
9.5	Weiterführende Literatur	171
10	**Informationsinstrumente II – Berichtswesen**	**172**
10.1	Informationen	172
10.2	Berichte	173
10.3	Berichtsarten	177
10.3.1	Standardbericht	177
10.3.2	Abweichungsbericht	178

10.3.3	Bedarfsbericht	179
10.4	Aufbau eines Berichtssystems	179
10.5	Störungen im Berichtswesen	180
10.6	Weiterführende Literatur	183
11	**Logistikcontrolling**	**184**
11.1	Aufgaben des Logistikcontrollings	184
11.2	Strategisches Logistikcontrolling	187
11.2.1	Logistikportfolio	187
11.2.2	Supply Chain Balanced Scorecard	188
11.3	Operatives Logistikcontrolling	191
11.3.1	Operative Logistikkennzahlen	191
11.3.2	Logistikkosten- und -leistungsrechnung	196
11.4	Weiterführende Literatur	198
12	**Controlling hybrider Leistungsbündel**	**199**
12.1	Entwicklungen im Maschinen- und Anlagenbau	199
12.2	Elemente hybrider Leistungsbündel	201
12.2.1	Aufbau hybrider Leistungsbündel	201
12.2.2	Lebenszyklus hybrider Leistungsbündel	203
12.2.3	Geschäftsmodelle für hybride Leistungsbündel	204
12.3	Controlling-Instrumente für hybride Leistungsbündel	206
12.3.1	Hierarchische Planung	206
12.3.2	Kostenmanagement	209
12.3.3	Balanced Scorecard	210
12.4	Weiterführende Literatur	213
13	**Umweltcontrolling**	**214**
13.1	Entwicklung des Umweltcontrollings	214
13.2	Betriebliche Umweltinformationssysteme	216
13.3	Aufgaben des Umweltcontrollings	217
13.4	Ausgestaltung des Umweltcontrollings	217
13.4.1	Funktionale Ausgestaltung	218
13.4.2	Institutionale Ausgestaltung	218
13.5	Instrumente des Umweltcontrollings	219
13.5.1	Umweltkennzahlen	220
13.5.2	Umweltstücklisten	222
13.5.3	Umweltkostenrechnung	224
13.6	Weiterführende Literatur	227
14	**Literaturempfehlungen**	**228**

1 Bedeutung des Produktionscontrollings

Das Produktionscontrolling befasst sich mit der Planung, Steuerung und Kontrolle der in Produktion und Logistik ablaufenden Wertschöpfungsaktivitäten. Es handelt sich aus strategischer Sicht um ein Führungssystem für den Produktionsbereich, das Entscheidungen hinsichtlich der Standortwahl, der vorzunehmenden Investitionen, der Technologiewahl und der Ausgestaltung der Produktions- und Logistikprozesse unterstützt. Aus operativer Perspektive leistet das Produktionscontrolling Unterstützung bei der Planung, Durchführung und Koordination der verschiedenen Aktivitäten, die bei der konkreten Leistungserstellung ablaufen. In der ersten Lehreinheit wird ein Überblick über die Entstehung, den Gegenstand und die Bereiche des Produktionscontrollings gegeben.

Leitfragen: In welchem Verhältnis steht das Produktionscontrolling zur Produktionswirtschaft?

Welche Entwicklung hat der Controllingbegriff in den letzten Jahrzehnten erfahren?

Wodurch unterscheiden sich das strategische und das operative Produktionscontrolling?

Was sind die Objekte, Ziele und Aufgaben des Produktionscontrollings?

1.1 Grundlagen des Produktionscontrollings

Die Wurzeln des Produktionscontrollings liegen zum einen in der Produktionstheorie und zum anderen in der Kostenrechnung (vgl. Lehreinheit 2). Die *Produktionstheorie* beschreibt die Produktion als einen Transformationsprozess. Auf der Inputseite des Produktionsprozesses werden die Einsatzfaktoren Werkstoffe, Betriebsmittel und Arbeitskraft als Produktionspotentiale in den erforderlichen Mengen bereitgestellt. Im Produktionsprozess werden diese mittels der dem Unternehmen zur Verfügung stehenden Technologie zusammengeführt und in materielle Produkte und immaterielle Dienstleistungen als Outputs transformiert (vgl. Gutenberg 1983, S. 3; Steven 1998, S. 3ff.). Bei der Gütertransformation werden bestimmte, oft unternehmensspezifische Produktions- und Logistikprozesse eingesetzt. Diese Input-Output-Beziehung der Produktion ist in Abb. 1.1 schematisch dargestellt.

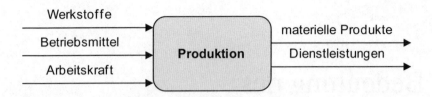

Abb. 1.1   Produktion als Transformationsprozess

In einer rein mengenmäßigen Betrachtung lassen sich die Beziehungen zwischen dem Input und dem Output formal mithilfe einer *Produktionsfunktion* darstellen. Diese lautet beispielhaft für den Einproduktfall:

$$x = f(r_1, r_2, r_3)$$

Dabei bezeichnet x die Outputmenge, r_1 steht für die Einsatzmenge an Werkstoffen, r_2 für die Einsatzmenge an Maschinenleistungen und r_3 für die Einsatzmenge an Arbeitskraft. Vereinfachend wird davon ausgegangen, dass es von jeder Einsatzfaktorart lediglich eine Ausprägung gibt. Von einer Konkretisierung der mathematischen Form der Produktionsfunktion wird hier abgesehen, da es lediglich um die Veranschaulichung des *Mengengerüsts* der Produktion geht.

Bewertet man die Faktoreinsatzmengen mit ihren Faktorpreisen, so erhält man die *Kostenfunktion*, die das Produktionsgeschehen nicht nur mengenmäßig, sondern auch wertmäßig abbildet. Mathematisch ergibt sich eine Kostenfunktion, indem man den Vektor der zur Herstellung der Produktionsmenge x erforderlichen Faktoreinsatzmengen $\underline{r}$ mit dem Faktorpreisvektor $\underline{q}$ multipliziert. q_1, q_2 und q_3 stehen für die Kosten jeweils einer Einheit Werkstoff, Maschinenleistung bzw. Arbeitskraft.

$$K(x) = \underline{r} \cdot \underline{q} = \sum_{i=1}^{3} r_i \cdot q_i$$

Als Zielsetzungen der Produktion werden häufig die Erhöhung der Produktivität, der Wirtschaftlichkeit sowie der Rentabilität der Leistungserstellung genannt (vgl. Wöhe 2013, S. 43), die auf unterschiedliche Weise an diesen Größen ansetzen.

- Die *Produktivität* ist definiert als das Verhältnis zwischen Output und Input. Ansatzpunkte für eine Produktivitätssteigerung sind daher die Erhöhung der mit gegebenen Faktoreinsatzmengen erzeugten Outputmenge bzw. die Reduktion des Faktorbedarfs zur Herstellung einer Produkteinheit. Dies entspricht dem ökonomischen Prinzip in der Formulierung als Maximum- bzw. Minimumprinzip (vgl. Steven 2013, S. 9).

- Die *Wirtschaftlichkeit* berücksichtigt neben den Mengen auch die Wertkomponente der Produktion, sie ist definiert als Verhältnis von Ertrag und Aufwand. Eine Wirtschaftlichkeitssteigerung erfolgt somit durch Steigerung des Ertrags oder Reduktion des Aufwands.

Ansatzpunkte hierfür sind neben den bereits bei der Produktivität genannten Mengensteigerungen bzw. -reduktionen die Erhöhung der Absatzpreise (die allerdings außerhalb des Einflussbereichs der Produktionswirtschaft liegt) bzw. die Reduktion der Einkaufspreise für die Einsatzfaktoren.

- Die *Rentabilität* eines Betriebs, einer Investition oder eines Projekts ergibt sich, indem man eine Erfolgsgröße durch den erforderlichen Kapitaleinsatz dividiert. Wählt man als Erfolgsgröße den Gewinn bzw. den Deckungsbeitrag, so muss zur Rentabilitätserhöhung bei gegebenem Kapitaleinsatz diese Größe gesteigert werden. Zur Steigerung sowohl des Gewinns als Differenz aus Erlösen und Kosten als auch des Deckungsbeitrags, d. h. der Differenz aus Stückerlös und variablen Stückkosten, erhält man für die Produktion wiederum das Ziel der Kostenreduktion bzw. der Reduktion der Faktoreinsatzmengen.

1.2 Entwicklung des Produktionscontrollings

Die *Entstehung des Controllings* lässt sich bis in das 15. Jahrhundert zurückverfolgen, als an den Königshöfen in England und Frankreich erste Controllingaufgaben in Form der Überprüfung von Aufzeichnungen über den Geld- und Güterverkehr durchgeführt wurden (vgl. Horváth 2012, S. 30). Im Jahr 1778 beschloss der amerikanische Kontinentalkongress, die Stelle eines Comptrollers zur Überwachung der Ausgeglichenheit des Staatsbudgets zu schaffen. Bis zum Ende des 19. Jahrhunderts war das Controlling weitgehend auf staatliche Einsatzbereiche vorwiegend im angloamerikanischen Wirtschaftsraum beschränkt.

Im 20. Jahrhundert wurde das Controlling zunehmend in der Privatwirtschaft eingeführt. Schon 1892 wurde erstmalig eine entsprechende Position bei der General Electric Company als Controller bezeichnet. Seit den 1930er Jahren erfährt das Controlling zunehmende Verbreitung in Unternehmen. Dies wurde zunächst durch die Weltwirtschaftskrise sowie später auch durch den immer größeren Koordinations- und Abstimmungsbedarf in wachsenden Unternehmen ausgelöst. In Deutschland kam das Controlling zuerst bei Tochterunternehmen von US-amerikanischen Konzernen zum Einsatz. Seit den 1970er Jahren erfährt es auch hier eine schnelle und weite Verbreitung, verbunden mit einer eingehenden wissenschaftlichen Durchdringung, und seit den 1980er Jahren dringt das Controlling immer mehr in auch mittelständischen Unternehmen vor.

Heute findet man in nahezu jedem größeren Unternehmen sowie in öffentlichen Verwaltungen einen Controller oder eine Controllingabteilung, allerdings mit teilweise recht unterschiedlichen Aufgabenspektren. So enthält ein 1962 vom Financial Executive Institute aufgestellter *Aufgabenkatalog* bereits die folgenden Controllingtätigkeiten:

- Planung
- interne Berichterstattung und Information
- Bewertung und Beratung
- Steuerangelegenheiten

- Berichterstattung an staatliche Stellen
- Sicherung des Vermögens
- volkswirtschaftliche Untersuchungen

Auch in der Literatur existiert bis heute kein einheitliches *Controllingverständnis*, sondern es gibt eine Reihe unterschiedlicher Controllingkonzeptionen, die von einer erweiterten Rechnungslegung bis hin zum strategischen Management reichen. Kern aller Controllingdefinitionen ist die Bedeutung des englischen Verbs „to control = steuern". Daraus lässt sich als grundlegende Controllingaufgabe die *Planung, Steuerung* und *Kontrolle* betrieblicher Tatbestände und Abläufe ableiten. Weiter besteht Konsens, dass das Controlling der Unterstützung der Unternehmensführung dient, indem es relevante Informationen bereitstellt und Entscheidungen vorbereitet bzw. Entscheidungsprozesse unterstützt. Aus einer funktionalen Sicht umfasst das Controlling die Bereitstellung von Methoden und Informationen für arbeitsteilig ablaufende Planungs-, Steuerungs- und Kontrollprozesse sowie die bereichsübergreifende Unterstützung und Koordination derartiger Prozesse. Letztlich dient das Controlling der Sicherung der Unternehmensexistenz über die Steuerungsgrößen Wirtschaftlichkeit, Rentabilität und Liquidität. Die verschiedenen Schichten des Controllingbegriffs sind in Abb. 1.2 dargestellt.

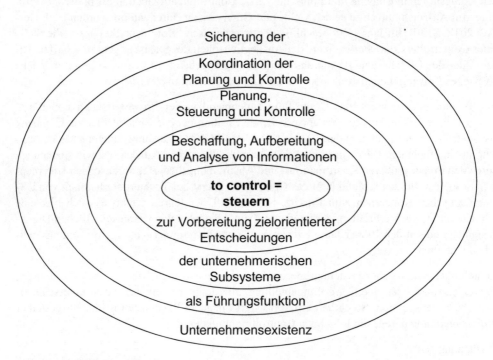

Abb. 1.2 *Controllingbegriff*

1.2 Entwicklung des Produktionscontrollings

In Deutschland lassen sich aufeinander folgende *Entwicklungsstufen* des Controllings unterscheiden, deren Fokus auf dem jeweils für die Unternehmensführung relevanten Engpass liegt (vgl. Abb. 1.3):

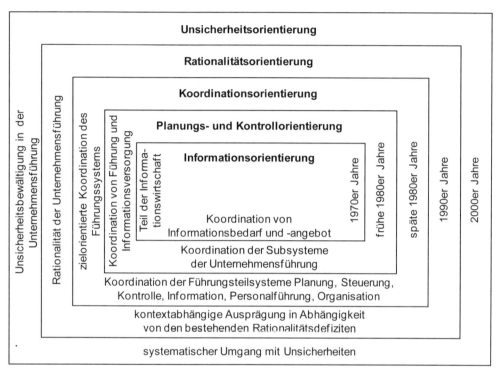

Abb. 1.3 *Entwicklung der Controllingkonzeptionen*

- In den 1970er Jahren war die Versorgung des Managements mit führungsrelevanten Informationen der Schwerpunkt des Controllings. Die daraus resultierende *informationsorientierte Controllingkonzeption* sieht das Controlling als eine zentrale Einrichtung der betrieblichen Informationswirtschaft an. Die Aufgabe des Controllings besteht hier in der Koordination der Informationserzeugung und Informationsbereitstellung mit dem Informationsbedarf der Unternehmensführung. Dazu ist zum einen die Implementierung eines adäquaten Informationssystems auf der Basis des betrieblichen Rechnungswesens erforderlich, zum anderen sind den Entscheidungsträgern in den verschiedenen Unternehmensbereichen jeweils die benötigten Informationen mit einem adäquaten Detaillierungsgrad zur Verfügung zu stellen.
- Anschließend wurde in den frühen 1980er Jahren die Abstimmung zwischen dem Informationsversorgungssystem und dem Planungs-, Steuerungs- und Kontrollsystem als wesentlicher Engpass angesehen. Die *planungsorientierte Controllingkonzeption* orientiert sich am systemtheoretischen Ansatz (vgl. Horváth 2012), der das Unternehmen als Regelkreis

mit den Phasen Planung, Realisierung und Kontrolle ansieht. Durch das Controlling soll die Planung von Vorgabewerten für die Ausführungssysteme und die Identifikation von Soll/Ist-Abweichungen während sowie nach der Durchführung von operativen Prozessen unterstützt werden.

- In den späten 1980er Jahren wurde der globale Wettbewerb der Unternehmen zur zentralen Herausforderung, der durch eine noch weitergehende Koordination der Abläufe im Unternehmen begegnet werden sollte. Die *koordinationsorientierte Controllingkonzeption* (vgl. Küpper et al. 2013) bezieht zusätzlich die Führungsteilsysteme Organisation und Personalführung ein, um die Erreichung der betrieblichen Ziele durch eine verbesserte Abstimmung zu unterstützen. Der Schwerpunkt liegt hier auf der Koordination der verschiedenen Führungsteilsysteme und ihrer Ausführungshandlungen.

- In den 1990er Jahren verschob sich der Fokus des Controllings auf die Rationalität der Unternehmensführung. Die *rationalitätsorientierte Controllingkonzeption* (vgl. Weber/Schäffer 2014) soll Rationalitätsengpässen, die sich auf begrenzte Fähigkeiten der betrieblichen Akteure zurückführen lassen, entgegenwirken, um Rationalitäts- und damit letztlich Effizienzverluste bei den Führungs- und Ausführungshandlungen zu vermeiden. Der Schwerpunkt und die Ausprägung des Controllingsystems hängen von den im Unternehmen bestehenden Rationalitätsdefiziten ab. Diese Konzeption führt die unterschiedlichen Sichtweisen des Controllings in Theorie und Praxis auf die Sicherstellung der Rationalität als eine gemeinsame Basis zurück.

- Anfang der 2000er Jahre wurde die Berücksichtigung, Reduzierung und Bewältigung von Unsicherheiten, die unter anderem aus der Globalisierung und der zunehmenden Beschleunigung wirtschaftlicher Abläufe resultieren, zur zentralen Aufgaben der Unternehmensführung. Die *unsicherheitsorientierte Controllingkonzeption* (vgl. Mißler-Behr 2001, S. 17f.) baut auf der Rationalitätsorientierung auf, rückt jedoch die frühzeitige und systematische Erfassung und Bewältigung der Unsicherheit und ihrer Auswirkungen in den Mittelpunkt der Betrachtung. Durch die Aufarbeitung und Operationalisierung von Unsicherheiten lässt sich das rationale Handeln erst sicherstellen.

Auch wenn die grundlegenden Elemente und Instrumente des Controllings ursprünglich für Anwendungen im *finanzwirtschaftlichen Controlling* entwickelt wurden, sind diese im Zuge einer funktionalen Aufgliederung des Controllings auf verschiedene Spezialisierungen wie das Liquiditätscontrolling, das Investitionscontrolling, das Personalcontrolling usw. übertragen worden. Der Schwerpunkt des hier im Vordergrund stehenden *Produktionscontrollings* liegt auf der Planung, Steuerung und Kontrolle von Produktions- und Logistikprozessen.

1.3 Objekte des Produktionscontrollings

Objekte des Produktionscontrollings sind die Sachverhalte, auf die sich die Controllingmaßnahmen beziehen und an denen sich die Controlling-Instrumente ausrichten. Die *Controllingobjekte* lassen sich wie folgt klassifizieren:

1.3 Objekte des Produktionscontrollings

- *Werte*: Das Produktionscontrolling befasst sich mit Vorgaben für Kosten, Erlöse, Deckungsbeiträge und andere Wertgrößen, die sich der Durchführung von Produktions- und Logistikprozessen zuordnen lassen.

- *Mengen*: Die Planung, Steuerung und Kontrolle von Beschaffungs-, Lager-, Produktions- und Liefermengen sowie der Kapazitätsauslastung gehört ebenfalls zu den Aufgaben des Produktionscontrollings.

- *Termine*: Gegenstand des Produktionscontrollings ist weiter die zeitliche Struktur der Produktions- und Logistikprozesse, die anhand von Lieferterminen, Produktionszeiten, Auftragsfortschritten usw. gestaltet und überwacht wird.

- *Qualität*: Auch die Einhaltung von betriebsintern oder extern vorgegebenen Qualitätsstandards bei der Durchführung der Produktions- und Logistikprozesse, z. B. auf Basis der DIN EN ISO 9000:2008, fällt in den Zuständigkeitsbereich des Produktionscontrollings.

Vergleicht man die Steuerungsgrößen, die im finanzwirtschaftlichen Controlling verwendet werden, mit denen des Produktionscontrollings, so stellt man fest, dass sich das finanzwirtschaftliche Controlling weitestgehend auf quantitative und monetäre bzw. monetarisierbare Größen fokussiert. Im Produktionscontrolling treten hingegen nicht-monetäre, sowohl quantitativ als aus qualitativ ausgerichtete Steuerungsgrößen hinzu, um die hier relevanten Sachverhalte adäquat abbilden zu können (vgl. Abb. 1.4).

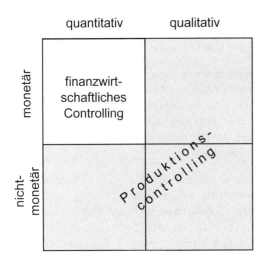

Abb. 1.4 Steuerungsgrößen des Produktionscontrollings

- Selbstverständlich arbeitet auch das Produktionscontrolling mit monetären, quantitativ erfassbaren Steuerungsgrößen. Hierzu zählen z. B. Erlöse, Deckungsbeiträge, Stückkosten, Fixkosten oder der Umsatz.

- Darüber hinaus spielen im Produktionscontrolling nicht-monetäre, quantitative Steuerungsgrößen eine große Rolle. Beispiele sind die zuvor genannten Mengen- und Zeitgrößen, aber auch Kennzahlen wie die Produktivität, Ausfallraten, Umschlaghäufigkeiten usw.

- Zu den monetär messbaren, qualitativen Steuerungsgrößen des Produktionscontrollings gehören z. B. Umsatztendenzen, das Knowhow oder Synergiepotentiale.

- Schließlich werden im Produktionscontrolling auch nicht-monetäre, qualitative Steuerungsgrößen herangezogen, wie die Liefertreue, die Produktqualität, die Kundenzufriedenheit oder Kennzahlen aus der Lieferantenbewertung.

1.4 Ziele und Aufgaben des Produktionscontrollings

Das *Oberziel* des Produktionscontrollings ist die Unterstützung der Unternehmenstätigkeit. Aus den allgemeinen Zielen des Unternehmens bzw. der Produktionswirtschaft lassen sich insbesondere Kosten-, Zeit- und Qualitätsziele als strategische Unternehmensziele ableiten (vgl. Steven 2014, S. 5ff.). Das Produktionscontrolling muss durch vorlaufende, begleitende und nachgeschaltete Planungs-, Steuerungs- und Kontrollaktivitäten die Durchführung der betrieblichen Leistungserstellung, d. h. der Produktions- und Logistikprozesse, unterstützen, um dadurch zur Erreichung dieser Ziele und letztlich zum Unternehmenserfolg beizutragen. Dazu bedient sich das Produktionscontrolling z. B. bereichsspezifischer Steuerungsgrößen wie der Produktivität, der Wirtschaftlichkeit, der Flexibilität und der Rentabilität (vgl. Abschnitt 1.1), die für den jeweiligen Steuerungszweck angepasst bzw. weiterentwickelt werden.

Die Ziele der verschiedenen Controllingaktivitäten lassen sich nach ihrer Fristigkeit und ihrem Entscheidungsumfang zwei deutlich abgrenzbaren *Planungsebenen* zuordnen, dem strategischen und dem operativen Controlling (vgl. Abb. 1.5). Im Gegensatz zu anderen Planungsbereichen wie dem Produktionsmanagement, bei dem zwischen diesen beiden noch eine mittelfristige, taktische Planungsebene existiert, sind die Aufgaben des Produktionscontrollings stärker polarisiert, so dass hier eine Zweiteilung ausreicht.

- Das *strategische Produktionscontrolling* befasst sich mit der Führung des Produktionsbereichs und ist damit ein Teilbereich des langfristig ausgerichteten Führungssystems des Unternehmens. Gegenstand des strategischen Produktionscontrollings sind in erster Linie der Entwurf und die Implementation der zur Durchführung der Controllingaufgaben erforderlichen Produktionsplanungs-, -steuerungs- und -kontrollsysteme sowie eines Informationssystems für die Produktion, das die verschiedenen Bereiche miteinander verbindet. Weiter muss es spezielle Koordinationsorgane und Regelungen zur Behandlung von Koordinationsproblemen im Produktionsbereich schaffen. Damit kommt dem strategischen Controlling eine *systembildende Funktion* zu, denn es gestaltet diese Subsysteme entsprechend den betrieblichen Anforderungen. Das strategische Controlling setzt unter anderem Frühwarnsysteme, Investitionsrechnungsverfahren und andere strategische Planungs- und

1.4 Ziele und Aufgaben des Produktionscontrollings

Koordinationsinstrumente ein, um seinen Aufgaben, der Sicherstellung der Unternehmensexistenz durch Reaktion auf Umweltveränderungen und der Schaffung von Wettbewerbsvorteilen für das Unternehmen, gerecht zu werden.

Zu den Aufgaben des strategischen Produktionscontrollings zählen in Bezug auf die Produktionspotentiale insbesondere die Standortplanung und die Ressourcenplanung, in Bezug auf die Produktionsprozesse die Layoutplanung und die Technologieplanung und in Bezug auf die Produkte die Produktplanung und die Sortimentsplanung.

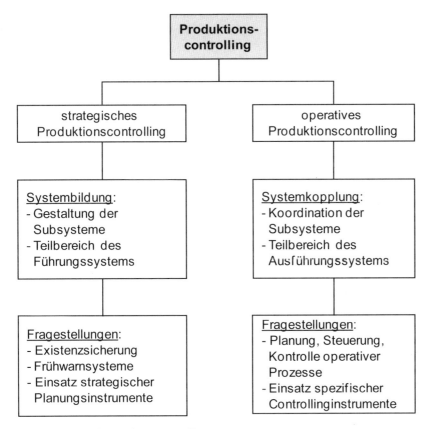

Abb. 1.5 *Ebenen des Produktionscontrollings*

- Das *operative Produktionscontrolling* zählt hingegen zum Ausführungssystem des Unternehmens, es ist demzufolge eher kurzfristig ausgerichtet. Seine Aufgabe ist die Sicherung der Wirtschaftlichkeit beim Ablauf der Fertigungsprozesse. Schwerpunkte liegen z. B. in den Bereichen der Lagerhaltung, der Auftragsabwicklung und -überwachung, der Durchführung der Produktions- und Logistikprozesse, der Steuerung der Kapazitätsinanspruchnahme und der Beseitigung von Störungen. Dies lässt sich durch eine laufende Koordination der operativen Prozesse in den vom strategischen Produktionscontrolling gestalteten

Subsystemen der Produktion und Logistik sowie der zugehörigen Planungs-, Steuerungs-, Kontroll- und Informationssysteme erreichen, durch die deren Informationszusammenhang sowie ihre einheitliche Ausrichtung an den Unternehmenszielen sichergestellt werden können. Dies wird auch als die *systemkoppelnde Funktion* des operativen Controllings bezeichnet. Dazu bedient sich das operative Produktionscontrolling spezifischer Controlling-Instrumente.

Die auf der operativen Ebene relevanten Controllingobjekte sind in Bezug auf die Produktionspotentiale vor allem Aufträge, Materialbedarfsmengen und Produktionsmengen, in Bezug auf die Produktionsprozesse die Einlastung und die zeitliche Abstimmung von Aufträgen und in Bezug auf die Produkte die konkret zu fertigenden Produktionsprogramme und die Mengen der einzelnen Produkte.

Aus funktionaler Sicht lassen sich als *Einzelaufgaben* des Produktionscontrollings die Planung, Steuerung und Kontrolle sowie die Koordination dieser Aktivitäten und die Informationsversorgung identifizieren, deren Zusammenspiel in Abb. 1.6 dargestellt ist. Planung, Steuerung und Kontrolle bilden gemeinsam – in Anlehnung an die Terminologie Gutenbergs (1983) – den dispositiven Produktionsfaktor Unternehmensführung.

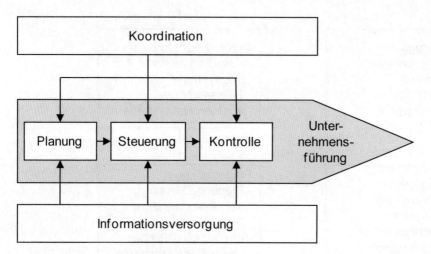

Abb. 1.6 Aufgaben des Produktionscontrollings

- Die *Planung* ist der Ausführung von Aktivitäten vorgelagert. Die Planungsaufgabe des Produktionscontrollings besteht darin, die Aufstellung von strategischen und operativen Plänen für den Gesamtbetrieb oder in verschiedenen betrieblichen Teilbereichen zu unterstützen. In Abhängigkeit von der Planungsebene kommen dabei unterschiedliche Planungsverfahren und Planungsrhythmen zur Anwendung. Planungsinstrumente für das Produktionscontrolling werden in Lehreinheit 5 ausführlich behandelt.

- Die *Steuerung* findet parallel zur Durchführung der produktionswirtschaftlichen Aktivitäten statt. Im Rahmen der Steuerung gilt es zum einen, die Durchführung von kurz-, mittel-

1.4 Ziele und Aufgaben des Produktionscontrollings

und langfristigen Plänen aufeinander abzustimmen, und zum anderen, die strategische Planung konsistent in operative Handlungen umzusetzen. Die wichtigsten Steuerungsinstrumente des Produktionscontrollings sind Gegenstand der Lehreinheiten 6 und 7.

- Als *Kontrolle* bezeichnet man den Abgleich von Sollvorgaben aus der Planung mit den bei der Durchführung der Produktion erzielten Istwerten. Eine Kontrolle kann sowohl prozessbegleitend als auch nach der Durchführung von produktionswirtschaftlichen Prozessen erfolgen. Im ersten Fall liegt eine *Prozesskontrolle* vor, die sich vor allem auf die Einhaltung von bestehenden Regeln und die korrekte Durchführung der vorgesehenen Prozesse konzentriert. Bei der nachgeschalteten Kontrolle handelt es sich um eine *Ergebniskontrolle*, bei der überprüft wird, inwieweit die vorgegebenen Termin-, Mengen- und Qualitätsziele oder auch Ergebnisziele erreicht wurden. Konzentriert sich die Kontrolle auf monetäre Größen, so wird sie auch als *Wirtschaftlichkeitskontrolle* bezeichnet. Lehreinheit 8 befasst sich mit den für das Produktionscontrolling relevanten Kontrollinstrumenten.

- Die den drei sukzessiv ablaufenden Teilaufgaben Planung, Steuerung und Kontrolle übergeordnete *Koordination* dient deren zeitlicher und sachlicher Abstimmung. Diese Abstimmung bezieht sich sowohl auf Vorgänge innerhalb eines Teilbereichs als auch auf bereichsübergreifende Prozesse. Für die bereichsübergreifende Koordination sind adäquate Schnittstellen erforderlich, über die die Prozessverantwortlichen die relevanten Informationen austauschen können.

- Die Aufgabe der *Informationsversorgung* besteht in der Bereitstellung von auf den jeweiligen Informationsbedarf abgestimmten Planungs- und Steuerungsinformationen für sämtliche am Controllingsystem Beteiligten, d. h. sowohl für die Unternehmensführung als auch für die einzelnen betrieblichen Teilbereiche. Dabei ist die Unterstützung durch eine gemeinsame Daten- und Methodenbasis von großer Bedeutung. Verschiedene Informationsinstrumente für das Produktionscontrolling werden in den Lehreinheiten 9 und 10 dargestellt.

Im Zuge der Weiterentwicklung und Ausdifferenzierung des Produktionscontrollings sind für zahlreiche Problemstellungen spezielle Methoden und Instrumente entwickelt worden. Abb. 1.7 zeigt einige wichtige Controlling-Instrumente und deren Einsatzhäufigkeit in Unternehmen (vgl. Feldbauer-Durstmüller/Haas/Mühlböck 2008).

Wie man sieht, haben sich Kennzahlen und Kennzahlensysteme (Lehreinheit 9) fast überall durchgesetzt. Auch das Benchmarking (Abschnitt 8.3) wird in mehr als der Hälfte der Unternehmen eingesetzt. Produktlebenszyklusanalysen und Nutzwertanalysen (Abschnitt 5.3.1) werden jeweils von ungefähr einem Drittel der befragten Unternehmen genutzt. Die Szenario-Technik (Abschnitt 5.3.3), die Balanced Scorecard (Abschnitt 9.3.3) und Sensitivitätsanalysen (Abschnitt 5.2.2) hingegen sind noch nicht sehr weit verbreitet.

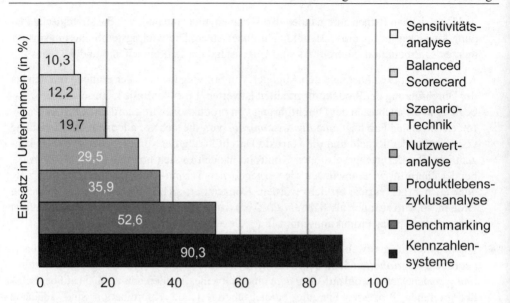

Abb. 1.7 Einsatz ausgewählter Controlling-Instrumente in Unternehmen
(Quelle: Feldbauer-Durstmüller/Haas/Mühlböck 2008, S. 201)

1.5 Weiterführende Literatur

Horváth, P.: Controlling, Vahlen, München, 11. Aufl. 2012

Küpper, H.-U., Friedl, G., Hofmann, C., Pedell, B.: Controlling, Schäffer-Poeschel, Stuttgart, 6. Aufl. 2013

Wall, F.: Controlling zwischen Entscheidungs- und Verhaltenssteuerungsfunktion, in: Die Betriebswirtschaft 68, 2008, S. 463-482

Weber, J., Schäffer, U.: Einführung in das Controlling, Schäffer-Poeschel, Stuttgart, 14. Aufl. 2014

2 Klassische Kostenrechnung

Die Kostenrechnung ist eine wichtige Grundlage für das Produktionscontrolling. Damit ein Unternehmen erfolgreich wirtschaften und seine Preise marktgerecht setzen kann, muss es die bei der Herstellung seiner Produkte anfallenden Kosten kennen. Die Kostenrechnung hat die Aufgabe, die Güterflüsse innerhalb des Unternehmens quantitativ und wertmäßig zu erfassen und die auf verschiedenen Entscheidungsebenen anfallenden Kosten den Produkten, Aufträgen oder Projekten verursachungsgerecht zuzurechnen. Ausgehend vom Kostenbegriff werden die Kostenarten-, Kostenstellen- und Kostenträgerrechnung als Stufen einer vollständig ausgebauten Kostenrechnung dargestellt.

Leitfragen: Wie ist der Kostenbegriff definiert?

Welche Bedeutung haben die variablen Kosten für die Kostenrechnung?

Welche Kostenarten sind angefallen?

Wo sind die Kosten angefallen?

Wofür sind die Kosten angefallen?

Worin unterscheiden sich die Vollkosten- und die Teilkostenrechnung?

2.1 Grundlagen der Kostenrechnung

Die *Kostenrechnung* ist von großer Bedeutung für die Ausgestaltung des Produktionscontrollings. Aus organisatorischer Sicht ist sie ein Teilbereich des betrieblichen Rechnungswesens. Dieses gliedert sich in das externe Rechnungswesen und das interne Rechnungswesen (vgl. Abb. 2.1).

- Das *externe Rechnungswesen* mit den Teilbereichen Buchführung und Bilanzierung richtet sich im Wesentlichen an außerhalb des Unternehmens stehende Interessengruppen wie Aktionäre, Kreditgeber oder Finanzbehörden. Die zugehörigen Aufgaben müssen zu bestimmten Terminen, in bestimmtem Umfang und mit vorgeschriebenen Methoden durchgeführt werden.

- Das *interne Rechnungswesen* mit den Teilbereichen Kostenrechnung und Controlling stellt hauptsächlich auf interne Adressaten, wie die Unternehmensführung, Abteilungsleiter in unterschiedlichen Bereichen oder Mitarbeiter in Einkauf und Verkauf, ab. Bezüglich der

Ausgestaltung der verwendeten Methoden, Instrumente und Maßnahmen bestehen im internen Rechnungswesen wesentlich größere Freiheitsgrade als im externen Rechnungswesen.

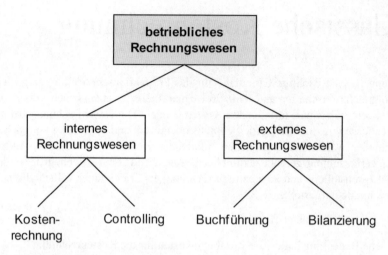

Abb. 2.1 Teilbereiche des Rechnungswesens

Während jedes Unternehmen aufgrund der §§ 238ff. HGB dazu verpflichtet ist, ein den Grundsätzen ordnungsmäßiger Buchführung entsprechendes externes Rechnungswesen zu betreiben, dessen Ausgestaltung umfangreichen und strengen Reglementierungen unterliegt, ist die Einrichtung eines internen Rechnungswesens weitgehend freiwillig. Daher wird ein Unternehmen bei der Einführung von Kostenrechnung und Controlling eine Kosten-Nutzen-Analyse vornehmen und nur diejenigen Teile des internen Rechnungswesens implementieren, deren erwarteter Nutzen größer ist als die dafür anfallenden Kosten.

Zwischen dem externen und dem internen Rechnungswesen bestehen vielfältige Beziehungen: Da beide letztlich dieselben betrieblichen Sachverhalte abbilden, gibt es zahlreiche Überschneidungen hinsichtlich der herangezogenen Wertgrößen. Die wesentlichen Unterschiede bestehen bei den eingesetzten Methoden und dem Aggregationsgrad der Berechnungen. So muss z. B. eine Bilanz einmal jährlich aufgestellt werden, während die Abrechnungsperiode der Kostenrechnung einen Monat oder ein Quartal beträgt. In letzter Zeit lässt sich zunehmende Konvergenz von externem und internem Rechnungswesen feststellen.

Die *Aufgabe der Kostenrechnung* besteht darin, die Güterflüsse innerhalb des Unternehmens sowohl quantitativ als auch wertmäßig zu erfassen und abzubilden, um auf deren Basis die Wirtschaftlichkeit der Produkte und Abläufe zu überwachen. Weiter ermöglicht sie eine Zurechnung der Kosten auf die Produkte und eine Kalkulation des Erfolgs der betrieblichen Aktivitäten (vgl. Haberstock 2008, S. 18f.). Die folgende Darstellung der klassischen Kostenrechnung beschränkt sich auf die für das Produktionscontrolling relevanten Zusammenhänge, ohne die einzelnen Verfahren im Detail zu beschreiben. (Hierfür sei auf die einschlägigen Grundlagenwerke zur Kostenrechnung verwiesen, z. B. Plinke/Rese 2006; Hoitsch/Lingnau 2007; Fandel et al. 2008; Kloock et al. 2008; Schweitzer/Küpper 2011; Coenenberg 2012; Weber/Weißenberger 2010; Friedl/Hofmann/Pedell 2013.)

Die Verrechnung von Kosten in der Kostenrechnung erfolgt grundsätzlich nach dem *Verursachungsprinzip*. Dieses besagt, dass einem Bezugsobjekt gerade die Kosten zugerechnet werden, die durch seine Nutzung oder Herstellung tatsächlich angefallen sind. Das Verursachungsprinzip tritt in zwei Varianten auf:

- Bei der *engen Fassung* des Verursachungsprinzips besteht eine direkte Ursache-Wirkungs-Beziehung zwischen Bezugsobjekt und Kosten. Einem Produkt werden genau die Kosten zugerechnet, die durch seine Herstellung zusätzlich entstehen, d. h. es werden lediglich die variablen Kosten auf die Produkte verrechnet.

- Der *weiten Fassung* des Verursachungsprinzips hingegen liegt eine indirekte Ursache-Wirkungs-Beziehung zugrunde: Da die Maschinen erforderlich sind, um die Produkte herzustellen, ist es gerechtfertigt, diesen auch die von ihnen verursachten Fixkosten, die nicht von der Produktionsmenge abhängen, zuzurechnen.

Da das Verursachungsprinzip bei der Umsetzung häufig auf erhebliche Probleme stößt, kommen ergänzend weitere Zurechnungsprinzipien zum Einsatz. Beim *Durchschnittsprinzip* werden die Kosten proportional zu einer Schlüsselgröße auf die Bezugsobjekte verteilt und beim *Tragfähigkeitsprinzip* erfolgt die Verteilung der Kosten in Abhängigkeit von den mit den Produkten erzielten Umsätzen oder Deckungsbeiträgen.

2.2 Kostenbegriff

Kosten lassen sich definieren als der bewertete Verzehr von Gütern und Dienstleistungen zur Erstellung der betrieblichen Leistungen in einer Abrechnungsperiode. Diese Definition weist vier Elemente auf, die zur Abgrenzung gegen verwandte Begriffe herangezogen werden können (vgl. Kistner/Steven 1997, S. 53):

- *Mengengerüst*: Kosten fallen dadurch an, dass im betrieblichen Wertschöpfungsprozess bestimmte Einsatzmengen an Produktionsfaktoren verbraucht werden.

- *Wertgerüst*: Durch die Bewertung des zunächst quantitativ erfassten Produktionsfaktoreinsatzes mit ihren Preisen werden heterogene Mengengrößen in eine einheitliche Wertgröße überführt.

- *Leistungsbezug*: Kosten liegen nur dann vor, wenn der Faktoreinsatz in direktem Zusammenhang mit der Erstellung der betrieblichen Leistungen steht. Dieses Merkmal dient zur Abgrenzung der Kosten von betriebsfremden Aufwendungen.

- *Periodenbezug*: Kosten liegen weiter nur dann vor, wenn der Faktoreinsatz in der jeweiligen Abrechnungsperiode erfolgt. Hierdurch wird eine Abgrenzung der Kosten von periodenfremden Aufwendungen vorgenommen.

Zur *Bewertung* der Faktoreinsatzmengen können unterschiedliche theoretische Ansätze herangezogen werden:

- Auf den ersten Blick scheint es nahe liegend, entsprechend dem *pagatorischen Kostenbegriff* die beim Kauf der Produktionsfaktoren gezahlten Preise als Wertmaßstab heranzuziehen. Jedoch kann bei langfristig genutzten Einsatzfaktoren wie Maschinen die Anschaffung bereits weit zurückliegen, so dass die historischen Anschaffungskosten nicht mehr aussagekräftig sind. Weiter können im Zeitablauf schwankende Einstandspreise des Materials dazu führen, dass auch die für ein Produkt ausgewiesenen Kosten schwanken.

- Beim Ansatz von *Wiederbeschaffungspreisen* werden die Produktionsfaktoren unabhängig vom Zeitpunkt des Kaufs mit den jeweils aktuellen Marktpreisen bewertet. Dabei besteht ebenfalls das Problem schwankender Preise und damit Kosten.

- Zur Vermeidung derartiger Schwankungen und zur Vereinfachung kann auf *Durchschnittspreise* der Vergangenheit zurückgegriffen werden. Diese sind jedoch weder exakt noch aktuell.

- Einsatzgüter, die nicht vom Markt bezogen, sondern im eigenen Unternehmen erstellt werden, z. B. selbst gefertigte Bauteile oder Strom aus einem eigenen Kraftwerk, werden mit *internen Verrechnungspreisen* bewertet, die im Rahmen der Kostenrechnung bestimmt werden müssen und deren innerbetriebliche Knappheit angeben.

- Aus theoretischer Sicht ist die Bewertung mit *Opportunitätskosten* zu befürworten. Diese entsprechen dem entgangenen Gewinn aus der besten nicht realisierten Verwendung eines Produktionsfaktors. Wird z. B. ein Bauteil, das auch als Ersatzteil verkauft werden könnte, in der Produktion eingesetzt, so ergeben sich Opportunitätskosten in Höhe des Gewinns, der beim Verkauf angefallen wäre. Umgekehrt entsprechen beim Verkauf des Bauteils die Opportunitätskosten dem Gewinn, der beim Einsatz in der Produktion erzielt würde. Da die Bestimmung der Opportunitätskosten oft große Probleme bereitet, wird in der Praxis meist auf die zuvor genannten Wertmaßstäbe zurückgegriffen.

2.3 Kostenverläufe

Die *Kostenfunktion* beschreibt die Kosten in Abhängigkeit von der Menge der hergestellten Leistungen (vgl. auch Abschnitt 1.1):

$$K = K(x)$$

Grundsätzlich lassen sich folgende Bestandteile einer Kostenfunktion unterscheiden:

2.3 Kostenverläufe

- *Fixkosten* K_F sind entscheidungsunabhängige Kosten. Sie fallen auf der operativen Ebene unabhängig von der produzierten Menge allein für die Aufrechterhaltung der Betriebsbereitschaft an. Dazu zählen z. B. Gehälter, Versicherungen, Zinsen für langfristige Kredite, Miete, Pacht oder Leasingraten sowie Abschreibungen auf die Gebäude und Maschinen.

- *Variable Kosten* K_v sind entscheidungsabhängige Kosten, die auf der operativen Ebene direkt mit der Produktionsmenge steigen oder fallen, z. B. Lohnkosten, Materialkosten, die Kosten des Energieverbrauchs an den Maschinen oder auch Logistikkosten.

- *Sprungfixe Kosten* K_S verlaufen innerhalb eines bestimmten Bereichs konstant, steigen jedoch bei Überschreiten einer kritischen Menge sprunghaft an. Beispiele sind die zusätzlichen Fixkosten, die bei Zuschaltung oder bei Anschaffung einer neuen Anlage zur Befriedigung von kurzfristig oder dauerhaft gestiegener Nachfrage anfallen, oder die Rüstkosten für die Auflage eines neuen Loses.

Lässt man die sprungfixen Kosten außer Acht, so lässt sich die Kostenfunktion wie folgt konkretisieren:

$$K(x) = K_F + K_v(x)$$

Da die Fixkosten nicht direkt von der Produktionsmenge abhängen, werden sie zunächst nicht weiter betrachtet. Interessant ist hingegen, wie sich die Höhe der variablen Kosten in Abhängigkeit von der Produktionsmenge verändert. Dabei lassen sich die folgenden drei *Grundtypen* unterscheiden, die typischerweise bei bestimmten Arten von Produktionsfaktoren auftreten (vgl. Abb. 2.2):

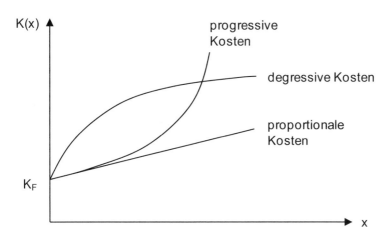

Abb. 2.2 Verlauf der Kostenfunktion

- Der einfachste Fall ist der *proportionale* bzw. *lineare Kostenverlauf*, bei dem jede hergestellte Einheit gleich viel kostet, d. h. es liegen konstante Grenzkosten vor. Der lineare Kostenverlauf ist typisch für Akkordlohn sowie für den Materialverbrauch.

- Ein *degressiver Kostenverlauf* liegt bei abnehmenden Grenzkosten vor. Hier kostet bei Ausdehnung der Produktion jedes zusätzlich produzierte Stück weniger als das vorherige. Dies entspricht einem konkaven Verlauf der Kostenfunktion. Dieser Kostenverlauf lässt sich z. B. mit Lerneffekten in der Produktion oder mit Mengenrabatten beim Materialeinkauf begründen.

- Bei einem *progressiven Kostenverlauf* sind die Grenzkosten zunehmend. Die Kostenfunktion steigt überproportional an, da die Produktion eines zusätzlichen Stücks immer teurer wird. Ein solcher Anstieg beruht z. B. auf immer höherem Energieverbrauch bei Ausdehnung der Produktion oder auf zunehmendem Ausschuss aufgrund von Ermüdungserscheinungen der Mitarbeiter bei längerer Produktionszeit.

Bei der Herstellung eines Produkts werden typischerweise viele Produktionsfaktoren mit unterschiedlichen Kostenverläufen eingesetzt. Da deren Auswirkungen sich zum großen Teil gegenseitig kompensieren, geht man in der Kostenrechnung – auch aus Vereinfachungsgründen – häufig davon aus, dass insgesamt ein *linearer Kostenverlauf* mit konstanten Grenzkosten vorliegt.

2.4 Prinzipien der Kostenverrechnung

Die im Zusammenhang mit der betrieblichen Leistungserstellung anfallenden Kosten lassen sich nach unterschiedlichen Kriterien klassifizieren. Stellt man darauf ab, inwieweit sich die Kosten durch eine *betriebliche Entscheidung*, z. B. auf der operativen Ebene die Entscheidung über die Höhe der Produktionsmenge, beeinflussen lassen, so erhält man die in Abschnitt 2.3 eingeführte Einteilung in entscheidungsunabhängige *Fixkosten* und entscheidungsabhängige *variable Kosten*.

Eine andere Einteilung orientiert sich an der *Art der Weiterverrechnung* der Kosten.

- *Gemeinkosten* stehen in keinem direkten Zusammenhang mit der Herstellung irgendeines Produkts. Sie werden zunächst anderen Abrechnungseinheiten – Kostenstellen oder Teilbetrieben – zugerechnet und im Zuge der Kostenverrechnung mithilfe geeigneter Schlüsselgrößen auf einzelne Produkte verteilt. Gemeinkosten fallen z. B. in Form von Maschinenkosten, Energiekosten, Gehältern, Mieten und Verwaltungskosten an.

- *Einzelkosten* hingegen lassen sich einem Produkt eindeutig und direkt zurechnen. Beispiele für Einzelkosten sind die Kosten des für die Herstellung des Produkts eingesetzten Materials, der Verpackung und die direkt erfassten Fertigungslöhne.

- Als *Sondereinzelkosten der Fertigung bzw. des Vertriebs* bezeichnet man Kosten, die sich zwar nicht dem einzelnen Produkt, aber dem zugehörigen Auftrag eindeutig zurechnen lassen, z. B. Konstruktionskosten, Kosten für die Anfertigung von Spezialwerkzeugen oder auftragsspezifische Transportkosten.

- Zur Vereinfachung der Kostenverrechnung erfasst man solche Kosten, die sich grundsätzlich als Einzelkosten erfassen lassen, aber nur eine geringe Höhe aufweisen, als *unechte Gemeinkosten*. Hierzu zählen die Kosten für Kleinmaterial oder für Putz- und Schmiermittel.

Abb. 2.3 zeigt den Zusammenhang zwischen diesen Kostenbegriffen bzw. den ihnen zugrunde liegenden Verrechnungsprinzipien.

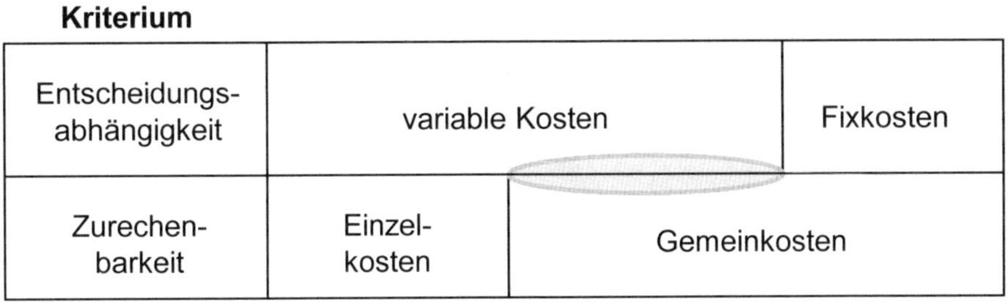

Kriterium

Entscheidungs-abhängigkeit	variable Kosten		Fixkosten
Zurechen-barkeit	Einzel-kosten	Gemeinkosten	

Abb. 2.3 Kostenbegriffe

Wie man anhand der Darstellung erkennt, sind sämtliche Fixkosten gleichzeitig Gemeinkosten. Auf der anderen Seite sind Einzelkosten immer variabel, ihre direkte Zuordnung zu den Produkten ist somit unproblematisch. Die Problematik der Kostenverrechnung entsteht dadurch, dass auch ein – im Zuge der Mechanisierung und Automatisierung der Produktion immer weiter zunehmender – Teil der Gemeinkosten variabel ist, d. h. mit der Produktionsmenge steigt oder fällt. Diese Kosten müssen auf den nachfolgend beschriebenen Stufen der Kostenrechnung den betrieblichen Leistungen verursachungsgerecht zugeordnet werden.

2.5 Ablauf der Kostenrechnung

Abb. 2.4 gibt einen Überblick über den grundsätzlichen Ablauf der Kostenrechnung und die auf den einzelnen Stufen vorgenommenen Verrechnungsschritte. Die Aufgabe der Kostenrechnung besteht letztendlich darin, die zunächst nach Kostenarten gegliederten Kosten so umzuverteilen, dass sich eine Gliederung nach Kostenträgern, d. h. nach Produkten oder Aufträgen, ergibt.

- Dazu werden zunächst in der *Kostenartenrechnung* die Kosten der von außerhalb des Unternehmens bezogenen Einsatzfaktoren nach Kostenarten differenziert erfasst. Diese Kosten werden als *primäre Gemeinkosten* bezeichnet. Sie werden entweder als Einzelkosten der Produkte direkt in die Kostenträgerrechnung weitergeleitet oder als Gemeinkosten in die Kostenstellenrechnung gegeben.

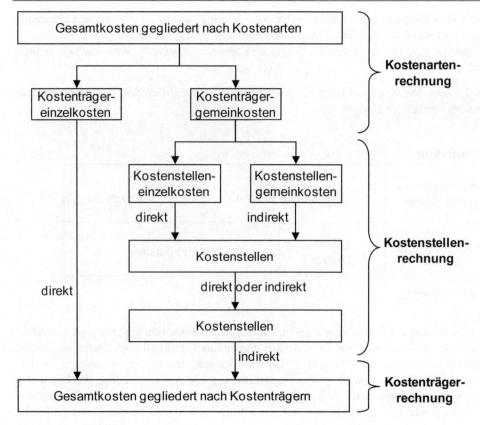

Abb. 2.4 *Ablauf der Kostenrechnung*

- Als erster Schritt der *Kostenstellenrechnung* erfolgt eine Zurechnung der primären Gemeinkosten auf Kostenstellen als organisatorische Einheiten mit eigenständiger Kostenverantwortung. Kostenstelleneinzelkosten, z. B. Gehälter oder Abschreibungen auf Maschinen, lassen sich direkt einer Kostenstelle zuordnen, während Kostenstellengemeinkosten, z. B. Raumkosten oder Energiekosten, für mehrere Kostenstellen gemeinsam anfallen und über Schlüsselgrößen verteilt werden müssen. Das Ziel der Kostenstellenrechnung ist es, sämtliche Kosten auf den Hauptkostenstellen, die direkt zu der Herstellung der Kostenträger beitragen, zu sammeln. Dazu werden in der innerbetrieblichen Leistungsverrechnung als zweitem Schritt der Kostenstellenrechnung die Kosten der vorgelagerten Hilfskostenstellen entsprechend der Inanspruchnahme auf die Hauptkostenstellen verrechnet.

- In der *Kostenträgerrechnung* bzw. Kalkulation werden dann mithilfe eines geeigneten Kalkulationsverfahrens die Hauptkostenstellen auf die Produkte als Kostenträger abgerechnet und diese anteiligen Gemeinkosten mit den direkt abgerechneten Einzelkosten zu den Selbstkosten der Produkte zusammengeführt.

2.5 Ablauf der Kostenrechnung

In den folgenden Abschnitten werden die drei Stufen der Kostenrechnung detailliert erläutert.

2.5.1 Kostenartenrechnung

Die *Kostenartenrechnung* ist die erste Stufe einer regelmäßigen Kostenrechnung. Sie antwortet auf die Frage:

Welche Kosten sind angefallen?

Dazu nimmt sie eine systematische Erfassung aller im Laufe der Abrechnungsperiode bei der Leistungserstellung aufgetretenen Kosten und ihre Zuordnung zu verschiedenen Kostenarten vor, damit sie in der anschließenden Kostenstellen- und Kostenträgerrechnung weiterverrechnet werden können. Die Kosten werden aus den im externen Rechnungswesen erfassten Aufwendungen der Periode abgeleitet und in einem unternehmensspezifischen *Kostenartenplan* verbucht. Wesentliche Anforderungen an die Aufstellung eines Kostenartenplans sind die Grundsätze der Reinheit und der Einheitlichkeit, die eine schnelle und eindeutige Zuordnung der anfallenden Kostenbelege sicherstellen. Ein Beispiel für eine Gliederung der Kostenarten nach der Art der eingesetzten Produktionsfaktoren ist der Gemeinschaftskontenrahmen der Industrie, der die folgenden Kontengruppen aufweist:

- Materialeinzelkosten
- Materialgemeinkosten
- Kosten für Brennstoffe und Energie
- Lohn- und Gehaltskosten
- Sozialkosten und andere Personalkosten
- Instandhaltungskosten und Fremdleistungen
- Steuern, Gebühren, Beiträge
- Mieten, Verkehrs-, Büro- und Werbekosten
- Kalkulatorische Kosten
- Sondereinzelkosten

Bei jeder Kostenart ist zu untersuchen, ob bzw. inwieweit es sich um Einzel- oder Gemeinkosten handelt. Einzelkosten, d. h. Kosten, die sich eindeutig einem Produkt zuordnen lassen, werden an der Kostenstellenrechnung vorbei in die Kostenträgerrechnung weitergeleitet (vgl. Abb. 2.4). Gemeinkosten hingegen, bei denen keine solche direkte Zurechnung möglich ist, werden als *primäre Gemeinkosten* in die Kostenstellenrechnung übernommen und dort weiterverrechnet. Im Folgenden wird kurz auf die Verrechnung einiger wichtiger Kostenarten eingegangen.

- *Materialkosten* fallen für den Einsatz von Roh-, Hilfs- und Betriebsstoffen, Zukaufteilen sowie Verbrauchsmaterial in der Produktion an. Dabei lassen sich die Kosten des Materialeinsatzes in der Regel als Materialeinzelkosten den Produkten direkt zuordnen, während die bei der Beschaffung, der Lagerung und der Bereitstellung des Materials auftretenden Kosten als Materialgemeinkosten zu behandeln sind.

- Eine wichtige Kostenart sind die *Abschreibungen*, durch die die Kosten des Einsatzes von Maschinen und anderen langlebigen Produktionsfaktoren erfasst werden. Dabei wird der durch die Anlagennutzung eintretende Wertverlust verursachungsgerecht über die Zeit verteilt. Der Wertverlust lässt sich auf die in Abb. 2.5 genannten Abschreibungsursachen zurückführen.

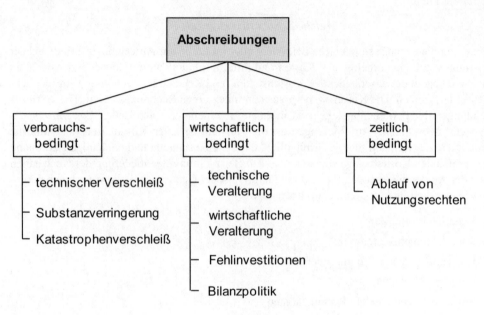

Abb. 2.5 Abschreibungsursachen

- Bei *verbrauchsbedingten Abschreibungen* nimmt das mit der Anlage verbundene zukünftige Nutzungspotential durch den Gebrauch immer weiter ab. Technischer Verschleiß ist mit Abnutzung verbunden oder tritt als Verschleiß am ruhenden Aggregat auf. Durch den Abbau z. B. von Kohle oder Erz in einem Bergwerk erfolgt eine Substanzverringerung; Katastrophenverschleiß liegt vor, wenn eine Maschine z. B. aufgrund eines Unfalls nicht länger nutzbar ist.
- *Wirtschaftlich bedingte Abschreibungen* erfassen die wertmäßige Verringerung des Nutzungspotentials einer Anlage. Technischer Fortschritt kann zur technischen Veralterung, Nachfrageverschiebungen können zur wirtschaftlichen Veralterung einer Maschine führen, so dass eine zusätzliche Abschreibung erforderlich wird. Auch Fehlinvestitionen und bilanzpolitische Gründe zählen zu den wirtschaftlichen Abschreibungsursachen.
- *Zeitlich bedingte Abschreibungen* werden vorgenommen, wenn der Wertverlust der Anlage durch den Ablauf von Nutzungsrechten eintritt, z. B. beim Ablauf des Mietvertrags für eine Maschinenhalle vor dem Ende der Nutzungsdauer der dort installierten

Maschinen. Auch der Ablauf von Schutzrechten, Patenten oder Konzessionen kann zu einer Wertminderung der Anlage führen.

- Zu den *Personalkosten* zählen sämtliche Kosten, die unmittelbar oder mittelbar im Zusammenhang mit dem Einsatz von Arbeitskräften auftreten. Dazu gehören neben dem Arbeitsentgelt, das in Form von Löhnen, Gehältern, Zuschlägen (für Überstunden, Nachtarbeit usw.) und Prämien gezahlt wird, die Personalnebenkosten wie der Arbeitgeberanteil zur Sozialversicherung, die Unfallversicherung sowie freiwillig erbrachte Sozialleistungen. Die Personalnebenkosten können eine beträchtliche Höhe erreichen; im Durchschnitt kommen zum Arbeitsentgelt nochmals ca. 30 % an Personalnebenkosten hinzu. Personalkosten werden in der Lohnbuchhaltung mithilfe von Lohnscheinen, Akkordscheinen, Stempelkarten bzw. elektronischer Zeiterfassung oder über Gehaltslisten erfasst. Soweit es sich um Akkordlöhne oder um separat erfasste Zeitlöhne handelt, lassen sie sich den Produkten direkt als Lohneinzelkosten zurechnen; pauschal erfasste Zeitlöhne und Gehälter hingegen sind Fertigungsgemeinkosten, die auf der Kostenstelle verbucht werden, auf der sie angefallen sind.

- Als *Dienstleistungskosten* werden sämtliche Zahlungen für immaterielle Leistungen bezeichnet, die von externen Personen oder Institutionen für das Unternehmen erbracht werden, z. B. Reparatur-, Wartungs- und Instandhaltungskosten, Fracht- und Transportkosten, Versicherungsprämien, Bankgebühren, Gebühren für behördliche Leistungen, Beiträge zu Verbänden, Rechts- und Steuerberatungskosten, Kosten für Leistungen von Unternehmensberatungen oder Werbeagenturen, Telekommunikationskosten, Portokosten. Dienstleistungskosten lassen sich anhand von Zahlungsbelegen oder Rechnungen erfassen, mit denen der Dienstleister seine Forderungen geltend macht. Ein großer Teil der Dienstleistungskosten sind Gemeinkosten. Eine direkte Zurechnung auf Produkte ist z. B. bei den Transportkosten möglich, soweit sie als Sondereinzelkosten des Vertriebs erfasst werden.

- *Kalkulatorische Kosten* sind Kosten, denen in der Finanzbuchhaltung ein Aufwand in anderer Höhe gegenübersteht (Anderskosten) oder die dort überhaupt nicht erfasst werden, da sie nicht mit Auszahlungen verbunden sind (Zusatzkosten). Der Ansatz kalkulatorischer Kosten ist in der Finanzbuchhaltung verboten, in der Kostenrechnung jedoch erforderlich, um den bei der Leistungserstellung tatsächlich angefallenen Werteverzehr korrekt zu erfassen. Die wichtigsten kalkulatorischen Kostenarten sind kalkulatorische Abschreibungen, kalkulatorische Zinsen und kalkulatorische Wagniskosten. Dabei handelt es sich in der Regel um Gemeinkosten.

2.5.2 Kostenstellenrechnung

Die *Kostenstellenrechnung* ist die zweite Stufe der klassischen Kostenrechnung. Sie hat die Aufgabe, die in einer Abrechnungsperiode angefallenen primären Gemeinkosten so auf die Kostenstellen zu verteilen, dass sich *Verrechnungssätze* für innerbetriebliche Leistungen und Kalkulationssätze für nach außen abgegebene Leistungen ermitteln lassen. Damit antwortet sie auf die Frage:

Wo sind die Kosten angefallen?

Grundlage der Kostenstellenrechnung ist die Einteilung des Betriebs in Kostenstellen. Unter einer *Kostenstelle* versteht man einen räumlich oder organisatorisch abgegrenzten betrieblichen Teilbereich, dem die Verantwortung für die dort entstehenden und eindeutig zurechenbaren Kosten übertragen wird. Voraussetzung für die Durchführung einer aussagekräftigen Kostenstellenrechnung ist – ähnlich wie bei der Kostenartenrechnung – die Aufstellung eines auf die betrieblichen Bedürfnisse abgestimmten *Kostenstellenplans*. Die Einteilung des Unternehmens in Kostenstellen sollte so erfolgen, dass keine Kompetenzüberschneidungen auftreten und sich jeweils Schlüsselgrößen ermitteln lassen, die die Kostenverursachung möglichst genau widerspiegeln. Im Prinzip ist eine beliebig detaillierte Gliederung bis hin zu einzelnen Arbeitsplätzen (Kostenplätzen) möglich, so dass eine sehr genaue Kostenkontrolle erfolgen kann, jedoch bildet die Wirtschaftlichkeit der Kostenrechnung eine Grenze für den Detaillierungsgrad der Gliederung.

Üblicherweise werden in einem funktional gegliederten Industrieunternehmen die Kostenbereiche Material, Fertigung, Vertrieb und Verwaltung unterschieden, die jeweils weiter in einzelne Kostenstellen unterteilt werden. Nach der Art der Weiterverrechnung der einer Kostenstelle zugewiesenen Kosten unterscheidet man:

- *Haupt-* bzw. *Endkostenstellen* erbringen ihre Leistungen zum großen Teil für die am Markt verwertbaren Endprodukte, zum Teil auch in Form von innerbetrieblichen Leistungen. Die auf ihnen gesammelten Kosten werden in der Kostenträgerrechnung auf die Produkte abgerechnet.

- *Hilfs-* bzw. *Vorkostenstellen* erbringen ausschließlich innerbetriebliche Leistungen, die von anderen (Hilfs- oder Haupt-)Kostenstellen in Anspruch genommen werden. Diese innerbetrieblichen Leistungen werden im Rahmen der innerbetrieblichen Leistungsverrechnung bewertet und auf die Hauptkostenstellen abgerechnet.

Die Kostenstellenrechnung besteht aus zwei Schritten: Der erste Schritt ist die verursachungsgerechte Verteilung der aus der Kostenartenrechnung übernommenen *primären Gemeinkosten*, die für von außen bezogene Kostengüter anfallen, auf die Kostenstellen. Diejenigen primären Gemeinkosten, die sich eindeutig einer bestimmten Kostenstelle zuordnen lassen, werden als *Kostenstelleneinzelkosten* bezeichnet. Dazu zählen z. B. die in einer Abteilung angefallenen Zeitlöhne und Gehälter, die auf die Maschinen entfallenden kalkulatorischen Abschreibungen und Zinsen, Kosten für Reparaturen und Wartungen an den Maschinen sowie die dort eingesetzten Werkzeuge und Schmiermittel.

Weiter gibt es eine Reihe von Kostenarten, die für mehrere Kostenstellen gemeinsam anfallen, z. B. Gebäudekosten, Energiekosten, Verwaltungskosten. Um auch diese als *Kostenstellengemeinkosten* bezeichneten Kosten auf die Kostenstellen zu verteilen, ist eine Schlüsselung erforderlich, die die Inanspruchnahme der Kostengüter möglichst gut abbilden soll. Als *Schlüsselgrößen* werden Merkmale herangezogen, die sich einfach messen lassen und im Idealfall in einem proportionalen Zusammenhang zur tatsächlichen Kostenverursachung stehen. Man unterscheidet *Zeitschlüssel*, z. B. Rüstzeiten oder Maschinenlaufzeiten, *Mengenschlüssel*, z. B. die Anzahl der Produkte oder der Mitarbeiter, und *Wertschlüssel*, z. B. der Wert des Lagerbestands oder die Lohnsumme. In der Regel sind für die Verteilung einer bestimmten Kostenart

2.5 Ablauf der Kostenrechnung

mehrere Schlüsselgrößen denkbar, die jeweils zu einer anderen Kostenverteilung führen. So lassen sich z. B. die Energiekosten anhand der den einzelnen Abteilungen zugewiesenen Fläche, aber auch nach der maximalen Leistungsaufnahme der jeweils installierten Maschinen verteilen. Daher muss die Auswahl der verwendeten Schlüsselgrößen im Einvernehmen mit den betroffenen Kostenstellen erfolgen.

Tab. 2.1 zeigt an einem Beispiel, wie die Verteilung von primären Gemeinkosten auf die Kostenbereiche Material, Fertigung, Verwaltung und Vertrieb vorgenommen werden kann. Während sich die Lohnkosten, Gehälter und Wartungskosten als Kostenstelleneinzelkosten eindeutig den Kostenbereichen zuordnen lassen, werden die nachfolgenden Kostenarten anhand von verschiedenen Schlüsselgrößen verteilt, die vom Betriebsleiter als charakteristisch ermittelt worden sind.

Tab. 2.1 *Verteilung von primären Gemeinkosten*

Kostenart	Betrag	Verteilungsgrundlage	Material	Fertigung	Verwaltung	Vertrieb
Zeitlöhne	100.000	Lohnliste	20.000	70.000	0	10.000
Gehälter	60.000	Gehaltsliste	5.000	5.000	30.000	20.000
Wartungskosten	5.000	Wartungsvorgänge	1.500	2.000	500	1.000
Raumkosten	20.000	m²	3.000	12.000	1.000	4.000
Energiekosten	8.000	installierte Leistung	1.000	6.000	200	800
Lagerkosten	12.000	Lagerwert	5.000	1.000	0	6.000
Transportkosten	15.000	Transportvorgänge	3.000	2.000	0	10.000
Summe	220.000		38.500	98.000	31.700	51.800

Der zweite Schritt der Kostenstellenrechnung ist die *innerbetriebliche Leistungsverrechnung*. Ihre Aufgabe besteht darin, die den Hilfskostenstellen zugewiesenen primären Gemeinkosten entsprechend den innerbetrieblichen Lieferbeziehungen auf die Hauptkostenstellen zu verrechnen. Diese Umlage erfolgt mithilfe von innerbetrieblichen *Verrechnungspreisen*, die im Rahmen der innerbetrieblichen Leistungsverrechnung ermittelt werden. Diese verrechneten primären Gemeinkosten werden als *sekundäre Gemeinkosten* bezeichnet. Zur Durchführung der innerbetrieblichen Leistungsverrechnung stehen drei Verfahren zur Verfügung, die anhand der in Tab. 2.2 angegebenen Daten veranschaulicht werden.

- Das *Anbauverfahren* geht von der stark vereinfachenden Annahme aus, dass keine innerbetrieblichen Lieferbeziehungen zwischen den Hilfskostenstellen bestehen. Daher werden die primären Gemeinkosten der Hilfskostenstellen direkt auf die Hauptkostenstellen verrechnet, ein tatsächlich bestehender Leistungsaustausch zwischen den Hilfskostenstellen wird vernachlässigt. Die mit diesem Verfahren ermittelten Verrechnungspreise weichen umso stärker von den tatsächlichen Werten ab, je umfangreicher die vernachlässigten Lieferbeziehungen sind. Der Verrechnungspreis einer innerbetrieblichen Leistung wird beim Anbauverfahren ermittelt, indem man die der Kostenstelle zugeordneten primären Gemeinkosten durch die von ihr an die Hauptkostenstellen abgegebenen Leistungseinheiten dividiert:

Tab. 2.2 Beispiel zur innerbetrieblichen Leistungsverrechnung

	primäre Gemeinkosten	Leistungsabgabe Kraftwerk [MWh]	Instandhaltung [h]
Kraftwerk	49.000	0	50
Instandhaltung	5.000	100	0
Material	38.500	150	100
Fertigung	98.000	650	300
Verwaltung	31.700	50	20
Vertrieb	51.800	50	30
Summe	274.000	1.000	500

$$\text{Verrechnungspreis} = \frac{\text{primäre Gemeinkosten}}{\text{Leistung an Hauptkostenstellen}}$$

Für das in Tab. 2.2 angegebene Beispiel lautet der Verrechnungspreis des Kraftwerks:

$$q_K = \frac{49.000}{900} = 54{,}44\,€\,/\,MWh$$

Der Verrechnungspreis für die Instandhaltung beträgt:

$$q_I = \frac{5.000}{450} = 11{,}11\,€\,/\,h$$

Das Anbauverfahren ist ein grobes Näherungsverfahren, das in den meisten Fällen nur sehr ungenaue Verrechnungspreise liefert.

- Das *Stufenleiterverfahren* berechnet die innerbetrieblichen Verrechnungspreise sukzessiv, indem zunächst die Kostenstellen abgerechnet werden, die keine oder nur wenige Leistungen von anderen, noch nicht abgerechneten Kostenstellen empfangen. Bei der Ermittlung des Verrechnungspreises einer Kostenstelle werden die Leistungen der bereits abgerechneten Kostenstellen mit ihren innerbetrieblichen Verrechnungspreisen bewertet und zu den primären Gemeinkosten der Kostenstelle hinzugefügt; die von noch nicht abgerechneten Kostenstellen empfangenen Leistungen hingegen werden vernachlässigt. Daher sind die mit dem Stufenleiterverfahren ermittelten Verrechnungspreise umso genauer, je besser es gelingt, die Kostenstellen entsprechend dem Umfang der von ihnen empfangenen innerbetrieblichen Leistungen anzuordnen. Da sich bei dem in Tab. 2.2 angegebenen Beispiel die beiden Hilfskostenstellen gegenseitig beliefern, können die Verrechnungspreise lediglich näherungsweise bestimmt werden. Im vorliegenden Beispiel sind daher zwei Vorgehensweisen: Entweder es wird zuerst die Kostenstelle Kraftwerk und dann die Instandhaltung oder zuerst die Instandhaltungsstelle und dann das Kraftwerk abgerechnet.

2.5 Ablauf der Kostenrechnung

Beginnt man mit dem Kraftwerk, so wird dessen Verrechnungspreis berechnet, indem man die primären Gemeinkosten durch die gesamte an andere Kostenstellen abgegebene Leistung dividiert:

$$q_K = \frac{49.000}{1.000} = 49,00 \text{ €} / MWh$$

Bei der Ermittlung des Verrechnungspreises für die Instandhaltungsstelle ist zu berücksichtigen, dass diese 100 *MWh* Strom von der Kostenstelle Kraftwerk erhält. Die vom Kraftwerk in Anspruch genommenen 50 Reparaturstunden können diesem jedoch nicht mehr angelastet werden, da diese Kostenstelle bereits abgerechnet ist. Daher werden im Zähler die bewerteten Kraftwerksleistungen zu den primären Gemeinkosten addiert, im Nenner wird die Gesamtleistung um die Leistung an das Kraftwerk reduziert:

$$q_I = \frac{5.000 + 49 \cdot 100}{500 - 50} = 22,00 \text{ €} / h$$

Rechnet man die Kostenstelle Instandhaltung zuerst ab, so lautet der Verrechnungspreis:

$$q_I = \frac{5.000}{500} = 10,00 \text{ €} / h$$

Der Verrechnungspreis der Kostenstelle Kraftwerk ergibt sich als:

$$q_K = \frac{49.000 + 10 \cdot 50}{1.000 - 100} = 55,00 \text{ €} / MWh$$

Offensichtlich hängen die mit dem Stufenleiterverfahren ermittelten innerbetrieblichen Verrechnungspreise bei dem im Beispiel vorliegenden Sachverhalt davon ab, in welcher Reihenfolge die Hilfskostenstellen abgerechnet werden. Da man bei komplexen innerbetrieblichen Lieferbeziehungen im Voraus nicht überblickt, in welcher Richtung der Leistungsaustausch den größeren Umfang hat, besteht die Gefahr, mit Verrechnungspreisen zu operieren, die weit von den exakten Werten entfernt sind.

- Einen exakten Lösungsweg zur Bestimmung innerbetrieblicher Verrechnungspreise für den allgemeinen Fall, dass ein gegenseitiger Leistungsaustausch zwischen den Hilfskostenstellen vorliegt, bietet das *Gleichungsverfahren*. Es bestimmt die Verrechnungspreise mithilfe eines linearen Gleichungssystems. Die Lösung eines solchen linearen Gleichungssystems lässt sich mithilfe von Standardsoftware, z. B. Tabellenkalkulationsprogrammen, auch für eine große Zahl von Kostenstellen schnell und einfach ermitteln. Für jede abzurechnende Kostenstelle wird eine Gleichung nach dem Prinzip der exakten Kostenüberwälzung aufgestellt:

$$\sum \text{empfangene Leistungen} = \sum \text{abgegebene Leistungen}$$

Die von einer Kostenstelle empfangenen Leistungen sind zum einen die als primäre Gemeinkosten erfassten, von außen bezogenen Kostengüter, zum anderen die mit den noch unbekannten Verrechnungspreisen bewerteten innerbetrieblichen Leistungen, die sie in

Anspruch genommen hat. Bewertet man die an andere Kostenstellen abgegebenen Leistungen mit dem ebenfalls noch unbekannten Verrechnungspreis der Kostenstelle, so muss sich der gleiche Betrag ergeben. Im Beispiel lauten die Gleichungen:

für das Kraftwerk: $\qquad 49.000 + 50\,q_I = 1.000\,q_K$

für die Instandhaltung: $\qquad 5.000 + 100\,q_K = 500\,q_I$

Als Lösung dieses Gleichungssystems ergeben sich die folgenden Verrechnungspreise:

$q_K = 50\ \text{€} / MWh$

$q_I = 20\ \text{€} / h$

Rechnet man sämtliche innerbetrieblichen Leistungen mithilfe dieser Verrechnungspreise ab, so erhält man eine verursachungsgerechte Verteilung der sekundären Gemeinkosten. Als Argument gegen das Gleichungsverfahren wird häufig der im Vergleich zu den anderen Verfahren hohe Rechenaufwand genannt, der jedoch angesichts der heute verfügbaren Rechnerleistungen und Standardprogramme keine Bedeutung mehr hat.

Wie die Umlage der in den Hilfskostenstellen angefallenen Kosten auf die Hauptkostenstellen anhand der mit dem Gleichungsverfahren ermittelten Verrechnungspreise erfolgt, ist in Tab. 2.3 dargestellt.

Tab. 2.3 Verrechnung der innerbetrieblichen Leistungen

Kostenart	Hilfskostenstellen		Hauptkostenstellen				Summe
	Kraftwerk	Instandhaltung	Material	Fertigung	Verwaltung	Vertrieb	
primäre Gemeinkosten	49.000	5.000	38.500	98.000	31.700	51.800	274.000
Umlage Kraftwerk	-50.000	5.000	7.500	32.500	2.500	2.500	0
Umlage Instandhaltung	1.000	-10.000	2.000	6.000	400	600	0
Summe	0	0	48.000	136.500	34.600	54.900	274.000

Wie man sieht, hat sich die Summe der Gemeinkosten nicht verändert, jedoch sind jetzt die beiden Hilfskostenstellen entlastet und die vier Hauptkostenstellen gemäß ihrer Inanspruchnahme mit den zunächst dort zugerechneten primären Gemeinkosten belastet worden. Die in der letzten Zeile gesammelten Kosten werden in der anschließenden Kostenträgerrechnung auf die betrieblichen Leistungen abgerechnet.

Zur übersichtlichen Darstellung der beiden Schritte der Kostenstellenrechnung – Verteilung der primären Gemeinkosten und innerbetriebliche Leistungsverrechnung – sowie zur Verknüpfung von Kostenstellen- und Kostenträgerrechnung lässt sich der *Betriebsabrechnungsbogen* einsetzen. Dabei handelt es sich um eine Tabelle, in der zeilenweise die Kostenarten

2.5 Ablauf der Kostenrechnung

und spaltenweise die Kostenstellen, sortiert nach Hilfs- und Hauptkostenstellen, aufgeführt sind und die entsprechenden Beträge eingetragen werden. Die Bearbeitung dieser Tabelle erfolgt mit den üblichen Tabellenkalkulationsprogrammen. Der prinzipielle Aufbau eines Betriebsabrechnungsbogens ist in Abb. 2.6 dargestellt.

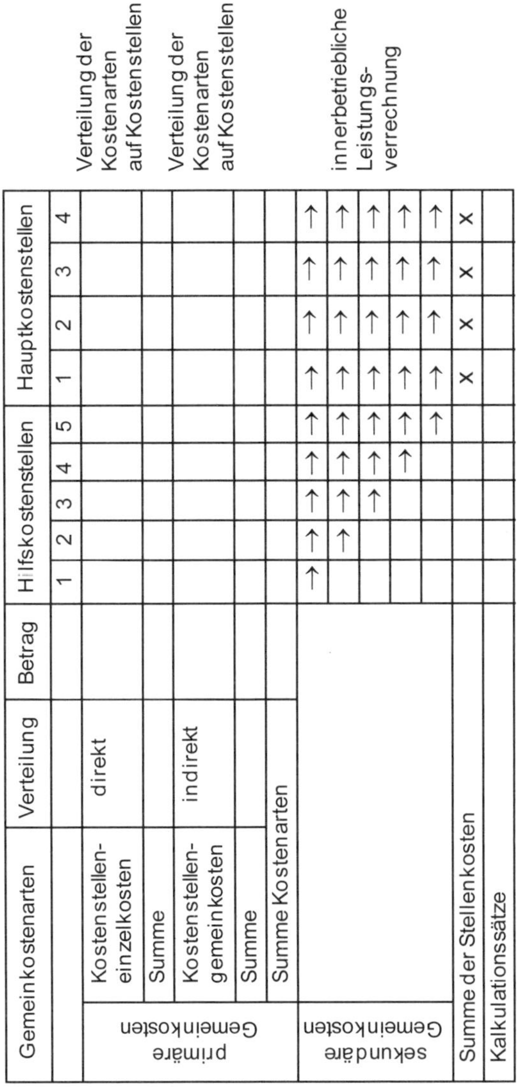

Abb. 2.6 *Betriebsabrechnungsbogen*

Im oberen Teil des Betriebsabrechnungsbogens werden die primären Gemeinkosten auf die Kostenstellen verteilt, wobei zwischen den direkt zurechenbaren Kostenstelleneinzelkosten und den indirekt, d. h. über eine Schlüsselung zu verteilenden Kostenstellengemeinkosten unterschieden wird. Die anschließend auf den Kostenstellen ausgewiesenen Kosten stellen sekundäre Gemeinkosten dar, die für die Hilfskostenstellen im Rahmen der innerbetrieblichen Leistungsverrechnung entsprechend der Inanspruchnahme auf die Hauptkostenstellen umzulegen sind. Die nunmehr auf den Hauptkostenstellen gesammelten Kosten dienen als Grundlage für die Bildung von Kalkulationssätzen in der Kostenträgerrechnung sowie für die spätere Ermittlung von Unter- bzw. Überdeckungen bei einem kostenstellenbezogenen Soll/Ist-Vergleich.

2.5.3 Kostenträgerrechnung

Die Aufgabe der *Kostenträgerrechnung* als der dritten und letzten Stufe der Kostenrechnung besteht darin, die Herstellkosten bzw. Selbstkosten der im Unternehmen hergestellten Produkte zu kalkulieren. Sie antwortet auf die Frage:

Wofür sind die Kosten angefallen?

In der Kostenträgerrechnung werden die direkt aus der Kostenartenrechnung übernommenen Kostenträgereinzelkosten mit den über die Kostenstellenrechnung verrechneten und verursachungsgerecht auf die Kostenträger abgerechneten Gemeinkosten zusammengeführt. Die hierbei ermittelten Kosteninformationen werden insbesondere zur Ermittlung von Preisuntergrenzen und zur Bewertung von Lagerbeständen an unfertigen und fertigen Erzeugnissen eingesetzt. Eine *Kalkulation* kann zu folgenden Zwecken erfolgen:

- Die *Vorkalkulation* dient der Abschätzung der voraussichtlichen Kosten eines Produkts, für das ein Angebot erstellt werden soll.

- Mithilfe der *Nachkalkulation* lässt sich im Nachhinein feststellen, welche Kosten ein Produkt verursacht und ob es einen positiven Deckungsbeitrag erwirtschaftet hat. Die Nachkalkulation ist der Haupteinsatzbereich der für die verschiedenen Fertigungstypen entwickelten Kalkulationsverfahren.

- Eine *Zwischenkalkulation* wird in erster Linie zur zwischenzeitlichen Erfolgsermittlung bei langen Fertigungsdauern vorgenommen.

Während die Divisionskalkulation und die Äquivalenzziffernrechnung mit der Massenfertigung bzw. der Sortenfertigung lediglich einen sehr begrenzten Einsatzbereich aufweisen, handelt es sich bei der nachfolgend dargestellten *Zuschlagskalkulation* mit ihren verschiedenen Varianten um ein allgemein verwendbares Kalkulationsverfahren, dessen Anwendungsschwerpunkt jedoch in der Einzel- und Serienfertigung liegt. Dieser Fertigungstyp weist ein heterogenes Produktspektrum auf, wobei die verschiedenen Produkte die einzelnen Kostenstellen in oft sehr unterschiedlichem Umfang in Anspruch nehmen.

2.5 Ablauf der Kostenrechnung

Die Zuschlagskalkulation kann sowohl auf Vollkosten- als auch auf Teilkostenbasis durchgeführt werden (vgl. Abschnitt 2.6). Ihr Grundgedanke besteht darin, die auf den Hauptkostenstellen gesammelten Gemeinkosten – unter Berücksichtigung des Verursachungsprinzips – anteilig auf die Einzelkosten eines Produkts aufzuschlagen, um die Produktkosten zu ermitteln. Das Kalkulationsschema der *summarischen Zuschlagskalkulation*, die die einfachste Form der Zuschlagskalkulation bildet, ist in Abb. 2.7 angegeben. Bei diesem Verfahren wird unterstellt, dass ein proportionaler Zusammenhang zwischen der jeweiligen Zuschlagsbasis und der Kostenverursachung bzw. dem zuzurechnenden Anteil an den Gemeinkosten besteht.

Abb. 2.7 Zuschlagskalkulation

Den Ausgangspunkt der Zuschlagskalkulation bilden die einem Produkt eindeutig zurechenbaren Materialeinzelkosten und Lohneinzelkosten. Die Materialgemeinkosten und Fertigungsgemeinkosten werden mithilfe von *Zuschlagssätzen* proportional verteilt. Der Zuschlagssatz für die Materialgemeinkosten wird ermittelt, indem man die gesamten Materialgemeinkosten durch die gesamten Materialeinzelkosten dividiert. Die gesamten *Materialkosten* eines Produkts oder Auftrags werden berechnet, indem zu den eindeutig zurechenbaren Materialeinzelkosten ein prozentualer Aufschlag in Höhe des Materialgemeinkostenzuschlagssatzes addiert wird.

Analog wird der Zuschlagssatz für die Fertigungsgemeinkosten berechnet, indem man die gesamten Fertigungsgemeinkosten durch die gesamten Fertigungseinzelkosten dividiert. Zur Ermittlung der *Fertigungskosten* eines Produkts oder Auftrags wird zu dessen eindeutig zurechenbaren Fertigungseinzelkosten ein prozentualer Aufschlag in Höhe des Fertigungsgemeinkostenzuschlagssatzes addiert. Gegebenenfalls müssen zusätzlich Sondereinzelkosten der Fertigung, die z. B. für Konstruktionspläne, Modelle oder Spezialwerkzeuge anfallen, berücksichtigt werden.

Die Summe aus Materialkosten und Fertigungskosten bezeichnet man als *Herstellkosten*, diese bilden z. B. den Wertansatz für Lagerbestände an selbsterstellten Zwischen- oder Endprodukten. Gleichzeitig dienen die Herstellkosten als Zuschlagsbasis für die Verrechnung von Verwaltungs- und Vertriebsgemeinkosten. Deren Zuschlagssätze werden gebildet, indem man die Summe der Verwaltungs- bzw. Vertriebsgemeinkosten durch die Summe der Herstellkosten dividiert. Die anteiligen Verwaltungs- und Vertriebsgemeinkosten eines Produkts bzw. Auftrags ergeben sich, indem man die zuvor ermittelten Herstellkosten mit dem jeweiligen Zuschlagssatz multipliziert.

Die Summe aus Herstellkosten, anteiligen Verwaltungsgemeinkosten und Vertriebsgemeinkosten sowie Sondereinzelkosten des Vertriebs, z. B. den für einen Auftrag anfallenden Versandkosten, gibt die Selbstkosten des Produkts an, die häufig als Preisuntergrenze angesehen werden.

Zur Veranschaulichung der Zuschlagskalkulation wird das Beispiel zur innerbetrieblichen Leistungsverrechnung fortgesetzt, indem die Zuschlagssätze, die Herstellkosten und die Selbstkosten eines Auftrags berechnet werden. Die dem Materialbereich in der Kostenstellenrechnung zugeordneten Materialgemeinkosten betragen 48.000 € (vgl. Tab. 2.3). Daneben sind für die hergestellten Produkte eindeutig zurechenbare Materialeinzelkosten – d. h. Kosten für Rohstoffe, Hilfsstoffe und zugekaufte Bauteile – in Höhe von insgesamt 192.000 € angefallen, die aus der Kostenartenrechnung direkt in die Kostenträgerrechnung weitergeleitet wurden. Somit beträgt der Zuschlagssatz für die von jedem Produkt anteilig zu tragenden Materialgemeinkosten:

$$\frac{48.000}{192.000} = 25\,\%$$

Den Fertigungsgemeinkosten von 136.500 € stehen direkt verrechnete Lohneinzelkosten in Höhe von 682.500 € gegenüber, so dass der Zuschlagssatz für die Fertigungsgemeinkosten lautet:

$$\frac{136.500}{682.500} = 20\,\%$$

Die Herstellkosten eines Auftrags, für den 100 € Materialeinzelkosten und 500 € Lohneinzelkosten angefallen sind, betragen somit:

Materialkosten: 100 € + 25 %   = 125 €

Fertigungskosten: 500 € + 20 %   = 600 €

Herstellkosten: 125 € + 600 €   = 725 €

2.5 Ablauf der Kostenrechnung

Die Zuschlagssätze für die Verwaltungs- und Vertriebsgemeinkosten erhält man, indem man die Verwaltungs- bzw. die Vertriebsgemeinkosten aus Tab. 2.3 durch die Summe der Herstellkosten (Materialeinzel- und -gemeinkosten, Lohneinzel- und Fertigungsgemeinkosten), die in diesem Fall 1.059.000 € beträgt, dividiert.

Zuschlagssatz für Verwaltungsgemeinkosten: $\frac{34.600}{1.059.000} = 3{,}27\ \%$

Zuschlagssatz für Vertriebsgemeinkosten: $\frac{54.900}{1.059.000} = 5{,}18\ \%$

Anhand dieser Zuschlagssätze lassen sich die auf den Auftrag entfallenden Zuschläge für die Verwaltungs- und Vertriebskosten berechnen:

Verwaltungskosten: 3,27 % von 725 € $\Rightarrow$ 23,71 €

Vertriebskosten: 5,18 % von 725 € $\Rightarrow$ 37,56 €

Da für den Auftrag keine Sondereinzelkosten anfallen, ergeben sich seine Selbstkosten als Summe aus den Herstellkosten und den anteiligen Verwaltungs- und Vertriebskosten:

$$725\ € + 23{,}71\ € + 37{,}56\ € = 786{,}27\ €$$

Die Selbstkosten je Stück erhält man, indem man diese Kosten durch die bei dem Auftrag hergestellte Produktionsmenge dividiert.

Die Kostenträgerrechnung wird häufig dazu eingesetzt, den Angebotspreis für ein Produkt oder einen Auftrag anhand der voraussichtlich anfallenden Kosten festzulegen. Die bei der Kalkulation ermittelten Selbstkosten werden als Untergrenze für den am Markt zu verlangenden Preis angesehen. Der Angebotspreis wird dann ermittelt, indem man auf die Selbstkosten den im Unternehmen üblichen Gewinnzuschlag aufschlägt. Dieses Verfahren wird auch als *Kosten-plus-Kalkulation* bezeichnet. Bei einem Gewinnzuschlag von 5 % würde der oben kalkulierte Auftrag dem Kunden zu folgendem Preis angeboten:

$$786{,}27\ € + 5\ \% = 825{,}58\ €$$

Je nach Problemstellung und Ziel der Kostenrechnung können verschiedene Varianten der Zuschlagskalkulation angewandt werden. In Abhängigkeit von der Komplexität der Fertigung unterscheidet man die hier durchgeführte *einstufige Zuschlagskalkulation*, die die verschiedenen Gemeinkostenarten jeweils in einem Block auf die Produkte verrechnet, und die *mehrstufige Zuschlagskalkulation*, die bei einer mehrstufigen Fertigung die Kosten für jede Produktionsstufe einzeln kalkuliert und dabei auch die in der Abrechnungsperiode auftretenden Veränderungen bei den Lagerbeständen der Zwischenprodukte berücksichtigt.

In Bezug auf die Genauigkeit der Verrechnung vor allem der Fertigungsgemeinkosten unterscheidet man folgende Varianten der Zuschlagskalkulation:

- Bei der oben vorgestellten *summarischen* bzw. *kumulativen Zuschlagskalkulation* werden die Gemeinkosten in recht groben Kostenblöcken erfasst. So werden die Fertigungsgemeinkosten in einer Summe und mithilfe eines einheitlichen Prozentsatzes auf die jeweiligen Einzelkosten aufgeschlagen. Dieses Verfahren ist zwar einfach, führt jedoch insbesondere bei komplexen Fertigungsstrukturen, bei denen verschiedene Produkte die Fertigungsanlagen in unterschiedlichem Umfang in Anspruch nehmen, nur zu einer ungenauen Kostenverteilung und verletzt damit das Verursachungsprinzip.

- Die *differenzierte* bzw. *elektive Zuschlagskalkulation* geht von einer feineren Gliederung der abzurechnenden Kostenstellen aus. Sie bildet für jede Fertigungsstelle einen separaten Fertigungsgemeinkostenzuschlagssatz, indem sie die in der jeweiligen Stelle angefallenen Fertigungseinzelkosten ins Verhältnis zu ihren Fertigungsgemeinkosten setzt. Dadurch kommt es zu einer wesentlich differenzierteren Kostenverteilung als beim summarischen Verfahren, die die tatsächliche Kostenverursachung besser widerspiegelt.

- Noch differenzierter geht die *Bezugsgrößenkalkulation* vor, die auch die Basis der Grenzplankostenrechnung bildet. Als Zuschlagsbasis – hier Bezugsgröße genannt – für die Verteilung der Fertigungsgemeinkosten kommen neben Wertgrößen auch Mengengrößen zur Anwendung, die in einem proportionalen Verhältnis zur Produktionsmenge stehen sollten. So können zur Ermittlung der Kostensätze z. B. Fertigungszeiten oder Maschinenzeiten als Bezugsgröße gewählt werden. Die Verwendung von Mengengrößen orientiert sich stärker an der Kostenverursachung, denn es werden externe Effekte – vor allem Preisschwankungen – ausgeschaltet, die bei Wertgrößen leicht auftreten und zu Verzerrungen führen können. Bei homogener Kostenverursachung reicht eine Bezugsgröße je Kostenstelle aus, während bei heterogener Kostenverursachung innerhalb einer Kostenstelle sogar mehrere unterschiedliche Bezugsgrößen Verwendung finden können. So lassen sich bei der Stundensatzkalkulation einer Fertigungsstelle die Fertigungslöhne in Abhängigkeit von den Fertigungszeiten und die Betriebsstoffkosten in Abhängigkeit von den Maschinenlaufzeiten kalkulieren.

Die Bezugsgrößenkalkulation ist ein allgemeines Kalkulationsverfahren, in dem die anderen Verfahren als Spezialfälle enthalten sind. Aufgrund der Verwendung proportionaler Zuschlagssätze geht sie von linearen Kostenverläufen aus. Je nach Erkenntnisinteresse lässt sie sich beliebig fein differenziert gestalten, so dass die tatsächliche Kostenverursachung recht exakt erfasst werden kann. Allerdings ist dabei – wie generell im internen Rechnungswesen – der Grundsatz zu beachten, dass der bei der Kostenrechnung betriebene Aufwand und ihr Nutzen in einem angemessenem Verhältnis stehen müssen.

2.6 Kostenrechnungssysteme

Im Laufe der Zeit sind verschiedene Systeme der Kostenrechnung entwickelt worden, die sich vor allem hinsichtlich ihres Zeitbezugs sowie des Umfangs, in dem eine Verrechnung der an-

2.6 Kostenrechnungssysteme

fallenden Kosten auf die Produkte erfolgt, unterscheiden. Nach dem *Zeitbezug* der Kosten unterscheidet man die Istkostenrechnung, die Normalkostenrechnung und die Plankostenrechnung.

- Die *Istkostenrechnung* ist vergangenheitsorientiert und verrechnet die in der Abrechnungsperiode tatsächlich angefallenen Kosten. Istkosten ergeben sich durch die Multiplikation von Istverbrauchsmengen mit Istpreisen.

- Die *Normalkostenrechnung* ist ebenfalls vergangenheitsorientiert, arbeitet jedoch mit festen Verrechnungspreisen anstelle von Istpreisen. Diese Verrechnungspreise werden meist als Durchschnittswerte der Vergangenheit ermittelt und mit den Istverbrauchsmengen der Abrechnungsperiode multipliziert.

- Die *Plankostenrechnung* ist zukunftsorientiert. Plankosten werden auf Basis geplanter Mengengrößen und geplanter Preise berechnet und bilden eine Kostenvorgabe für die Abrechnungsperiode. Damit dienen sie vor allem der späteren Kostenkontrolle, so dass sie für das Produktionscontrolling von besonderer Bedeutung sind.

Nach dem *Umfang der verrechneten Kosten* unterscheidet man die Vollkostenrechnung und die Teilkosten- bzw. Deckungsbeitragsrechnung. Die *Vollkostenrechnung* orientiert sich an der weiten Fassung des Verursachungsprinzips, welches besagt, dass letztlich auch die Fixkosten durch die betriebliche Tätigkeit verursacht werden (vgl. hierzu Steven 2013, S. 142f.). Daher verrechnet sie sämtliche in der Abrechnungsperiode angefallenen Kosten, d. h. sowohl variable Kosten als auch Fixkosten, auf die Produkte bzw. Aufträge als Kostenträger. Verwendet man die auf diese Art ermittelten Selbstkosten als Grundlage für Produktionsentscheidungen, so kann es zu gravierenden Fehlentscheidungen kommen, denn bei dieser Methode würden lediglich die Produkte hergestellt, deren Erlöse die Stückkosten einschließlich der proportionalisierten Fixkosten übersteigen.

Bei der *Teilkosten- bzw. Deckungsbeitragsrechnung* hingegen werden nur die variablen Kosten direkt auf die Kostenträger verrechnet und die Fixkosten separat bei der Ermittlung des Betriebsergebnisses berücksichtigt. Sie basiert somit auf der engen Fassung des Verursachungsprinzips, nach der einem Produkt nur die Kosten zugerechnet werden dürfen, die durch seine Herstellung eindeutig verursacht werden. Teilkostenbasierte Produktionsentscheidungen orientieren sich am Deckungsbeitrag eines Produkts, der als Differenz aus dem Stückerlös und den variablen Stückkosten berechnet wird. Die Teilkostenrechnung wird auch als *Direct Costing* bezeichnet.

Wie das folgende *Beispiel* zeigt, sind bei Anwendung der Vollkostenrechnung gravierende Fehlentscheidungen möglich, da sie keinen hinreichenden Einblick in die für die Produktionsentscheidung relevanten Kostenstrukturen gibt.

In einer Textilfabrik werden Hemden, Hosen, Jacken, Mäntel und Pullover hergestellt. Dabei fallen je Abrechnungsperiode Fixkosten in Höhe von insgesamt 120.000 € an. In Tab. 2.4 sind die relevanten Daten der einzelnen Produkte – Absatzmengen, Stückerlöse (p) und die in der Kostenrechnung ermittelten Stückkosten (k) – sowie die Erfolgskalkulation bei Durchführung einer Vollkostenrechnung dargestellt.

Tab. 2.4 *Vollkostenkalkulation*

Produkt	Menge	Erlös	Stückkosten	p – k	Erfolg
Hemden	2.000	25 €	20 €	5 €	10.000 €
Hosen	1.500	50 €	40 €	10 €	15.000 €
Jacken	1.200	70 €	85 €	–15 €	–18.000 €
Mäntel	500	150 €	100 €	50 €	25.000 €
Pullover	1.000	45 €	40 €	5 €	5.000 €

Nach diesen Daten verursacht jede Jacke um 15 € höhere Kosten, als ihr Erlös beträgt, so dass das Unternehmen mit der Produktsparte Jacken einen Verlust von 18.000 € erwirtschaftet. Bei den anderen Produkten sind die Erlöse jeweils höher als die Stückkosten, so dass sich für die Hemden ein Erfolg von 10.000 € ergibt, für die Hosen von 15.000 €, für die Mäntel von 25.000 € und für die Pullover von 5.000 €. Der Gesamtgewinn in der Abrechnungsperiode beträgt somit 37.000 €.

Angesichts dieser Zahlen beschließt die Unternehmensleitung, die Produktion des Verlustbringers Jacken aufzugeben und erwartet, dass der Gewinn aufgrund dieser Maßnahme auf 18.000 € steigt. Tatsächlich sinkt er jedoch um weitere 6.000 € auf 31.000 €. Die Ursache für dieses auf den ersten Blick überraschende Ergebnis liegt in der Verwendung der Vollkostenrechnung, bei der auch die Fixkosten anteilig auf die Produkte verrechnet werden.

Tab. 2.5 zeigt, wie sich derselbe Gewinn in Höhe von 37.000 € aus Sicht der Teilkostenrechnung zusammensetzt.

Tab. 2.5 *Teilkostenkalkulation*

Produkt	Menge	Erlös	variable Stückkosten	p – k_v	Erfolg
Hemden	2.000	25 €	8 €	17 €	34.000 €
Hosen	1.500	50 €	24 €	26 €	39.000 €
Jacken	1.200	70 €	65 €	5 €	6.000 €
Mäntel	500	150 €	52 €	98 €	49.000 €
Pullover	1.000	45 €	16 €	29 €	29.000 €

Anstelle der Stückkosten auf Vollkostenbasis enthält die vierte Spalte jetzt die *variablen Stückkosten* (k_v), die sich ergeben, indem man die variablen Kosten eines Produkts durch seine Produktionsmenge dividiert. In der fünften Spalte ist nunmehr nicht der Stückgewinn, sondern der *Stückdeckungsbeitrag* angegeben. Der Stückdeckungsbeitrag wird als Differenz aus dem Stückerlös p und den variablen Stückkosten k_v berechnet. Die sechste Spalte weist als Erfolg den Gesamtdeckungsbeitrag der einzelnen Produkte als Produkt aus der jeweiligen Absatzmenge und dem Stückdeckungsbeitrag aus. Ein Deckungsbeitrag ist der Betrag, den ein Produkt über seine variablen Kosten hinaus erwirtschaftet und der zur Abdeckung der im Unternehmen anfallenden Fixkosten verwendet werden kann.

Im Beispiel betragen die Fixkosten insgesamt 120.000 €, so dass von der Summe der Deckungsbeiträge in Höhe von 157.000 € ein Gewinn von 37.000 €, d. h. in gleicher Höhe wie bei der Vollkostenrechnung, verbleibt.

Im Unterschied zur Vollkostenrechnung, bei der die Fixkosten willkürlich – in diesem Fall nach dem *Durchschnittsprinzip* zu je 1/5 – auf die fünf Produkte verteilt wurden, zeigt die Teilkostenrechnung die Quellen des Erfolgs eindeutig auf: Da alle fünf Produkte einen positiven Stückdeckungsbeitrag liefern und somit einen Teil der Fixkosten abdecken, sollte keines aus dem Sortiment genommen werden.

Die Verschlechterung des Ergebnisses bei der Vollkostenrechnung nach der Einstellung der Jackenproduktion resultiert daraus, dass die Fixkosten in unveränderter Höhe anfallen, jedoch der positive Deckungsbeitrag der Jacken in Höhe von 6.000 € verloren geht. Eine Elimination der Jacken aus dem Sortiment wäre nur dann sinnvoll, wenn sich innerhalb des gesamten Fixkostenblocks abbaufähige Fixkosten der Jackenproduktion von mehr als 18.000 € identifizieren ließen, denn dann würde der Gesamtdeckungsbeitrag dieser Produktart nicht ausreichen, um die ihr eindeutig zurechenbaren Fixkosten abzudecken.

Aus einer *strategischen Sicht* kann es allerdings vorteilhaft sein, auch Produkte mit negativem Deckungsbeitrag weiter zu produzieren. So ist zu berücksichtigen, dass sich z. B. der Absatz der Hosen verschlechtern könnte, wenn die Kunden keine passenden Jacken mehr kaufen können. Derartige *Absatzverbundenheiten* können dazu führen, dass selbst Produkte, die auf Basis der Teilkostenrechnung Verluste erwirtschaften, nicht aus dem Produktionsprogramm eliminiert werden.

2.7 Weiterführende Literatur

Coenenberg, A., Fischer, T. M., Günther, T.: Kostenrechnung und Kostenanalyse, Schäffer-Poeschel, Stuttgart, 8. Aufl. 2012

Fandel, G., Fey, A., Heuft, B., Pitz, T.: Kostenrechnung, Springer, Berlin usw., 3. Aufl. 2008

Haberstock, L.: Kostenrechnung I, ESV Erich Schmidt Verlag, Berlin, 12. Aufl. 2005

Hoitsch, H.-J., Lingnau, V.: Kosten- und Erlösrechnung, Springer, Berlin usw., 6. Aufl. 2007

Kistner, K.-P., Steven, M.: Betriebswirtschaftslehre im Grundstudium, Bd. 2: Buchführung, Kostenrechnung, Bilanzen, Physica, Heidelberg 1997

3 Grundlagen des Kostenmanagements

Das Kostenmanagement geht über die Kostenrechnung weit hinaus, indem es sich nicht nur mit der Erfassung und Verrechnung von Kosten befasst, sondern seinen Schwerpunkt auf die Gestaltung der Kosten und Kostenstrukturen legt. In dieser Lehreinheit werden die Grundlagen des Kostenmanagements dargestellt. Ausgehend von Ansätzen zur verursachungsgerechten Verrechnung der Gemeinkosten werden die Aufgaben, Ansatzpunkte und Objekte eines proaktiven Kostenmanagements herausgearbeitet.

Leitfragen: Inwiefern unterscheiden sich die verschiedenen Ansätze des Gemeinkostenmanagements bei der Verrechnung der Fixkosten?

Wodurch ist ein proaktives Kostenmanagement gekennzeichnet?

Welche Aufgaben und Funktionen hat das Kostenmanagement?

Mit welchen Objekten befasst sich das Kostenmanagement?

3.1 Kostenmanagement als Teilgebiet der Kostenlehre

Der Begriff des *Kostenmanagements* ist nicht einheitlich definiert, sondern wird mit unterschiedlichen Inhalten in Verbindung gebracht. Diese reichen von einem Oberbegriff für neuere Verfahren der Kostenrechnung über die Auffassung des Kostenmanagements als Philosophie, die das kostenbewusste Verhalten der Mitarbeiter unterstützen soll, bis hin zum Kostenmanagement als zielgerichteter Beeinflussung und Gestaltung der Kosten im Sinne einer entscheidungsorientierten Kostenrechnung. Im Folgenden wird die zuletzt genannte Auffassung zugrunde gelegt. Abb. 3.1 zeigt, in welchen Interdependenzen das Kostenmanagement zu den beiden anderen Bereichen der Kostenlehre, der Kostentheorie und der Kostenrechnung, steht (vgl. Wasmuth 2009, S. 52ff.).

- Die Aufgabe der *Kostentheorie* besteht darin, diejenigen Größen zu identifizieren, die die Kostenhöhe, die Kostenstruktur und den Kostenverlauf beeinflussen, und die Zusammenhänge zwischen diesen Einflussgrößen und den Kosten zu erklären. Sie hat also eine Erklärungs- und Prognosefunktion und schafft die Voraussetzungen für die Ausgestaltung von Kostenrechnungssystemen, die diese Beziehungszusammenhänge adäquat berücksichtigen.

3.2 Gemeinkostenmanagement

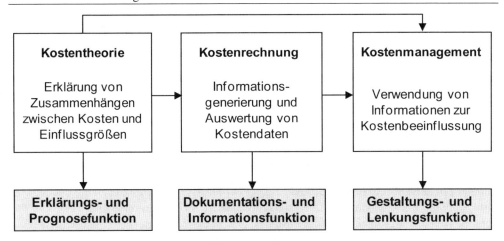

Abb. 3.1 *Kostenmanagement als Teilgebiet der Kostenlehre (Quelle: Wasmuth 2009, S. 53)*

- Die *Kostenrechnung* konzentriert sich auf die Generierung von kostenbasierten Informationen, d. h. die Abbildung des betrieblichen Geschehens mithilfe von Kostendaten, und die Verrechnung dieser Kosten auf Kostenstellen und Kostenträger mithilfe des durch die Kostentheorie gestalteten Kostenrechnungssystems (vgl. Lehreinheit 2). Der Fokus liegt somit auf einer Dokumentations- und Informationsfunktion.

- Das *Kostenmanagement* nutzt die in der Kostenrechnung generierten Informationen, um die steuerungsrelevanten Kosteneinflussgrößen zu identifizieren und zielgerichtet zu beeinflussen. Auf Basis dieser Informationen und unter Berücksichtigung der in der Kostentheorie ermittelten Ursache-Wirkungs-Zusammenhänge generiert das Kostenmanagement Gestaltungsentscheidungen und schlägt Maßnahmen zur Kostensenkung vor. Das Kostenmanagement hat eine Gestaltungs- und Lenkungsfunktion.

Das Kostenmanagement kann sowohl auf operativer als auch auf strategischer Ebene ansetzen. Im operativen Kostenmanagement wird versucht, die Kosten bei unveränderten Produkt- und Prozessstrukturen zu reduzieren. Die Wirkungen solcher kurzfristigen Maßnahmen sind meist gering. Das strategische Kostenmanagement hingegen kann sich aus einer langfristigen Perspektive auf die kostenbewusste Gestaltung von Produkten, Prozessen und Ressourcen konzentrieren.

3.2 Gemeinkostenmanagement

Wie das Beispiel zur Vollkosten- bzw. Teilkostenrechnung in Abschnitt 2.6 gezeigt hat, liefert nur die letztere die für bestimmte Entscheidungen relevanten Kosteninformationen. Es ist jedoch unbefriedigend, dass in der Teilkostenrechnung die Fixkosten lediglich in einem Block erfasst und von der Summe der Deckungsbeiträge abgezogen werden, um den Periodenerfolg zu berechnen. Die beiden im Folgenden dargestellten Ansätze zum *Gemeinkostenmanagement* zeigen verschiedene Wege auf, den Fixkostenblock näher zu analysieren und ganz oder teilweise den Produkten bzw. anderen betrieblichen Entscheidungstatbeständen zuzurechnen, ohne dabei das Verursachungsprinzip zu verletzen (vgl. Kistner/Steven 1997, S. 142ff.).

3.2.1 Stufenweise Fixkostendeckungsrechnung

Der Ansatz der *stufenweisen Fixkostendeckungsrechnung* geht zurück auf Agthe (1959) sowie Kilger (1987). Der Grundgedanke besteht darin, den Fixkostenblock bzw. den Deckungsbeitrag nach verschiedenen, hierarchisch angeordneten Entscheidungsebenen aufzuspalten und den dort jeweils relevanten Abrechnungsobjekten verursachungsgerecht zuzuordnen.

Auf der operativen Entscheidungsebene, die bei der klassischen Kostenrechnung betrachtet wird, steht die Entscheidung über die Produktionsmenge im Vordergrund. Diese ist somit das zentrale Abrechnungsobjekt, dem die Kosten zugerechnet werden. Bei der Teilkostenrechnung werden die von der Produktionsmenge abhängigen Kosten als variable Kosten und sämtliche nicht direkt davon abhängigen Kosten als entscheidungsirrelevanter Fixkostenblock angesehen. Betrachtet man hierarchisch übergeordnete Entscheidungsebenen und damit längere *Planungshorizonte*, so erweisen sich jeweils bestimmte Tatbestände als entscheidungsabhängig und die ihnen zugeordneten Anteile der Fixkosten als variabel. Grundsätzlich gilt: Je länger der Planungshorizont ist, desto geringer wird der Anteil der Fixkosten an den Gesamtkosten.

Das System der stufenweisen Fixkostendeckung unterscheidet für die Gliederung der Fixkosten nach ihrer Entscheidungsrelevanz die folgenden *Stufen*:

- Als *produktfixe Kosten* werden Kosten bezeichnet, die zwar in Bezug auf eine produzierte Einheit fix sind, jedoch einer Produktart bzw. einem Los zugerechnet werden können. Dies sind z. B. Rüstkosten, Entwicklungskosten oder die Abschreibungen für Spezialmaschinen zur Herstellung der Produktart.

- Auf der nächsten Entscheidungsebene sind die *produktgruppenfixen Kosten* angesiedelt. Diese sind fix in Bezug auf eine bestimmte Produktart, lassen sich jedoch einer Produktgruppe zurechnen. Hierzu zählen z. B. Raumkosten für die Fertigungshalle, in der die Produktgruppe hergestellt wird, oder die spezifischen Kosten des Vertriebssystems für ein Erzeugnis.

- *Kostenstellenfixe Kosten* lassen sich weder einer Produktart noch einer Produktgruppe zurechnen, sondern hängen mit dem Betrieb einer bestimmten Kostenstelle zusammen, in der in der Regel mehrere Produktgruppen bearbeitet werden. Beispiele sind die Personalkosten der auf der Kostenstelle im Zeitlohn beschäftigten Mitarbeiter oder die Abschreibungen für die in der Kostenstelle betriebenen Mehrzweckmaschinen.

- Auf der nächsten Stufe stehen die *bereichsfixen Kosten*, die sich nicht einer einzelnen Kostenstelle, sondern lediglich einem umfassenderen Kostenstellenbereich zuordnen lassen. Hierzu zählen z. B. die Energiekosten oder die Kosten für die Versicherung des Gebäudes, in dem die Kostenstellen untergebracht sind.

3.2 Gemeinkostenmanagement

- Erst auf der letzten Stufe, die der langfristigen strategischen Planung zugeordnet ist, werden die *unternehmensfixen Kosten* entscheidungsrelevant. Dies sind sämtliche Kosten, die nur dann wegfallen, wenn das Unternehmen insgesamt stillgelegt und aufgelöst wird. Hierzu zählen insbesondere die Kosten, die im Zusammenhang mit der Geschäftsleitung anfallen.

Aus dieser Hierarchie der Stufen der Fixkostenabdeckung lässt sich eine analog nach Hierarchieebenen gegliederte Ermittlung von Deckungsbeiträgen ableiten. Das *Kalkulationsschema* der stufenweisen Fixkostendeckungsrechnung ist in Abb. 3.2 veranschaulicht.

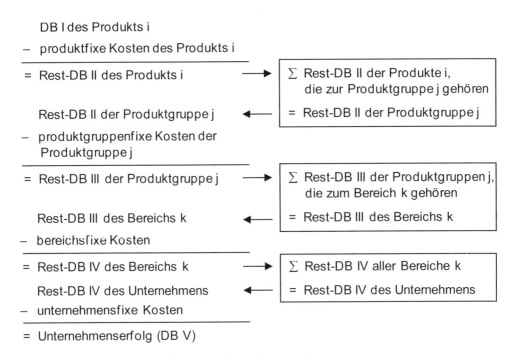

Abb. 3.2 *Kalkulationsschema der stufenweisen Fixkostendeckungsrechnung*

Der als Differenz aus Erlösen und variablen Stückkosten der verkauften Einheiten eines Produkts berechnete Deckungsbeitrag wird als DB I bezeichnet. Zieht man davon die produktfixen Kosten ab, so erhält man den Rest-DB II des Produkts. Die Summe der Rest-DB II aller Produkte in einer Produktgruppe ergibt deren Rest-DB II. Der Rest-DB III einer Produktgruppe ergibt sich, indem man von ihrem Rest-DB II die Produktgruppenfixkosten subtrahiert. Auf der nächsten Stufe ergibt die Summe der Rest-DB III aller Produktgruppen in einem Bereich den Rest-DB III des Bereichs. Subtrahiert man die bereichsfixen Kosten, so erhält man den Rest-DB IV des Bereichs. Die Summe der Rest-DB IV aller Bereiche ist der Rest-DB IV des Unternehmens. Reduziert man diesen um die unternehmensfixen Kosten, so erhält man schließlich den Unternehmenserfolg. Auf diese Weise ist es möglich, den verschiedenen Entscheidungsebenen Teile der Fixkosten eindeutig zuzuordnen und diese bei Entscheidungen adäquat zu berücksichtigen.

Zur Veranschaulichung der Vorgehensweise der stufenweisen Fixkostendeckungsrechnung wird der Fixkostenblock des Beispiels aus Abschnitt 2.6 näher analysiert. Abb. 3.3 zeigt die Produktionsstruktur der Textilfabrik mit verschiedenen Bereichen, denen sich die Fixkosten anteilig zurechnen lassen.

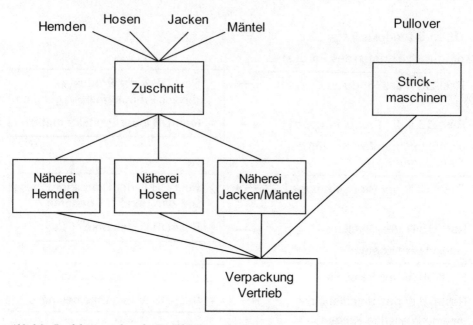

Abb. 3.3 *Produktionsstruktur der Textilfabrik*

Während die Hemden, Hosen, Jacken und Mäntel erst eine gemeinsame Abteilung Zuschnitt und anschließend auf die jeweiligen Arbeitsabläufe spezialisierte Nähereien durchlaufen, werden die Pullover mithilfe von Strickmaschinen hergestellt. Nach der Fertigung werden alle Produktarten gemeinsam verpackt und in den Vertrieb gegeben. Aufgrund der Tatsache, dass Mäntel im Grunde lediglich längere Jacken, d. h. fertigungstechnisch eng mit diesen verwandt sind, werden diese beiden Produktarten in derselben Näherei hergestellt.

Die Fixkosten in Höhe von insgesamt 120.000 € verteilen sich wie folgt auf die verschiedenen Fertigungsbereiche:

Zuschnitt: 10.000 €
Näherei Hemden: 15.000 €
Näherei Hosen: 10.000 €

3.2 Gemeinkostenmanagement

Näherei Jacken/Mäntel: 20.000 €
Strickmaschinen: 30.000 €
Verpackung/Vertrieb: 15.000 €
Unternehmensleitung: 20.000 €

Diese zusätzlichen Informationen lassen sich einsetzen, um die Erfolgssituation der fünf Produkte differenzierter zu beurteilen. Dies erfolgt in Tab. 3.1 anhand des Schemas der stufenweisen Fixkostendeckung.

Tab. 3.1 *Stufenweise Zuordnung der Fixkosten*

Produkt	Deckungs-beitrag (DB I)	Produkt-fixkosten	Rest-DB II	Produkt-gruppen-fixkosten	Rest-DB III	Bereichs-/ Unternehmens-fixkosten	Unternehmens-erfolg (Rest-DB V)
Hemden	34.000 €	15.000 €	19.000 €	–	19.000 €		
Hosen	39.000 €	10.000 €	29.000 €	–	29.000 €		
Jacken	6.000 €	–	6.000 €	20.000 €	35.000 €	45.000 €	37.000 €
Mäntel	49.000 €	–	49.000 €				
Pullover	29.000 €	30.000 €	-1.000 €	–	-1.000 €		

Stellt man dem Deckungsbeitrag jedes Produkts bzw. jeder Gruppe fertigungstechnisch verwandter Produkte die eindeutig zurechenbaren Fixkosten gegenüber, so zeigt sich, dass der Deckungsbeitrag I der Pullover in Höhe von 29.000 € nicht ausreicht, um die Fixkosten der der Pulloverherstellung eindeutig zurechenbaren Abteilung Strickmaschinen in Höhe von 30.000 € abzudecken. Der in der vierten Spalte von Tab. 3.1 ausgewiesene Restdeckungsbeitrag II ist mit -1.000 € negativ.

Darüber hinaus müssten die Pullover auch noch einen Anteil der für alle Produkte gemeinsam anfallenden Fixkosten für Verpackung und Vertrieb sowie der Unternehmensleitung tragen. Bei unveränderter Absatz- und Erlössituation sollte die Unternehmensleitung daher darüber nachdenken, die Herstellung von Pullovern einzustellen, um die Abteilung schließen, die Maschinen verkaufen und damit diese Fixkosten abbauen zu können.

Bei allen anderen Produkten reichen die Deckungsbeiträge aus, um die ihnen direkt zuzurechnenden Produktfixkosten und Produktgruppenfixkosten abzudecken, so dass sich auf Basis dieser Informationen keine weiteren Stilllegungsentscheidungen ableiten lassen. Sowohl der Restdeckungsbeitrag II als auch der Restdeckungsbeitrag III sind positiv.

Zieht man von der Summe der Restdeckungsbeiträge III die in der vorletzten Spalte von Tab. 3.1 ausgewiesenen Bereichs- und Unternehmensfixkosten in Höhe von 45.000 € ab, die sich nur allen Produkten gemeinsam zurechnen lassen, so ergibt sich in der letzten Spalte der bereits in Abschnitt 2.6 ermittelt Unternehmenserfolg in Höhe von 37.000 €.

3.2.2 Relative Einzelkosten- und Deckungsbeitragsrechnung

Einen anderen Weg zur verursachungsgerechten Verrechnung von variablen und fixen Gemeinkosten geht Riebel (1994) mit der *relativen Einzelkosten- und Deckungsbeitragsrechnung*. Seine Grundidee besteht darin, auf die in der klassischen Kostenrechnung erforderlichen Gemeinkostenschlüsselungen vollständig zu verzichten. Stattdessen werden sämtliche Kosten als Einzelkosten erfasst, indem hinreichend differenzierte, hierarchisch gegliederte Bezugsgrößen bzw. Zurechnungsobjekte definiert werden. Diese Kosten bezeichnet er als *relative Einzelkosten*, da sie in Bezug auf ihr jeweiliges Zurechnungsobjekt entscheidungsabhängig sind, auch wenn sie in Bezug auf andere Zurechnungsobjekte als unbeeinflussbar erscheinen.

Die relativen Einzelkosten eines Zurechnungsobjekts fallen nur dann an, wenn auf der entsprechenden Hierarchieebene eine bestimmte Entscheidung getroffen wird. Das Ziel der Rechnung mit relativen Einzelkosten besteht darin, im Sinne einer entscheidungsorientierten Kostenrechnung jedem Zurechnungsobjekt die eindeutig durch dieses hervorgerufenen Kosten und Erlöse zuzuordnen. Diese Ausprägung des Verursachungsprinzips wird als *Identitätsprinzip* bezeichnet.

Die Basis der Rechnung mit relativen Einzelkosten ist eine zweckneutrale *Grundrechnung*, in der sämtliche Kosten grundsätzlich als (relative) Einzelkosten erfasst werden. Diese Grundrechnung dient als Ausgangspunkt für unterschiedliche Auswertungen und Sonderrechnungen. Bei der Zuordnung der Kosten wird somit von einer Hierarchie von Zurechnungsobjekten bzw. Entscheidungen ausgegangen. Jede Kostengröße soll innerhalb dieser Hierarchie auf der niedrigsten Stufe zugeordnet werden, auf der dies nach dem Identitätsprinzip möglich ist. Zum Beispiel können die in ein Produkt eingehenden Materialmengen als Einzelkosten eines hergestellten Stücks erfasst werden; die Rüstkosten eines Auftrags hingegen lassen sich nicht den einzelnen Produkteinheiten, sondern einem Fertigungslos als Zurechnungsobjekt zuordnen.

(Relative) Gemeinkosten sind in diesem Zusammenhang solche Kosten, die sich nach dem Identitätsprinzip lediglich Entscheidungsobjekten auf einer höheren Hierarchieebene als Einzelkosten zuordnen lassen. Somit sind die Rüstkosten zwar relative Einzelkosten eines Fertigungsloses, jedoch relative Gemeinkosten einer Produkteinheit. Als unechte Gemeinkosten werden diejenigen Kosten bezeichnet, die zur Vereinfachung der Abrechnung bewusst auf einer höheren Hierarchieebene als der ihrer Verursachung entsprechenden erfasst werden.

Die Grundrechnung ist eine ähnlich wie der Betriebsabrechnungsbogen (vgl. Abb. 2.6) aufgebaute Tabelle, in deren Spalten die hierarchisch gegliederten Zurechnungsobjekte und in deren Zeilen die Kostenarten, die zu Kostenkategorien zusammengefasst werden, aufgelistet sind.

Zurechnungsobjekte sind in erster Linie Kostenträger und Kostenstellen, die nach den betrieblichen Erfordernissen zu Bezugsgrößenhierarchien zusammengefasst werden. Neben der Gruppierung von Produkten zu Produktgruppen kommen hier auch anlagenbezogene Bezugsgrößen wie Werkstätten oder Betriebe und kundenbezogene Bezugsgrößen wie Kundengruppen, Kundenaufträge oder Kundenbesuche in Betracht.

3.2 Gemeinkostenmanagement

Bezüglich der *Kostenkategorien* wird nach unterschiedlichen Kriterien gegliedert, zwischen denen keine eindeutige Rangordnung besteht (vgl. Riebel 1994, S. 150ff.). Der konkrete Aufbau einer Grundrechnung hängt davon ab, welches Gliederungskriterium als Ausgangspunkt gewählt wird. Einen Überblick über den Zusammenhang der Kostenkategorien gibt Abb. 3.4.

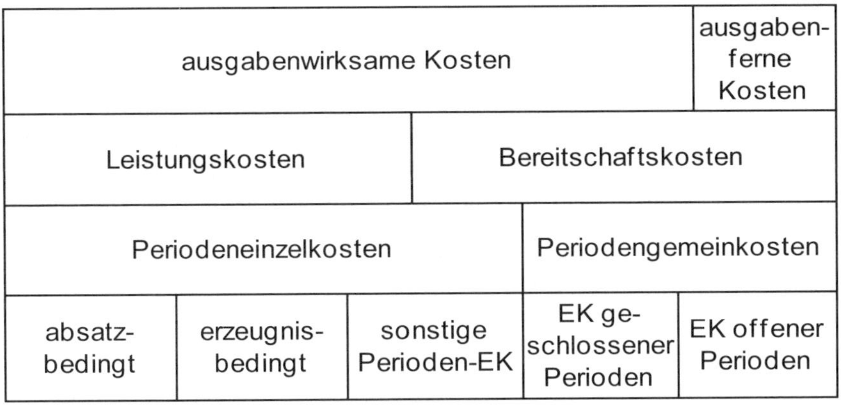

ausgabenwirksame Kosten			ausgabenferne Kosten	
Leistungskosten		Bereitschaftskosten		
Periodeneinzelkosten			Periodengemeinkosten	
absatzbedingt	erzeugnisbedingt	sonstige Perioden-EK	EK geschlossener Perioden	EK offener Perioden

Abb. 3.4 Kostenkategorien der Grundrechnung

- Eine wichtige Einteilung ist die Unterscheidung nach dem Ausgabencharakter der Kosten. Danach gibt es *ausgabenwirksame bzw. ausgabennahe Kosten*, die kurzfristig entscheidungsrelevant sind, z. B. Materialkosten, und *ausgabenferne Kosten* wie Abschreibungen und Rückstellungen.

- Weiter erfolgt eine Gliederung nach den Kosteneinflussgrößen in Leistungs- und Bereitschaftskosten. *Leistungskosten* variieren mit der Leistungsabgabe des Unternehmens, d. h. den Produktionsmengen, während die *Bereitschaftskosten* bei gegebenen Kapazitäten kurzfristig nicht veränderbar sind.

- Daneben besteht eine Einteilung nach der Zurechenbarkeit der Kosten auf bestimmte *Abrechnungsperioden*. Periodeneinzelkosten wie Monats-, Quartals- oder Jahreseinzelkosten können eindeutig einer bestimmten Periode zugerechnet werden, Periodengemeinkosten nicht.

  – Die *Periodeneinzelkosten* werden nach sachlichen Kriterien weiter untergliedert in absatzbedingte Einzelkosten wie Verkaufsprovisionen, Verpackungs- und Logistikkosten, erzeugnisbedingte Einzelkosten wie Materialeinsatz, Energiekosten, Überstundenzuschläge, und sonstige, kurzfristig fixe Periodeneinzelkosten wie Fertigungslöhne, Gehälter, Steuern.

  – Lassen sich Periodengemeinkosten einer bestimmten Anzahl von Perioden eindeutig zuordnen, so handelt es sich um *Einzelkosten geschlossener Perioden*. Dies sind z. B. Versicherungsbeiträge und andere jährliche Zahlungen, wenn die Kostenrechnung monatlich durchgeführt wird. Ist kein eindeutiger Periodenbezug feststellbar, liegen *Einzelkosten offener Perioden* vor, wie bei Kosten für Forschung und Entwicklung, Reparaturkosten oder Abschreibungen. Durch diese Einteilung wird jede willkürliche Periodisierung von Kosten vermieden.

Neben der kostenbezogenen Grundrechnung ist eine analog aufgebaute *Grundrechnung für Erlöse* zu führen, um schließlich die (relativen) Deckungsbeiträge der einzelnen Bezugsobjekte bestimmen zu können.

Die *Bedeutung* der relativen Einzelkosten- und Deckungsbeitragsrechnung besteht aus theoretischer Sicht darin, dass sie konsequent auf jegliche Schlüsselung von Kostengrößen verzichtet. Dieses Vorgehen fördert das Verständnis für die Zusammenhänge der Kostenentstehung und erhöht die Kostentransparenz. Aufgrund der großen Komplexität des Systems und der damit verbundenen Anforderungen sowohl beim Aufbau als auch bei der Anwendung hat es in der Praxis jedoch keine große Beachtung gefunden.

3.3 Proaktives Kostenmanagement

Hinsichtlich der Ausgestaltung des Kostenmanagements bestehen grundsätzlich folgende Möglichkeiten:

- Ein *reaktives Kostenmanagement* setzt punktuell an bestehenden Kostenproblemen an und versucht, deren Symptome zu beseitigen, nachdem sie identifiziert wurden. So kann ein Einbruch beim Unternehmensergebnis darauf zurückzuführen sein, dass sich die Wettbewerbsbedingungen auf den relevanten Märkten verändert haben, indem alte Wettbewerber ihre Kostenposition verbessert haben, neue Wettbewerber mit einer günstigeren Kostenposition in den Markt eingetreten sind oder bislang unterlegene Wettbewerber kostenmäßig aufschließen konnten. Ein typisches Verhalten der Entscheidungsträger besteht beim reaktiven Kostenmanagement darin, einen generellen Einstellungsstopp zu verhängen, pauschale Budgetkürzungen vorzunehmen oder Entwicklungsprojekte zu streichen, um kurzfristig die Kosten zu reduzieren. Diese Maßnahmen sind meist weder geeignet, die eigene Wettbewerbsposition zu verbessern, noch führen sie zu einer nachhaltigen Kostensenkung. Daher wird das reaktive Kostenmanagement auch als *Krisenmanagement* bezeichnet.

- Ein *proaktives Kostenmanagement* zur Verbesserung der eigenen Kostenposition hingegen ist vorausschauend und langfristig orientiert und strebt eine nachhaltige Wirkung seiner Maßnahmen an (vgl. Kajüter 2000). Da die Bewältigung von Kostenproblemen letztlich an ihren Ursachen ansetzen muss, versucht das proaktive Kostenmanagement in einem zukunftsorientierten Prozess, potentielle Problembereiche möglichst frühzeitig zu antizipieren und geeignete Maßnahmen zu ergreifen. Da neben der Kostensituation auch die Wettbewerbssituation des Unternehmens berücksichtigt wird, ergeben sich aus dem proaktiven Kostenmanagement häufig unvorhergesehene Ansatzpunkte zur Förderung der weiteren Unternehmensentwicklung. Somit handelt es sich beim proaktiven Kostenmanagement im Kern um ein *Chancenmanagement*.

3.3 Proaktives Kostenmanagement

Damit das Kostenmanagement seine in Abschnitt 3.1 herausgestellte Gestaltungs- und Lenkungsfunktion erfüllen kann, muss es bereits zu einem frühen Zeitpunkt in unternehmerische Entscheidungen integriert werden. Nur ein proaktives Kostenmanagement ist in der Lage, diese Anforderungen zu erfüllen. Das proaktive Kostenmanagement weist die folgenden Merkmale auf:

- *Marktorientierung*: Die frühzeitige Berücksichtigung sowohl des Kundenverhaltens als auch der Anforderungen des Wettbewerbs ist eine zentrale Anforderung an ein proaktives Kostenmanagement. Durch eine konsequente Ausrichtung des Leistungsangebots an den Kundenbedürfnissen und ein gutes Preis-/Leistungsverhältnis lässt sich die eigene Wettbewerbssituation dauerhaft festigen.

- *Ganzheitlichkeit*: Bei der Gestaltung der betrieblichen Prozesse reicht es nicht aus, lediglich den eigenen Produktionsprozess und sämtliche Phasen des Produktlebenszyklus zu berücksichtigen. Angesichts der zunehmenden Konzentration der Unternehmen auf ihre Kernkompetenzen und der daraus resultierenden zwischenbetrieblichen Arbeitsteilung ist es erforderlich, zusätzlich die gesamte Wertschöpfungskette einschließlich der Lieferanten und Abnehmer in kostenrelevante Entscheidungen einzubeziehen.

- *Antizipation*: Zur Verbesserung der Ertrags- und Wettbewerbssituation ist es vorteilhaft, insbesondere bei der Produktentwicklung möglichst frühzeitig und gezielt Einfluss auf die zukünftige Kostensituation zu nehmen. Wie Abb. 3.5 zeigt, werden ca. 70 % der späteren Herstellkosten bereits in der Entwicklungsphase eines neuen Produkts festgelegt. Daher besteht hier ein großes Kostenbeeinflussungspotential, denn durch die technischen Entscheidungen in dieser Phase werden die Kostenbestimmungsfaktoren determiniert. Später bei der Markteinführung und vor allem in der Absatzphase, wenn der größte Teil der Kosten anfällt, sind diese Kostenbestimmungsfaktoren feststehende Parameter, so dass Kostensenkungen nur noch in geringem Ausmaß möglich sind. Weiter sind Maßnahmen zur Kostensenkung zu diesem späteren Zeitpunkt weitaus zeit- und kostenintensiver, als wenn sie direkt bei der Produktentwicklung angestoßen werden (vgl. Wasmuth 2009, S. 61).

- *Kontinuität*: Das Kostenmanagement ist keine vorübergehende Aufgabe, sondern eine permanente Notwendigkeit. Nur die Integration eines kontinuierlichen Kostenreduktionsprozesses, der immer wieder nach neuen Ansatzpunkten zur Kostensenkung sucht, in die betrieblichen Abläufe entspricht den Anforderungen des proaktiven Kostenmanagements.

- *Partizipation*: Um den Erfolg des Kostenmanagements sicherzustellen, müssen die Führungskräfte aller Ebenen und sämtliche Mitarbeiter aktiv in den Prozess integriert werden. Maßnahmen zur Kostensenkung lassen sich nur dann effektiv umsetzen, wenn sie von allen Beteiligten mitgetragen werden.

- *Interdisziplinarität*: Das Kostenmanagement entfaltet seine volle Wirksamkeit erst, wenn sämtliche betrieblichen Teilbereiche funktionsübergreifend einbezogen werden. Besonders wichtig ist es, dass bei der Produktentwicklung sowohl Ingenieure als auch kaufmännische Mitarbeiter beteiligt werden, um die in dieser frühen Phase bestehenden Kostenbeeinflussungsmöglichkeiten auszuschöpfen.

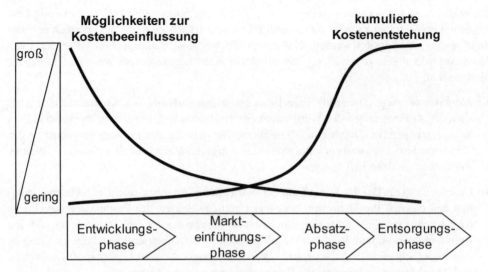

Abb. 3.5 Kostenentstehung und Kostenbeeinflussung (in Anlehnung an Ehrlenspiel et al. 2000, S. 11)

3.4 Objekte des Kostenmanagements

Die *Objekte* des Kostenmanagements lassen sich aus seiner Gestaltungs- und Lenkungsfunktion ableiten. Abb. 3.6 zeigt die drei wesentlichen Ansatzpunkte, auf die sich das Kostenmanagement konzentriert.

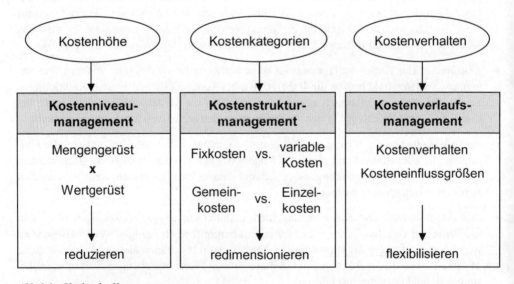

Abb. 3.6 Objekte des Kostenmanagements

Der erste Ansatzpunkt des Kostenmanagements ist die Höhe der Kosten. Das *Kostenniveaumanagement* hat die Aufgabe, die anfallenden Kosten zu reduzieren. Da die Kosten als Produkt aus den Einsatzmengen der Produktionsfaktoren und deren Preisen berechnet werden, gibt es hierfür zwei Aktionsparameter (vgl. Abschnitt 1.1):

- Die *Mengenkomponente* bzw. das Mengengerüst der Produktionskosten lässt sich beeinflussen, indem man an den Faktoreinsatzmengen ansetzt und z. B. Maßnahmen zur Reduktion des Materialverbrauchs einführt.

- Die *Wertkomponente* bzw. das Wertgerüst der Kosten ergibt sich vor allem aus den Einstandspreisen der Produktionsfaktoren, es zählen aber auch die für die Abstimmung der betrieblichen Prozesse anfallenden Koordinationskosten dazu. Möglichkeiten zur Reduktion der Einstandspreise sind die Suche nach günstigeren Lieferanten, Verhandlungen mit den Lieferanten über Preissenkungen oder auch die Eigenfertigung von Teilen, die am Markt vergleichsweise teuer angeboten werden.

Ferner befasst sich das Kostenmanagement mit den aus den verschiedenen Kostenkategorien resultierenden Kostenstrukturen. Das *Kostenstrukturmanagement* versucht, die Anteile von variablen Kosten und Fixkosten bzw. von Einzel- und Gemeinkosten zu redimensionieren. Dafür kommen insbesondere Maßnahmen zur Umwandlung von Fixkosten in variable Kosten in Betracht, wie das Leasing von Fertigungsanlagen oder Fahrzeugen, der Fremdbezug von zuvor selbstgefertigten Bauteilen oder die Einführung von leistungsbezogenen Entlohnungsbestandteilen anstelle eines Zeitlohns. Auch eine Fixkostenumlastung, bei der Fixkosten verursachende Anlagen in andere Bereiche verlagert werden, in denen sie besser ausgenutzt werden können, führt zu einer die Gesamtkosten reduzierenden Veränderung von Kostenstrukturen.

Ein weiterer wichtiger Gestaltungsbereich des Kostenmanagements ist das Kostenverhalten. Die Aufgabe des *Kostenverlaufsmanagements* besteht darin, über verschiedene Kosteneinflussgrößen das Kostenverhalten in Abhängigkeit von der Produktionsmenge zu beeinflussen. Wie in Abschnitt 2.3 gezeigt wurde, können die Kosten bei zunehmender Produktionsmenge proportional, degressiv oder progressiv ansteigen (vgl. nochmals Abb. 2.2). Im Kostenverlaufsmanagement wird versucht, progressive Kostenverläufe zu reduzieren, die Steigung proportionaler Kostenverläufe abzuflachen und degressive Kostenverläufe zu verstärken, um dadurch die mit einer bestimmten Produktionsmenge verbundenen Kosten zu reduzieren.

3.5 Aufgaben des Kostenmanagements

Damit das Kostenmanagement die Kosten bewusst und zielgerichtet beeinflussen und senken kann, muss es als kontinuierlicher, iterativer Prozess ablaufen, der die in Abb. 3.7 dargestellten *Phasen* umfasst (vgl. Wasmuth 2009, S. 60f.).

- In der *Anregungsphase* wird zunächst die Notwendigkeit identifiziert, Maßnahmen zur Kostengestaltung durchzuführen. Hier wird auch das Ausmaß der erforderlichen Kostensenkung definiert.

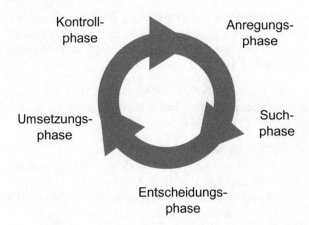

Abb. 3.7 *Phasen des Kostenmanagements (Quelle: Wasmuth 2009, S. 61)*

- In der anschließenden *Suchphase* werden verschiedene Alternativen zur Kostenbeeinflussung bzw. Kostensenkung erarbeitet.
- Die Auswahl der zu realisierenden Maßnahmen erfolgt in der *Entscheidungsphase* nach einer umfassenden Beurteilung der einzelnen Alternativen.
- In der *Umsetzungsphase* werden die ausgewählten Maßnahmen initiiert und in den betrieblichen Abläufen implementiert.
- Die abschließende *Kontrollphase* dient der Überprüfung, inwieweit die umgesetzten Maßnahmen erfolgreich gewesen sind.

Da es sich beim Kostenmanagement um eine kontinuierlich durchzuführende Maßnahme handelt, wird dieser Prozess immer wieder durchlaufen. Aus diesem Ablauf ergeben sich die in den folgenden Abschnitten dargestellten Aufgaben des Kostenmanagements.

3.5.1 Kostenplanung

Die *Kostenplanung* ist eine zukunftsbezogene Aufgabe des Kostenmanagements. Sie formuliert Kostenziele bzw. Kostenvorgaben in Form von Obergrenzen für die zukünftigen Kosten, um dadurch die Wirtschaftlichkeit zu erhöhen und den Unternehmenserfolg langfristig zu sichern. Die Kostenplanung muss sich sowohl auf Produkte als auch auf zukünftige Perioden beziehen.

Die Kostenplanung für *Produkte* kann progressiv, retrograd oder lebenszyklusorientiert erfolgen.

- Die *progressive Kostenplanung* geht so vor, dass die Herstell- und Selbstkosten der Produkte in einer Plankalkulation auf Basis der unternehmensinternen Produkt-, Prozess- und Ressourcenstrukturen geplant werden. Als Informationsgrundlage dienen Stücklisten und

3.5 Aufgaben des Kostenmanagements

Arbeitspläne, aus denen sich die benötigten Daten für das geplante Produktionsprogramm ableiten lassen. Die progressive Kostenplanung lässt sich nur in der Produktions- und Absatzphase der Produkte einsetzen, denn erst dann liegen die erforderlichen Informationen vor. Sie dient häufig als Grundlage für eine Kosten-plus-Kalkulation, d. h. der Absatzpreis wird anhand der geplanten Kosten zuzüglich eines Gewinnaufschlags bestimmt.

- Bei der *retrograden Kostenplanung* wird ein produktbezogenes Kostenziel aus dem erzielbaren Marktpreis und den geplanten Mengen abgeleitet. Dieses Kostenziel dient als Obergrenze für die durch die Entwicklung, Herstellung, Vermarktung und Entsorgung eines Produkts verursachten Kosten. Dividiert man diese Kosten durch die geplante Absatzmenge, so erhält man ein stückbezogenes, marktorientiertes Kostenziel. Dieses wird im Rahmen des Target Costing (vgl. Abschnitt 4.1) sukzessiv auf die Baugruppen-, Komponenten- und Prozessebene herunter gebrochen. Die retrograde Kostenplanung wird vor allem in den frühen Phasen der Produktentwicklung eingesetzt.

- Die *lebenszyklusorientierte Kostenplanung* gliedert die Produktionskosten nach den Lebenszyklusphasen in Vorlaufkosten, begleitende Kosten und Nachlaufkosten. Zu den Vorlaufkosten zählen die Kosten für Forschung und Entwicklung, für die Planung der Fertigungsanlagen, für Marktforschung und die Erschließung des Marktes sowie für die Anschaffung und Installation der Anlagen. Begleitende Kosten sind die während der Marktphase der Produkte anfallenden Material-, Fertigungs- und Vertriebskosten. Die Nachlaufkosten umfassen neben Kosten für Gewährleistung und Reparaturen der Produkte vor allem Entsorgungskosten, soweit der Hersteller dafür verantwortlich ist. Bei der lebenszyklusorientierten Kostenplanung handelt es sich um eine perioden- und phasenübergreifende Totalbetrachtung. Daher ist es an dieser Stelle im Grunde nicht adäquat, den Kostenbegriff zu verwenden. Das Vorgehen entspricht vielmehr dem in der Investitionsrechnung, denn zeitlich später anfallende Größen werden diskontiert.

Die *periodenbezogene Kostenplanung* konzentriert sich auf die Planung der Kosten für bestimmte Abrechnungsperioden. Sie kann bereichsorientiert oder prozessorientiert erfolgen.

- Die *bereichsorientierte Kostenplanung* folgt der Aufbauorganisation des Unternehmens und gibt periodenbezogene Kostenziele für einzelne Fertigungsbereiche bzw. Kostenstellen vor. Für die direkten Bereiche erfolgt eine analytische Kostenplanung, bei der Standardmengen mit Durchschnittspreisen bewertet werden. Die Kosten werden outputorientiert aus der Produktions- und Absatzplanung abgeleitet; der Einsatzschwerpunkt liegt somit im Fertigungsbereich. Für die indirekten Bereiche, deren Leistungen sich meist nur schwer quantifizieren lassen, erfolgt hingegen eine inputorientierte, heuristische Kostenplanung. Die Kostenziele werden aus Erfahrungswerten der Vergangenheit abgeleitet und fortgeschrieben, ohne dass ein unmittelbarer Bezug zu der in der Periode erstellten Leistung besteht.

- Bei der *prozessorientierten Kostenplanung* liegt eine an der Ablauforganisation ausgerichtete Sichtweise vor. Sie lässt sich sowohl innerhalb einer Kostenstelle als auch kostenstellenübergreifend einsetzen. Grundlage ist die Definition kostenstellenbezogener Teilprozesse, durch deren Verkettung sich der Gesamtprozess beschreiben und schließlich ein

Prozesskostensatz auf Basis geplanter Prozessmengen ableiten (vgl. Abschnitt 4.2) lässt. Auf diese Weise wird das Kostengeschehen in den Gemeinkostenbereichen durch objektive, nachvollziehbare Mengen- und Wertansätze planbar gemacht.

3.5.2 Kostenkontrolle

Die Kostenplanung ist eine unverzichtbare Voraussetzung für eine wirksame Kostenkontrolle. Im Rahmen der *Kostenkontrolle* wird ein Vergleich zwischen dem Kostenziel und der späteren Realisation einer Kontrollgröße vorgenommen. Dieser komplementäre Zusammenhang zwischen Planung und Kontrolle wird von Wild folgendermaßen auf den Punkt gebracht: „ Planung ohne Kontrolle ist sinnlos …, Kontrolle ohne Planung unmöglich." (Wild 1982, S. 44).

Eine Kontrolle kann grundsätzlich als Realisationskontrolle oder als Planfortschrittskontrolle durchgeführt werden. In Abb. 3.8 werden die Merkmale dieser beiden Formen der Kontrolle gegenübergestellt.

Merkmal	Realisations-kontrolle	Planfortschritts-kontrolle
Wirkungsprinzip	Rückkopplung (feed-back)	Vorkopplung (feed-forward)
Ausrichtung	vergangenheitsorientiert	zukunftsorientiert
Kontrollgrößen	Soll/Ist-Vergleich	Soll-/Wird-Vergleich
Zeitpunkt des Eingriffs	nach Eintritt der Störung (ex-post)	vor Eintritt der Störung (ex-ante)
Wirkung des Eingriffs	Störungsbeseitigung	Störungsabwehr

Abb. 3.8 Merkmale der Kontrolle

- Die *Realisationskontrolle* findet vergangenheitsorientiert in Form einer Feed-back-Kontrolle statt. Die Kontrolle hat damit den Charakter einer nachträglichen Störungsbeseitigung. Einer geplanten Soll-Größe wird der realisierte Ist-Wert gegenübergestellt, d. h. die Rückkopplung über die Kosteneinhaltung erfolgt erst ex post. Somit kann auch erst nach dem Eintritt einer unerwünschten Soll/Ist-Abweichung eingegriffen und diese durch geeignete Kompensationsmaßnahmen beseitigt werden.

- Die *Planfortschrittskontrolle* hingegen dient der vorausschauenden Abwehr von Störungen. Sie wird zukunftsorientiert als feed forward-Kontrolle durchgeführt, indem während der Realisationsphase den Sollvorgaben regelmäßig aufgrund der aktuellen Daten prognos-

3.5 Aufgaben des Kostenmanagements

tizierte Wird-Kosten gegenübergestellt werden. Dadurch können unerwünschte Abweichungen bereits vor ihrer Entstehung erkannt und bekämpft werden. Im Idealfall lässt sich durch rechtzeitige Gegensteuerung eine Abweichung von den Zielgrößen vermeiden.

Da sich nicht sämtliche potentiellen Störungen und deren Ursachen im Voraus erkennen lassen, wird in der Praxis üblicherweise eine Kombination aus Realisations- und Planfortschrittskontrolle eingesetzt.

Bei der Kostenkontrolle liegen ähnliche Strukturen wie bei der Kostenplanung vor. Die *produktbezogene Kostenkontrolle* bezieht sich auf den Entstehungszyklus, den Marktzyklus oder den gesamten Lebenszyklus der Produkte.

- Aufgrund der großen Kostenbeeinflussungspotentiale ist die Kostenkontrolle im *Entstehungszyklus* eines Produkts von besonderer Bedeutung. Da zu diesem Zeitpunkt noch keine Informationen für eine Realisationskontrolle vorliegen, wird die Kostenkontrolle in Form einer Planfortschrittskontrolle entweder kontinuierlich oder zu bestimmten Meilensteinen der Produktentwicklung durchgeführt. Den Sollkosten aus der retrograden Kostenplanung werden entwicklungsbegleitend prognostizierte Wird-Kosten gegenübergestellt. Durch einen solchen Soll/Wird-Vergleich lassen sich unerwünschte Kostenabweichungen bereits bei der Produktentwicklung erkennen und verhindern.

- Während des *Marktzyklus* eines Produkts lassen sich die Istkosten durch eine produktindividuelle Nachkalkulation ermitteln und den Sollkosten, die aus einer progressiven oder einen retrograden Produktkostenplanung stammen können, gegenüberstellen. Diese Realisationskontrolle kann bei Bedarf durch eine zusätzliche Realisationskontrolle ergänzt werden, um die voraussichtliche Erreichung der Kostenziele zu antizipieren.

- Eine Kontrolle der *Lebenszykluskosten* eines Produkts in Form einer Realisationskontrolle ist nur einmalig am Ende des Produktlebenszyklus möglich. Die dabei gewonnenen Informationen sind allerdings nicht mehr für das betrachtete Produkt, sondern allenfalls für Folgeprojekte relevant. Daher erfolgt die Kostenkontrolle während des Lebenszyklus eines Produkts in Form von regelmäßigen Planfortschrittskontrollen.

Die *periodenbezogene Kostenkontrolle* erfolgt wie die Kostenplanung einerseits für Produktionsbereiche und andererseits für die Produktionsprozesse. Beides wird in Form von Realisations- oder Planfortschrittskontrollen durchgeführt.

3.5.3 Kostensteuerung

Da die Gegenüberstellung von geplanten und realisierten Kostengrößen lediglich aufzeigt, dass eine Abweichung aufgetreten ist oder zukünftig auftreten wird, aber weder die Abweichungsursachen noch Möglichkeiten zu ihrer Beseitigung aufzeigt, ist eine *Kostensteuerung* als Ergänzung zu Kostenplanung und Kostenkontrolle zwingend erforderlich. Ergänzend zur Analyse des Kostenniveaus, der Kostenstrukturen und der Kostenverläufe befasst sich die Kostensteuerung mit den *Kostentreibern* als Gestaltungsobjekten, über die sich die Kosten letztlich beeinflussen lassen. Abb. 3.9 zeigt, wie die Produkte, Prozesse und Ressourcen eines Unternehmens als wesentliche Kostentreiber wirken.

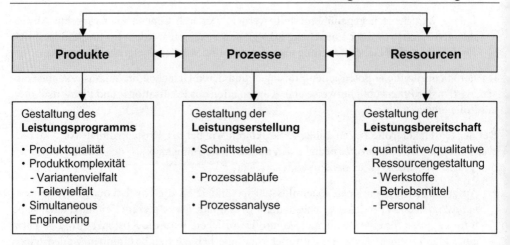

Abb. 3.9 Gestaltungsobjekte der Kostensteuerung

Ein wichtiger Kostentreiber sind die vom Unternehmen angebotenen *Produkte*.

- Mit dem Produktionsprogramm verbundene Kostenprobleme sind vielfach auf eine falsch verstandene Kundenorientierung zurückzuführen. Wenn die Produkte Eigenschaften aufweisen, die den Kunden keinen Nutzen stiften und daher nicht mit einer entsprechenden Zahlungsbereitschaft verbunden sind, liegt ein sogenanntes Overengineering vor, das zu überhöhten Produktionskosten führt. Daher ist die *Produktqualität* ausschließlich an den Kundenbedürfnissen und -wünschen auszurichten.

- Ein weiterer produktbezogener Aspekt ist die *Komplexität* des Leistungsprogramms. Oft werden auf der Absatzseite zahlreiche, zum Teil nur wenig nachgefragte Varianten der Produkte angeboten und auf der Beschaffungsseite viele verschiedene Einzelteile eingekauft. Durch die weitgehende Verwendung von Gleichteilen werden sowohl die Produktentwicklung als auch der Einkauf und die Fertigung entlastet, so dass sich die Kosten senken lassen.

- Durch den Einsatz von *Simultaneous Engineering* lassen sich die Anforderungen des Produktionsprozesses bereits bei der Produktgestaltung berücksichtigen. Produkte werden so konstruiert, dass ihre Fertigung mit geringem Aufwand an Zeit, Fläche und Maschinen möglich ist. Unterstützend hilft das Baukastenprinzip, die Montagezeiten und damit die Kosten weiter zu reduzieren.

Auch die *Produktionsprozesse* bieten zahlreiche Ansatzpunkte für eine Kostensteuerung:

- Aus organisatorischer Sicht sind die *Schnittstellen* zwischen den Prozessen so zu gestalten, dass möglichst wenig Abstimmungsaufwand entsteht, da dieser Ressourcen für nicht wertschöpfende Tätigkeiten bindet. Das kann auch bedeuten, dass einige Prozesse zusammen-

3.5 Aufgaben des Kostenmanagements

gefasst werden, so dass Schnittstellen wegfallen. Weiter sollten Medienbrüche, z. B. zwischen manueller und DV-gestützter Bearbeitung, vermieden werden, da sie zusätzlichen Aufwand verursachen.

- Die *Prozessabläufe* sind daraufhin zu überprüfen, ob sich ihre Komplexität durch die Vereinfachung von Tätigkeiten, durch weitere Automatisierung oder durch die Verringerung des Arbeitsinhalts reduzieren lässt. Auch die zeitliche Synchronisation von parallelen Teilprozessen vereinfacht die Struktur der Prozessabläufe und führt damit zu einer Kostensenkung.

- Weiter sind sämtliche Teilprozesse daraufhin zu analysieren, inwiefern sie zur Erfüllung der Kundenanforderungen beitragen (zur *Prozessanalyse* vgl. Abschnitt 4.4). Nicht-wertschöpfende oder redundante Prozesse sollten eliminiert werden, da sie Ressourcen verschwenden. Bei wertschöpfenden Prozessen ist zu überprüfen, ob sie sich noch verbessern lassen.

Schließlich bieten sowohl die Qualität als auch die Quantität der zur Produktion eingesetzten *Ressourcen* zahlreiche Ansatzpunkte für eine Kostensteuerung:

- Zunächst ist für jede erstellte Leistung zu überprüfen, ob sie nicht kostengünstiger von außen bezogen werden kann. Die optimale *Leistungstiefe* kann sich im Zeitablauf immer wieder verändern und wird im Rahmen der Sourcing-Strategien des Lieferantenmanagements gesteuert.

- Bei den zugekauften *Werkstoffen* und *Zulieferteilen* lassen sich die variablen Materialkosten reduzieren, indem verstärkt auf eine Materialstandardisierung und damit die Verwendung von Gleichteilen geachtet wird. Weiter können durch eine langfristige, partnerschaftliche Zusammenarbeit mit ausgewählten Lieferanten sowie durch Single Sourcing Rabatte erzielt werden.

- Mit der Anschaffung von *Betriebsmitteln*, d. h. technischen Anlagen und Gebäuden, werden Kapazitäten bereitgestellt, die in der Folge Fixkosten in Form von Abschreibungen, Zinsen sowie Betriebs- und Instandhaltungskosten verursachen. Diese gilt es durch Maßnahmen des Anlagenmanagements zu reduzieren. Während der Nutzungsphase einer Anlage steht die Anlagenproduktivität im Vordergrund. Sie lässt sich nicht nur durch eine gute Belegungsplanung erhöhen, sondern auch, indem über eine vorausschauende Instandhaltung die Maschinenverfügbarkeit gesteigert und damit Stillstände reduziert werden.

- Auch die Ressource *Personal* bietet Ansatzpunkte zur Kostensteuerung. Personalkosten sind ähnlich wie Anlagenkosten weitgehend Fixkosten. Aufgrund gesetzlicher Bestimmungen und arbeitsvertraglicher Vereinbarungen ist eine Anpassung an Beschäftigungsschwankungen nur mit zeitlichen Verzögerungen möglich. Eine Reduktion der Personalkosten ist durch flexible Arbeitszeitmodelle und Vergütungssysteme, durch die Substitution von Fachkräften durch ungelerntes Personal sowie als letzte Option durch eine Personalfreisetzung möglich.

3.6 Weiterführende Literatur

Agthe, K.: Stufenweise Fixkostenrechnung im System des Direct Costing, in: Zeitschrift für Betriebswirtschaft 29, 1959, S. 404-418

Kajüter, P.: Proaktives Kostenmanagement, Deutscher Universitätsverlag, Wiesbaden 2000

Kilger, W., Pampel, J., Vikas, K.: Flexible Plankostenrechnung und Deckungsbeitragsrechnung, Gabler, Wiesbaden, 13. Aufl. 2012

Reiß, M., Corsten, H.: Gestaltungsdomänen des Kostenmanagements, in: Männel, W. (Hrsg.), Handbuch Kostenrechnung, Gabler, Wiesbaden 1992, S. 1478-1491

Riebel, P.: Einzelkosten- und Deckungsbeitragsrechnung, Gabler, Wiesbaden, 7. Aufl. 1994

Wasmuth, K.: Kostenmanagement im Service Engineering industrieller Dienstleistungen, Dr. Kovač, Hamburg 2009

4 Instrumente des Kostenmanagements

Die in Lehreinheit 3 herausgearbeiteten Ziele des Kostenmanagements lassen sich nur erreichen, wenn geeignete Analyse- und Bewertungsinstrumente als Basis für die Kostensteuerung herangezogen und in einem sinnvollen Zusammenspiel eingesetzt werden. Im Rahmen des proaktiven Kostenmanagements müssen sämtliche Phasen des Produktlebenszyklus abgedeckt werden, um geeignete Maßnahmen zu suchen und hinsichtlich ihrer Vorteilhaftigkeit zu bewerten.

Leitfragen: Wodurch unterscheidet sich das Target Costing von der traditionellen Kostenplanung?

Welche Effekte lassen sich durch die Prozesskostenrechnung vermeiden?

Worin bestehen die Gemeinsamkeiten und Unterschiede von Prozesskostenrechnung und Time-Driven Activity-Based Costing?

Was leistet die Prozesswertanalyse?

4.1 Einordnung der Kostenmanagement-Instrumente

In Abschnitt 3.4 wurden die folgenden Ansatzpunkte des Kostenmanagements herausgearbeitet:

- Das *Kostenniveaumanagement* zielt auf eine Reduzierung des allgemeinen Kostenniveaus anhand der beiden Ansatzpunkte Mengen und Werte ab.

- Gegenstand des *Kostenstrukturmanagements* ist eine Redimensionierung der Kostenstrukturen durch die Umwandlung von Fixkosten in variable Kosten.

- Durch das *Kostenverlaufsmanagement* sollen die Kostenverläufe flexibilisiert werden, indem das von der Beschäftigung abhängige Kostenverhalten, insbesondere die degressiven Kostenverläufe, gezielt ausgenutzt wird.

Verknüpft man diese Aufgabenbereiche mit den in Abb. 3.9 genannten produktionswirtschaftlichen Gestaltungsobjekten Produkte, Prozesse und Ressourcen, so ergeben sich die in Abb. 4.1 dargestellten Schnittfelder. Entscheidungsrelevante Kosten auf der Ebene der *Produkte* sind die Produktkosten im engeren Sinne, d. h. die Kostenträgereinzelkosten, die direkt mit der Produktionsmenge steigen oder fallen (vgl. Abschnitt 2.3). Den *Produktionsprozessen* lassen sich die variablen Gemeinkosten als Prozesskosten zuordnen, deren Verrechnung in der Teilkostenrechnung eine besondere Rolle spielt. Der Einsatz von langfristig gebundenen *Ressourcen* in der Produktion korrespondiert mit den Bereitschaftskosten, die als fixe Gemeinkosten in der Vollkostenrechnung auf die Produkte verrechnet werden.

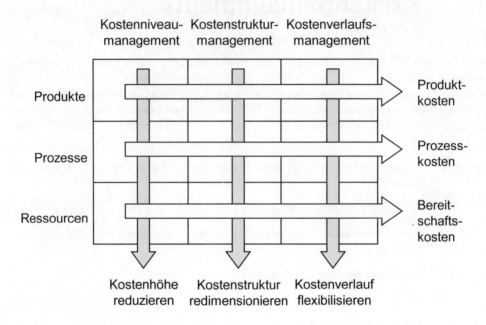

Abb. 4.1 *Aufgabenbereiche des Kostenmanagements*

Der Produktlebenszyklus lässt sich wie in Abb. 4.2 gezeigt in den Entstehungs- und den Marktzyklus unterteilen. Die Bedeutung der im Entstehungszyklus getroffenen Entscheidungen für die im Lebenszyklus insgesamt anfallenden Kosten wurde bereits in Abschnitt 3.3 bzw. Abb. 3.5 herausgearbeitet. Abb. 4.2 zeigt weiter, welche Instrumente des Kostenmanagements in welcher Phase in Betracht kommen und wie diese Instrumente zusammenspielen. Diejenigen Instrumente, auf die in dieser Lehreinheit oder an anderer Stelle explizit eingegangen wird, sind durch Fettdruck hervorgehoben.

Ausgangspunkt des Kostenmanagements im *Entstehungszyklus* ist das in Abschnitt 4.2 behandelte Target Costing, das die Produktentwickler bei der Gewinnung von marktorientierten Kostenzielen für das Gesamtprodukt sowie dessen einzelne Komponenten und Funktionen unterstützt. In dieser Phase erfolgt eine Kostenkontrolle durch die entwicklungsbegleitende Kalkulation im Rahmen des Reverse Engineering. Mithilfe des Target Investment wird die Höhe der Investitionen auf die späteren Abschreibungen beschränkt. Die zukünftig zu erwartenden Gemeinkosten lassen sich durch die Prozesskostenrechnung (vgl. Abschnitt 4.3) abschätzen.

4.1 Einordnung der Kostenmanagement-Instrumente

Diese beiden Instrumente sowie die Prozesswertanalyse (vgl. Abschnitt 4.5) und das Benchmarking (vgl. Abschnitt 8.3) werden phasenübergreifend eingesetzt. Die Wertanalyse hilft bei der systematischen Suche nach alternativen Produktdesigns mit günstigeren Kosten-Nutzen-Verhältnissen. Das Benchmarking in Verbindung mit dem Reverse Engineering deckt Kostennachteile gegenüber den Wettbewerbern auf und gibt Anregungen für kostensenkende Maßnahmen bei der Produktentwicklung.

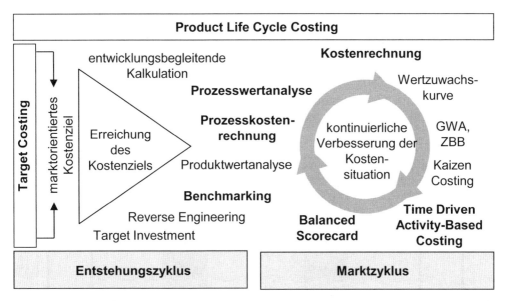

Abb. 4.2 Instrumente des Kostenmanagements

An den Entstehungszyklus schließt sich der *Marktzyklus* des Produkts an. Hier besteht die wesentliche Aufgabe des Kostenmanagements in einer kontinuierlichen Verbesserung der Kostensituation. Dies wird durch das Kaizen Costing unterstützt, das regelmäßig spezielle, auch unterjährige Kostenziele vorgibt. Die Prozesswertanalyse wird im Marktzyklus genutzt, um nicht wertschöpfende Aktivitäten zu identifizieren und eliminieren. Mithilfe der Wertzuwachskurve lässt sich die Kapitalbindung im Fertigungsprozess steuern. Die Gemeinkostenwertanalyse (GWA) und das Zero-Base-Budgeting (ZBB) dienen als traditionelle Instrumente des Kostenmanagements für die indirekten, nicht direkt an der Wertschöpfung beteiligten Bereiche. Das Time-Driven Activity-Based Costing (vgl. Abschnitt 4.4) ist eine Weiterentwicklung der Prozesskostenrechnung, die sich auf den Zeitverbrauch der Prozesse als Kostentreiber fokussiert. Die Balanced Scorecard (vgl. Abschnitt 9.2) verknüpft finanzielle und nicht-finanzielle Kennzahlen aus strategischer Perspektive in einem mehrdimensionalen Steuerungssystem und zeigt die Ursache-Wirkungs-Zusammenhänge zwischen den Dimensionen auf.

Das Produkt Life Cycle Costing ermöglicht als umfassendes Instrument eine Analyse der Interdependenzen und der Trade-Offs zwischen den in den einzelnen Phasen anfallenden Kosten und Erlösen.

4.2 Target Costing

4.2.1 Vorgehensweise des Target Costing

Das *Target Costing* ist eine Methode zur retrograden Kalkulation der voraussichtlichen Produktkosten, die in den frühen Phasen der Produktentstehung ansetzt und die Kostenplanung mit den Kundenanforderungen abstimmt (vgl. Seidenschwarz 2013). Im Gegensatz zur traditionellen Kostenplanung steht nicht die Frage, was ein Produkt kosten wird, im Vordergrund, sondern, was ein Produkt kosten darf. Abb. 4.3 zeigt die unterschiedliche Vorgehensweise dieser beiden Verfahren.

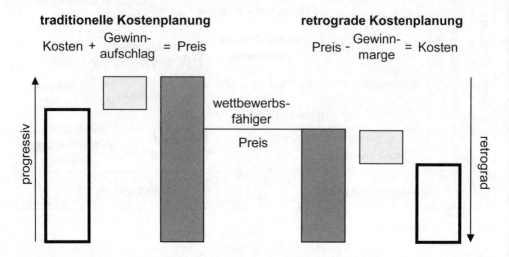

Abb. 4.3 Traditionelle und retrograde Kostenplanung

Die auch als *Kosten-plus-Kalkulation* bezeichnete traditionelle Kostenplanung ermittelt den Preis, zu dem ein neues Produkt am Markt angeboten werden soll, progressiv, indem auf die voraussichtlichen Kosten die im Unternehmen übliche Gewinnmarge aufgeschlagen wird. Dabei besteht jedoch die Gefahr, dass dieser Preis über dem Betrag liegt, zu dem das Produkt sich im Wettbewerb behaupten kann, so dass die geplanten Absatzzahlen nicht erreicht werden und sich das Unternehmen aus dem Markt kalkuliert.

Beim Target Costing erfolgt eine *retrograde Kostenplanung*, die vom wettbewerbsfähigen Preis ausgeht und unter Berücksichtigung der gewünschten Gewinnmarge ermittelt, wie hoch die Kosten des neuen Produkts sein dürfen. Bei diesem Ansatz sind somit die Kosten das Gestaltungsobjekt: Nur wenn es gelingt, die Kostenhöhe so zu gestalten, dass bei gegebenem Preis ein Gewinn erzielt wird, ist es für das Unternehmen attraktiv, das Produkt am Markt anzubieten.

4.2 Target Costing

Abb. 4.4 zeigt die Vorgehensweise des Target Costing. Zunächst muss der wettbewerbsfähige Preis (*Target Price*) bestimmt werden. Hierfür werden vor allem zwei Methoden eingesetzt:

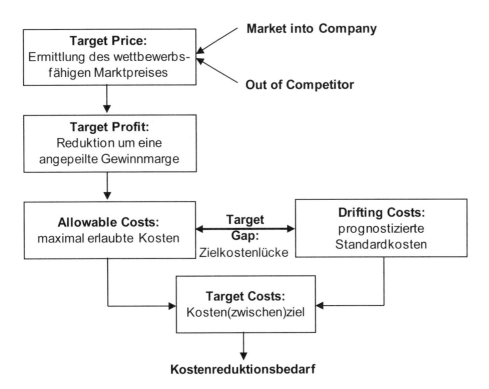

Abb. 4.4 Ablauf des Target Costing

- *Market into Company*: Für neue Produkte wird anhand der Kundenpräferenzen abgeschätzt, welche Preisbereitschaften vorliegen. Dieses Verfahren kommt z. B. bei Neuentwicklungen im Bereich der Unterhaltungselektronik in Betracht.

- *Out of Competitor*: Für bereits eingeführte Produkte stellen die Preise der im selben Markt aktiven Wettbewerber den relevanten Vergleichsmaßstab dar. Beispiele sind neue Modelle bei Kraftfahrzeugen oder Haushaltsgeräten, bei denen einige Hersteller zwar ein zusätzliches Preis-Premium durchsetzen können, sich aber dennoch am Konkurrenzpreis orientieren.

Von dem Target Price für ein in der Entwicklung befindliches Produkt wird die angestrebte Gewinnmarge (*Target Profit*) abgezogen, um zu den *Allowable Costs* zu gelangen, deren Überschreitung den Markterfolg des Produkts gefährden würde. In der Praxis liegt dieses Kostenziel meist unterhalb der prognostizierten Standardkosten (vgl. Lehreinheit 2), die als *Drifting*

Costs bezeichnet werden. Diese Kosten ergeben sich, wenn die einzelnen Abteilungen ihre Planungen auf Basis der gegenwärtigen Technologien und Abläufe vornehmen.

Die Differenz zwischen den Drifting Costs und den Allowable Costs wird als Zielkostenlücke bzw. *Target Gap* bezeichnet. Da es meist nicht realistisch ist, diese Lücke sofort zu schließen, wird durch eine eingehende Prozessanalyse zunächst ein Kostenzwischenziel abgeleitet, was allerdings einen teilweisen Verzicht auf die Gewinnspanne bedeutet. Die daraus resultierenden Target Costs zeigen den aktuellen Kostenreduktionsbedarf an, der den Mitarbeitern kommuniziert wird und durch gezielte Maßnahmen umgesetzt werden soll. Im Laufe der Zeit können die Target Costs schrittweise gesenkt werden, bis die Zielkostenlücke geschlossen ist und die gewünschte Gewinnspanne in vollem Umfang erreicht wird. Je näher die Target Costs an den Allowable Costs liegen, desto anspruchsvoller ist das jeweilige Kostenziel. Durch die Vorgabe der Target Costs kann das Management somit die Innovationsintensität der betreffenden Produkte steuern.

Soll beispielsweise ein neues Produkt zu 19,90 € am Markt angeboten werden, so ergibt sich nach Abzug von 3,18 € Umsatzsteuer und 3,00 € Handelsspanne ein Stückerlös von 13,72 €. Bei einer angestrebten Gewinnspanne von 2,00 € dürften die Stückkosten lediglich 11,72 € betragen (Allowable Costs). Stellt das Unternehmen fest, dass die Drifting Costs sich in der Kalkulation auf 13,00 € belaufen, so besteht eine Zielkostenlücke in Höhe von 1,28 €. Im ersten Schritt könnten die Target Costs zulasten der Gewinnspanne zunächst auf 12,50 € gesetzt und später schrittweise reduziert werden, bis sie die Allowable Costs erreichen.

Die Target Costs beziehen sich auf das Gesamtprodukt. Sie sind daher zu stark aggregiert, um konkrete Maßnahmen zur Kostengestaltung abzuleiten. Deshalb ist es erforderlich, die Gesamtproduktzielkosten über mehrere Stufen immer weiter aufzuspalten, bis ersichtlich ist, welche Produktkomponenten in welchem Ausmaß zur Erfüllung der Kundenanforderungen beitragen. Die einzelnen Phasen der Zielkostenspaltung sind in Abb. 4.5 dargestellt.

Bei der *Zielkostenspaltung I* wird die Funktionsstruktur des Produkts bestimmt. Man unterscheidet zwischen den „harten" technisch-mechanischen Funktionen und den „weichen" Annehmlichkeits- und Wertfunktionen, die in unterschiedlicher Weise zum Kundennutzen beitragen können. So erfüllt ein Kraftfahrzeug die harten Funktionen Raumangebot und Wirtschaftlichkeit sowie die weichen Funktionen Prestige und persönliches Wohlbefinden. Mithilfe von Kundenbefragungen lassen sich die Produktfunktionen gewichten, so dass der prozentuale Anteil bestimmt werden kann, mit dem die einzelnen Funktionen zum Kundennutzen beitragen. Daraus lassen sich die Gesamtproduktzielkosten in die Produktzielfunktionskosten aufspalten.

Ein ähnliches Vorgehen findet bei der *Zielkostenspaltung II* statt, die die Produktzielfunktionskosten auf einzelne Komponenten oder Prozesse aufteilt. Hier wird mithilfe einer Funktionskostenmatrix bestimmt, welche Produktkomponenten in welchem Ausmaß zur Erfüllung der im ersten Schritt identifizierten Produktfunktionen beitragen, so dass schließlich ein Grobentwurf für das Produkt erstellt werden kann.

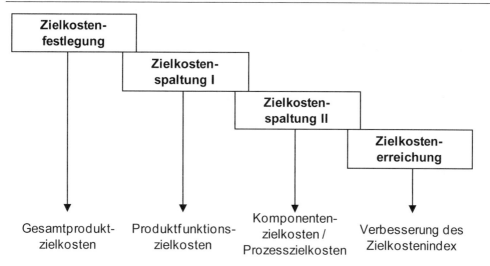

Abb. 4.5 Zielkostenspaltung

Der *Zielkostenindex* als Verhältnis aus anteiligen Zielkosten und anteiligen Standardkosten einer Komponente zeigt, ob diese in der geplanten Version zu teuer oder zu günstig ist. Anhand einer grafischen Darstellung der Zielkostenindizes lässt sich gut erkennen, bei welchen Komponenten ein Handlungsbedarf vorliegt.

4.2.2 Beispiel zum Target Costing

Das Vorgehen des Target Costing wird an einem Beispiel aus dem Dienstleistungsbereich veranschaulicht. Die relevanten Prozessschritte bei einer Kfz-Reparatur sowie die Funktionen, die aus der Sicht der Kunden erfüllt werden sollen, sind in Tab. 4.1 in Form einer *Funktionskostenmatrix* dargestellt. In der zweiten Zeile ist das prozentuale Gewicht angegeben, das die Kunden der Erfüllung der jeweiligen Funktion am Gesamtnutzen der Reparaturleistung beimessen. In den Zellen der Funktionskostenmatrix wird in Klammern der Beitrag der sieben Teilprozesse angegeben, der sich spaltenweise zu 100 addiert. Der dahinterstehende Wert ergibt sich, indem man den Funktionserfüllungsbeitrag mit dem Funktionsgewicht in der zweiten Zeile multipliziert. Er wird als Funktionszielkostenanteil bezeichnet. In der letzten Spalte werden die Funktionszielkostenanteile der einzelnen Prozesse über sämtliche Funktionen hinweg zum Zielkostenanteil aufaddiert.

Tab. 4.1 Funktionskostenmatrix

Funktion	Herstellung der Verkehrstauglichkeit	Vermittlung von Sicherheitsgefühl	freundliche Bedienung	Termintreue	Zielkostenanteil
Teilgewicht (5)	40	25	10	25	100
P1: Auftragsannahme		(10) 2,5	(50) 5,0		7,5
P2: Diagnose	(10) 4,0	(10) 2,5		(10) 2,5	9,0
P3: Ersatzteilbestellung	(10) 4,0			(30) 7,5	11,5
P4: Einbau Ersatzteil	(50) 20,0			(30) 7,5	27,5
P5: Funktionsprüfung	(30) 12,0	(40) 10,0		(20) 5,0	27,0
P6: Rechnungserstellung				(10) 2,5	2,5
P7: PKW-Übergabe		(40) 10,0	(50) 5,0		15,0

Anschließend werden die in der Funktionskostenmatrix ermittelten Zielkostenanteile den anteiligen Standardkosten gegenübergestellt, um den *Zielkostenindex* zu ermitteln. Die Standardkosten für Komponenten werden in der traditionellen Kostenrechnung (vgl. Lehreinheit 2) bestimmt, die Standardkosten von Prozessen mithilfe der Prozesskostenrechnung (vgl. Abschnitt 4.3). Tab. 4.2 zeigt die Ermittlung der Zielkostenindizes für das Beispiel.

Tab. 4.2 Berechnung der Zielkostenindizes

Prozess	Zielkostenanteil	Standardkostenanteil	Zielkostenindex
P1: Auftragsannahme	7,5	10,0	0,75
P2: Diagnose	9,0	7,0	1,29
P3: Ersatzteilbestellung	11,5	6,0	1,92
P4: Einbau Ersatzteil	27,5	32,0	0,86
P5: Funktionsprüfung	27,0	20,0	1,35
P6: Rechnungserstellung	2,5	15,0	0,17
P7: PKW-Übergabe	15,0	10,0	1,5

Bei den Prozessen P1, P4, und P6 ist der Zielkostenindex größer als 1. Das bedeutet, dass die Erfüllung dieser Funktionen aus Kundensicht zu teuer ist. Als Ursachen kommen eine unwirtschaftliche Prozessdurchführung oder ein zu aufwändig konzipierter Prozess (Overengineering) in Betracht. Bei den Prozessen P2, P3, P5 und P7 hingegen liegt der Zielkostenindex

4.2 Target Costing

unter 1, die Funktionserfüllung wird somit relativ günstig realisiert. In diesem Fall ist zu prüfen, ob die Funktionen und damit die Kundenbedürfnisse durch die Prozesse tatsächlich vollständig erfüllt werden.

Abb. 4.6 zeigt das Zielkostendiagramm für das Beispiel. Der Kostenanteil entspricht dem Anteil an den Standardkosten, während der Nutzenanteil aus dem Zielkostenanteil abgeleitet wird. Auf der Winkelhalbierenden sind beide Anteile gleich groß, der Zielkostenindex beträgt also 1. Prozesse, die oberhalb dieser Ideallinie positioniert sind, werden zu teuer durchgeführt, Prozesse unterhalb sind tendenziell zu günstig. Entlang dieser Linie befindet sich eine Zielkostenzone, innerhalb derer Abweichungen vom Idealwert noch toleriert werden können. Da sich eine prozentual gleich große Abweichung umso stärker auswirkt, je wichtiger die jeweilige Funktion bzw. der Prozess ist, liegt die Zielkostenzone für höhere Anteilswerte enger an der Ideallinie. Je weiter sich ein Zielkostenindex außerhalb der Zielkostenzone befindet, desto höhere Priorität hat die Veränderung des jeweiligen Prozesses. Insbesondere ist der Kostenreduktionsbedarf umso höher, je wichtiger eine Funktion aus Kundensicht ist und je stärker die Wertrelation den Wert 1 unterschreitet. In Abb. 4.6 liegen lediglich zwei Prozesse außerhalb der Zielkostenzone. Bei Prozess P6 ist eine Kostensenkung erforderlich, bei Prozess P5 ist zu prüfen, ob durch eine intensivere Durchführung der Kundennutzen noch besser erfüllt werden kann.

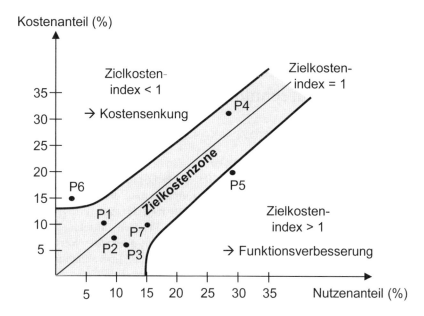

Abb. 4.6 Zielkostendiagramm

4.2.3 Beurteilung des Target Costing

Das Target Costing ist eine gute Möglichkeit, sich bei der Planung neuer Produkte, aber auch in anderen Phasen des Produktlebenszyklus frühzeitig und konsequent an den Anforderungen des relevanten Marktes auszurichten. Durch die strukturierte Vorgehensweise werden einerseits die Produktkosten insgesamt auf das im Wettbewerb durchsetzbare Niveau begrenzt, andererseits wird berücksichtigt, dass die Kosten der einzelnen Produktfunktionen ihrem wahrgenommenen Kundennutzen entsprechen sollen. Dadurch erhöht sich nicht nur die Erfolgswahrscheinlichkeit bei der Entwicklung und Einführung neuer Produkte, sondern es lassen sich auch Kostensenkungspotentiale für bereits eingeführte Produkte ermitteln und umsetzen.

Allerdings gilt es, die technischen und systemimmanenten Grenzen des Verfahrens zu berücksichtigen. Die als Inputdaten benötigten Informationen hinsichtlich der Marktsituation und der Kundenpräferenzen unterliegen einer gewissen Unsicherheit, die sich entsprechend auf die Genauigkeit der durch das Target Costing ermittelten Ergebnisse auswirkt. Weiter erfolgen die Bewertungen in der Funktionskostenmatrix auf Basis subjektiver Abschätzungen über die Höhe des Einflusses der einzelnen Produktfunktionen. Die Vorgehensweise ist ähnlich wie bei der Nutzwertanalyse (vgl. Abschnitt 5.3.1) und daher ähnlich kritisch zu beurteilen. Beides zusammen führt dazu, dass die bei der Zielkostenspaltung ermittelten Werte eine Scheingenauigkeit suggerieren, die sich weder anhand der Datenlage noch mit den Eigenschaften des Rechenverfahrens rechtfertigen lässt. Dies muss bei der Interpretation und der Umsetzung der Ergebnisse berücksichtigt werden.

4.3 Prozesskostenrechnung

4.3.1 Grundgedanke der Prozesskostenrechnung

Die *Prozesskostenrechnung* hat sich Ende der 1980er Jahre in den USA aus dem Activity Based Costing entwickelt (vgl. Cooper/Kaplan 1988). Ihr Ausgangspunkt ist die durch die zunehmende Rationalisierung der Produktion und die Automatisierung der Fertigungssysteme ausgelöste Verschiebung der Kostenstrukturen. Tendenziell steigt der Anteil der Fertigungsgemeinkosten, die vor allem in Form von Abschreibungen und Zinsen auftreten, an den Gesamtkosten immer weiter an. Auch durch die Zunahme von nicht direkt zur Wertschöpfung beitragenden Dienstleistungen in der Fertigung, z. B. der Wartung und Instandhaltung der Maschinen, aber auch in anderen Bereichen des Unternehmens kommt es zu einem Gemeinkostenanstieg.

Dadurch ergeben sich bei Durchführung der traditionellen Zuschlagskalkulation, die die (Fertigungs-)Gemeinkosten anteilig auf Basis der (Fertigungs-)Einzelkosten verrechnet (vgl. Abschnitt 2.5), vielfach Zuschlagssätze von mehreren hundert bis tausend Prozent. Diese haben zur Folge, dass bereits geringe Schwankungen bei der Zuschlagsbasis, d. h. bei den (Fertigungs-)Einzelkosten, zu erheblichen Kostenausschlägen bei den Endprodukten führen.

So würde eine neue Produktvariante, deren Herstellung zusätzliche 5 Minuten dauert und daher bei einem Stundensatz von 24 € zusätzliche Fertigungseinzelkosten von 2 € verursacht, bei einem Zuschlagssatz von 400 % mit 8 € Fertigungsgemeinkosten belastet. Dies kann dazu führen, dass Produkte mit hohen Einzelkosten aufgrund von hohen und in der Regel nicht verursachungsgerechten Gemeinkostenzuschlägen als nicht lohnend erscheinen, obwohl sie durchaus positive Deckungsbeiträge erwirtschaften können. Tendenziell werden bei der Zuschlagskalkulation komplexe Produkte zu günstig und einfache Standardprodukte zu teuer kalkuliert, so dass das Verursachungsprinzip verletzt wird. Weiterhin wird dadurch die Kostenrechnung ihrer Informationsfunktion nicht mehr gerecht und liefert keine zuverlässigen Grundlagen für Produktions- und Preisentscheidungen.

Der *Grundgedanke der Prozesskostenrechnung* besteht darin, die Kosten nicht auf die Produkte, sondern auf die betrieblichen Aktivitäten bzw. die Prozesse zu verrechnen, durch die die Produkte hergestellt werden. Durch die weitgehende Vermeidung der Schlüsselung von Gemeinkosten soll nicht nur eine verursachungsgerechtere Kostenzuweisung, sondern auch eine größere Transparenz bezüglich der Kostensituation erreicht werden, die sowohl eine innerbetriebliche Leistungsmessung als auch den Vergleich mit den Wettbewerbern erleichtert.

4.3.2 Aufbau der Prozesskostenrechnung

Als *Prozess* wird eine zielgerichtete Folge von Tätigkeiten bezeichnet, die in einem logischen Zusammenhang stehen, einen eindeutigen Beginn sowie ein eindeutiges Ende aufweisen, einen bestimmten Input unter Nutzung bzw. Verbrauch von Ressourcen in einen vorgegebenen Output transformieren und einer bestimmten Person oder betrieblichen Einheit, dem *Prozesseigner*, zur verantwortlichen Erledigung zugewiesen werden. Für jeden Prozess lässt sich ein *Kostentreiber* als Bezugsgröße definieren, anhand derer ihm Kosten zugerechnet werden können.

Gegenstand der Prozesskostenrechnung sind vor allem repetitive Tätigkeiten mit geringem Entscheidungsspielraum, bei deren Durchführung in der Regel mehrere betriebliche Bereiche bzw. Kostenstellen arbeitsteilig zusammenwirken. Für diese Tätigkeiten ist eine einheitliche und eindeutige Erfassung des Mengengerüsts möglich. So nimmt ein bestimmter *Produktionsprozess* die Materialbeschaffung, die innerbetriebliche Logistik und die Fertigungsbereiche, in denen er bearbeitet wird, in charakteristischer Weise in Anspruch.

Bei der Einführung der Prozesskostenrechnung müssen zunächst in den verschiedenen betrieblichen Bereichen die relevanten Prozesse mit ihren Inputs und Outputs identifiziert werden. Ergebnis dieser Prozessanalyse ist das *Prozessmodell* des Unternehmens, das das Zusammenspiel der Unternehmensbereiche bei der Leistungserstellung beschreibt. Ein umfassendes Prozessmodell besteht aus den in Abb. 4.7 angegebenen, hierarchisch angeordneten Aggregationsebenen Aktivitäten, Teilprozesse, Hauptprozesse und Geschäftsprozesse (vgl. Deimel et al. 2006, S. 330f.):

- Als *Aktivitäten* bezeichnet man eindeutig identifizierbare Tätigkeiten oder Vorgänge innerhalb eines Arbeitsablaufs, die sich nicht mehr weiter sinnvoll zerlegen lassen und denen sich ein Zeit- und Ressourcenverbrauch zuordnen lässt. Ein Beispiel für eine Aktivität ist die Montage einer Mengeneinheit eines Produkts auf einer Maschine, die 10 Minuten dauert, genau definierte Einbauteile benötigt und eine bestimmte Energiemenge verbraucht.

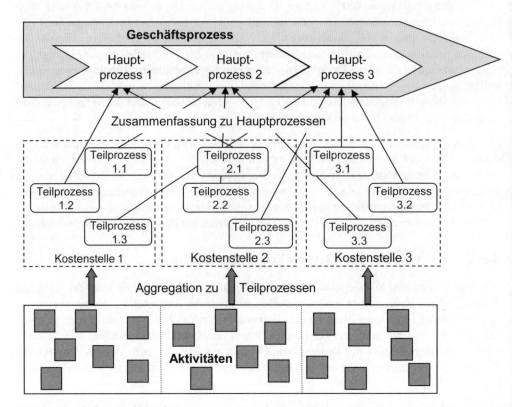

Abb. 4.7 Geschäftsprozesshierarchie

- *Teilprozesse* entstehen durch die Zusammenfassung von aufeinander folgenden bzw. logisch zusammenhängenden Aktivitäten innerhalb einer Kostenstelle. Ein Teilprozess führt zu einem für die Kostenstelle charakteristischen Ergebnis, das mengen- und wertmäßig erfasst werden kann. Ergänzt man den oben genannten Montagevorgang durch die vorgelagerte Aktivität der Materialbereitstellung und die nachgelagerte Aktivität der Qualitätskontrolle, so erhält man den Teilprozess „Endmontage" der zugehörigen Kostenstelle.

- Die Zusammenfassung von sachlich und logisch zusammengehörigen Teilprozessen über mehrere Kostenstellen hinweg führt zu *Hauptprozessen*. Das Kennzeichen eines Hauptprozesses ist, dass seine sämtlichen Aktivitäten von denselben Kostentreibern bestimmt werden. Über ihre Teilprozesse kann eine Kostenstelle an verschiedenen Hauptprozessen beteiligt sein. Da dem Teilprozess „Endmontage" eines Produkts in der Regel Beschaffungsvorgänge sowie mehrere Stufen der Teilefertigung vorausgehen, die in anderen Kostenstellen abgewickelt werden, sind die entsprechenden Teilprozesse zu einem

4.3 Prozesskostenrechnung

Hauptprozess „Produktfertigung" zusammenzufassen. Der zugehörige Kostentreiber ist die Produktionsmenge des Endprodukts.

- Durch die Zusammenfassung von aufeinander folgenden Hauptprozessen erhält man schließlich die *Geschäftsprozesse*, deren markt- und wettbewerbsorientierte Durchführung die Kernaufgabe eines Unternehmens ist.

Bei der Prozessanalyse nimmt man darüber hinaus eine Einteilung der Prozesse in zwei Kategorien vor, die sich in Bezug auf die Abrechnung wesentlich unterscheiden:

- Bei leistungsmengeninduzierten Prozessen (*lmi-Prozesse*) besteht ein direkter Zusammenhang zwischen der Anzahl der Prozessdurchführungen und der Höhe der Kosten, so dass sich die Kosten direkt den Prozessen zurechnen lassen.

- Den leistungsmengenneutralen Prozessen (*lmn-Prozesse*) lässt sich kein solches Mengengerüst zuordnen, so dass eine Verteilung der Kosten über Schlüssel erforderlich ist. Dies trifft vor allem auf leitende und unterstützende Tätigkeiten zu.

Für jeden leistungsmengeninduzierten Prozess lässt sich ein *Kostentreiber* bestimmen. Kostentreiber sind die Bezugsgrößen, anhand derer sich die Ergebnisse eines Prozesses erfassen und die durch den Prozess verursachten (Gemein-)Kosten verrechnen lassen. Die Abrechnung der an einem Prozess beteiligten Kostenstellen erfolgt anhand der Prozessmengen, d. h. der Häufigkeit, mit der der Prozess durchgeführt wird, und nicht wie in der Zuschlagskalkulation anhand von Wertgrößen. Bei der Festlegung der Kostentreiber ist darauf zu achten, dass sie sich proportional zur Ressourcenbeanspruchung des Prozesses verhalten, einfach zu bestimmen und leicht nachvollziehbar sind. Falls für eine Aktivität mehrere Kostentreiber in Betracht kommen, ist derjenige zu wählen, der sich auch für die weiteren Aktivitäten der Prozesse eignet, an denen er beteiligt ist.

In Abb. 4.8 wird für verschiedene Prozesse aus dem Fertigungsbereich der jeweilige Kostentreiber angegeben.

Tätigkeit	Kostentreiber
Angebote einholen	Anzahl der angefragten Lieferanten
Bestellabwicklung	Anzahl der Bestellungen
Lagerhaltung	Anzahl der Lagerbewegungen
Arbeitsvorbereitung	Anzahl der Rüstvorgänge
Qualitätskontrolle	Anzahl der Stichproben
Wareneingangskontrolle	Anzahl der Lieferungen

Abb. 4.8 Beispiele für Kostentreiber

Da bei leistungsmengenneutralen Prozessen kein Kostentreiber existiert, muss hier wie in der traditionellen Kalkulation eine Umlage der angefallenen Kosten durch Schlüsselung erfolgen. Jedoch gelingt es bei der Prozesskostenrechnung in der Regel, den weitaus größten Teil der

Kosten direkt den lmi-Prozessen zuzuordnen, so dass der über Schlüsselungen zu verteilende Kostenanteil wesentlich geringer ist als bei der klassischen Kostenrechnung. Durch diese weitgehende Vermeidung von Schlüsselungen lässt sich eine verursachungsgerechtere Verteilung vor allem der Gemeinkosten der indirekt an der Leistungserstellung beteiligten Bereiche und damit eine weitaus größere Kostentransparenz erreichen.

Die Abrechnung der in einer Periode angefallenen Kosten wird bei der Prozesskostenrechnung wie folgt durchgeführt: Zunächst müssen die in einer Kostenstelle angefallenen Kosten mithilfe einer Prozesskostenstellenrechnung auf die Teilprozesse verteilt werden. Weiter werden für jeden lmi-Teilprozess die Prozessmengen bestimmt, d. h. das Mengengerüst der jeweiligen Kostentreiber. Dann wird für jeden einzelnen lmi-Prozess der *Prozesskostensatz* bestimmt, indem die Prozesskosten durch die Prozessmenge dividiert werden.

$$\text{lmi - Prozesskostensatz} = \frac{\text{Prozesskosten}}{\text{Prozessmenge}}$$

Anschließend erfolgt die Umlage der lmn-Kosten. Diese werden den lmi-Prozessen proportional anhand ihrer Prozesskosten zugerechnet. Der lmn-Umlagesatz eines Teilprozesses wird berechnet, indem sein lmi-Prozesskostensatz mit dem Verhältnis der lmn-Kosten zu den gesamten lmi-Kosten multipliziert wird.

$$\text{lmn - Umlagesatz} = \frac{\text{lmn - Kosten}}{\text{Gesamtkosten} - \text{lmn - Kosten}} \cdot \text{lmi - Prozesskostensatz}$$

Der gesamte Prozesskostensatz eines Teilprozesses ergibt sich dann als Summe aus dem lmi-Prozesskostensatz und dem lmn-Umlagesatz.

$$\text{Gesamtprozesskostensatz} = \text{lmi - Prozesskostensatz} + \text{lmn - Umlagesatz}$$

Die Kosten für eine Durchführung eines aus mehreren Teilprozessen bestehenden Hauptprozesses erhält man, indem man die zugehörigen Prozesskostensätze aufaddiert. Um z. B. die Kosten eines Auftrags zu berechnen, muss man die dabei auftretenden Teilprozessmengen x_i mit ihren Prozesskostensätzen q_i multiplizieren und über alle Teilprozesse $i = 1,\ldots,n$ aufaddieren.

$$\text{Auftragskosten} = \sum_{i=1}^{n} q_i \cdot x_i$$

4.3.3 Beispiel zur Prozesskostenrechnung

Die Vorgehensweise der Prozesskostenrechnung wird anhand des *Beispiels* in Tab. 4.3 veranschaulicht (vgl. auch Coenenberg et al. 2012, S. 219ff.). In einer Beschaffungsabteilung werden die lmi-Teilprozesse Angebotsbearbeitung, Bestellungsdurchführung, Materialeingangsprüfung sowie der lmn-Prozess Abteilungsleitung durchgeführt.

4.3 Prozesskostenrechnung

Tab. 4.3 Beispiel zur Prozesskostenrechnung

Prozess	Prozess-kosten	Prozess-mengen	lmi-Prozess-kostensatz	lmn-Umlage-satz	Gesamtprozess-kostensatz
Angebote bearbeiten	290.000	5.000	58,00	5,80	63,80
Bestellungen durchführen	150.000	1.000	150,00	15,00	165,00
Material prüfen	60.000	200	300,00	30,00	330,00
Abteilung leiten	50.000	---	---	---	---

Die lmi-Prozesskostensätze werden wie folgt berechnet:

$$\text{Angebote bearbeiten:} \quad \frac{290.000}{5.000} = 58,00 \ €$$

$$\text{Bestellungen durchführen:} \quad \frac{150.000}{1.000} = 150,00 \ €$$

$$\text{Material prüfen:} \quad \frac{60.000}{200} = 300,00 \ €$$

Der Faktor für den lmn-Umlagesatz beträgt:

$$\frac{50.000}{550.000 - 50.000} = 0,1$$

Daraus ergeben sich lmn-Umlagesätze von 5,80 € für die Angebotsbearbeitung, 15,00 € für die Bestelldurchführung und 30,00 € für die Materialprüfung. Die Gesamtprozesskostensätze betragen dann 63,80 € für die Angebotsbearbeitung, 165,00 € für die Bestelldurchführung und 330,00 € für die Materialprüfung.

Auf Basis dieser Prozesskostensätze werden die Kosten der Beschaffungsvorgänge für zwei unterschiedliche Bauteile A und B berechnet. Die Bedarfsmenge bei Bauteil A beträgt 10.000 Stück, der Preis liegt bei 3,00 € je Stück. Während der betrachteten Periode werden für dieses Teil 50 Angebote eingeholt, die schließlich zu 15 Bestellvorgängen führen. Bei drei Lieferungen wird eine Wareneingangsprüfung durchgeführt. Von Bauteil B werden in der Periode 1.200 Stück benötigt, jedes Stück kostet 30,00 €. Hier werden 20 Angebote eingeholt, vier Bestellungen und eine Wareneingangsprüfung getätigt.

In der klassischen Kostenrechnung werden die Beschaffungskosten der Bauteile mithilfe der Zuschlagskalkulation in Form von Materialgemeinkosten bestimmt. Wenn der Materialgemeinkostenzuschlagssatz beispielsweise 20 % beträgt, berechnen sich die Materialeinzelkosten von Bauteil A als 10.000·3 = 30.000 € und die Materialgemeinkosten liegen dann bei

30.000·0,2 = 6.000 €. Für Bauteil B ergeben sich analog Materialeinzelkosten in Höhe von 1.200·30 = 36.000 € und Materialgemeinkosten von 36.000·0,2 = 7.200 €.

Ermittelt man die Beschaffungskosten der Bauteile hingegen als Prozesskosten, so wird berücksichtigt, in welchem Umfang die einzelnen Teilprozesse in Anspruch genommen werden.

$$PK_A = 50 \cdot 63{,}80 + 15 \cdot 165 + 3 \cdot 330 = 6.655 \text{ €}$$

$$PK_B = 20 \cdot 63{,}80 + 4 \cdot 165 + 1 \cdot 330 = 2.266 \text{ €}$$

Wie man sieht, wird bei dieser Vorgehensweise das Bauteil B, bei dem jeder Teilprozess aufgrund der insgesamt geringeren Bestellmenge seltener durchgeführt wird, deutlich geringer mit Kosten belastet als das Bauteil A. Eine solche Verrechnung der Kosten auf die Produkte entsprechend ihrer Inanspruchnahme der verschiedenen Teilprozesse führt zu einer wesentlich verursachungsgerechteren Abrechnung als die pauschale Verteilung in der Zuschlagskalkulation. Produkte werden unabhängig von ihren Materialkosten umso stärker mit Beschaffungskosten belastet, je häufiger die einzelnen Teilprozesse durchgeführt werden.

4.3.4 Einsatz der Prozesskostenrechnung

Die Prozesskostenrechnung kann die klassische Kostenrechnung nicht vollständig ersetzen, sondern bildet eine wertvolle Ergänzung im Bereich der Verrechnung der variablen Gemeinkosten. Abb. 4.9 zeigt, wie diese beiden Kostenrechnungsansätze sinnvoll miteinander kombiniert werden können: Während die Einzelkosten nach wie vor direkt den Produkten zugerechnet und die fixen Gemeinkosten mithilfe der klassischen Schlüsselung abgerechnet werden, wird der Teil der Gemeinkosten, der sich den betrieblichen Prozessen zurechnen lässt, entweder direkt als lmi-Kosten oder indirekt als lmn-Kosten über die Prozesse auf die Produkte verrechnet.

Durch die Anwendung der Prozesskostenrechnung treten im Vergleich mit der Zuschlagskalkulation die folgenden drei Effekte auf, die sich auch für die strategische Gestaltung des Produktionsprogramms nutzen lassen:

- Der *Allokationseffekt* besteht darin, dass die Zuordnung (Allokation) des größten Teils der Gemeinkosten auf die Leistungen mithilfe von prozessorientierten Kostentreibern erfolgt, die die Inanspruchnahme der jeweiligen Prozesse bzw. der zugehörigen Ressourcen abbilden. Dies steht im Gegensatz zu der Verwendung wertorientierter Zuschlagssätze, die dazu führt, dass z. B. maschinenintensive Produkte tendenziell durch lohnintensive Produkte quersubventioniert werden, indem Letzteren aufgrund der einheitlichen Zuschlagssätze ein überhöhter Anteil an Fertigungsgemeinkosten zugerechnet wird. Bei Beschaffungsvorgängen werden – wie oben gezeigt – die Materialgemeinkosten nicht als Zuschlag proportional zum Wert des beschafften Materials verteilt, sondern in Abhängigkeit von den jeweiligen Kosten und der Häufigkeit der Durchführung der im Beschaffungsbereich anfallenden Prozesse.

4.3 Prozesskostenrechnung

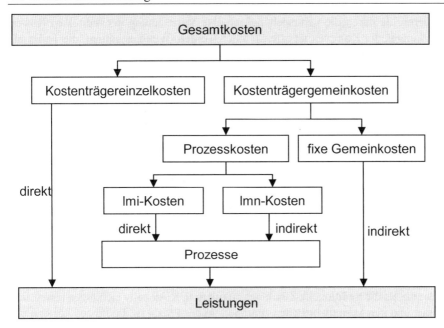

Abb. 4.9   Verknüpfung von klassischer Kostenrechnung und Prozesskostenrechnung

- Der *Komplexitätseffekt* berücksichtigt, wie sich die Komplexität bzw. die Variantenzahl eines Produkts auf seine Kosten auswirken. Da bei komplexen bzw. variantenreichen Produkten die indirekten Prozesse wie Konstruktion, Beschaffung oder Arbeitsvorbereitung häufiger in Anspruch genommen werden als bei einfachen Produkten, wird diesen in der Prozesskostenrechnung über die Kostentreibermengen auch ein entsprechend höherer Anteil der zugehörigen Kosten zugerechnet. Bei der Zuschlagskalkulation hingegen erfolgt die Verrechnung dieser Kosten über einen für alle Produkte gleich hohen Zuschlag auf die Einzelkosten, so dass die Kosten der komplexen Produkte tendenziell zu niedrig und die der einfachen Produkte zu hoch ausgewiesen werden.

- Der *Degressionseffekt* beschreibt, wie sich die auf die einzelne Produkteinheit entfallenden Gemeinkosten in Abhängigkeit von der Produktionsmenge verhalten. Da der Prozesskostensatz einmal je Durchführung eines Prozesses verrechnet wird und somit unabhängig von der Menge der im Prozess bearbeiteten Einheiten ist, sinkt der auf die einzelne Einheit entfallende Anteil mit zunehmender Stückzahl. Dies gilt z. B. für die Beschaffungskosten je Stück, die mit dem Umfang der Bestellung sinken, für die Rüstkosten je Stück, die mit dem Umfang eines Fertigungsloses fallen, oder für die Vertriebskosten je Stück, die sich mit dem Umfang einer Sendung reduzieren. Auch hierbei steht die Prozesskostenrechnung im Gegensatz zur Zuschlagskalkulation, die unabhängig von der Stückzahl jede Einheit mit einem gleich hohen, vom Produktwert abhängigen Zuschlagssatz belastet.

Vor allem aufgrund des Komplexitäts- und des Degressionseffekts geht von der Prozesskostenrechnung ein Anreiz aus, die Produktionsprozesse und die Produkte zu vereinfachen und zu standardisieren, da durch die verursachungsgerechte Verrechnung der indirekten Kosten die Kostenwirkungen der Komplexität offensichtlich werden. Wenn es gelingt, die Teilevielfalt im Unternehmen zu reduzieren und an verschiedenen Stellen Standardteile anstelle von Spezialteilen zu verwenden oder die Produkte modular aus relativ wenigen Bauteilen zu fertigen, so lassen sich die zugehörigen Prozessmengen reduzieren und die Prozesskosten auf eine größere Stückzahl verteilen.

Weiter zeigt die Prozesskostenrechnung durch ihren kostenstellenübergreifenden Ansatz die zwischen den verschiedenen betrieblichen Funktionsbereichen bestehenden Abhängigkeiten sowie die bei einer besseren Abstimmung möglichen Kosteneinsparungen auf. In jedem Bereich wächst das Verantwortungsgefühl nicht nur für die selbst verursachten Kosten, sondern auch für die Folgekosten, die aufgrund der eigenen Entscheidungen in anderen Bereichen entstehen. Eine diese Abhängigkeiten berücksichtigende Kostenplanung und -kontrolle ist insbesondere dann möglich, wenn jedem Prozess ein *Prozesseigner* zugeordnet wird, dessen Aufgabe es ist, seinen Prozess verantwortlich zu steuern.

Das Vorgehen der Prozesskostenrechnung gewährleistet eine weitgehend verursachungsgerechte Abrechnung der Gemeinkosten der indirekten Bereiche und damit eine größere *Gemeinkostentransparenz* als die traditionelle Zuschlagskalkulation. Kostenabweichungen lassen sich besser erkennen und den Verantwortlichen zuordnen. In der Praxis ist die Prozesskostenrechnung inzwischen weit verbreitet. Sie wird vor allem zur Abrechnung von Dienstleistungen, bei denen fast keine Einzelkosten anfallen, und zur Kalkulation von indirekten Bereichen mit großen Gemeinkostenanteilen eingesetzt.

Da es sich bei der Prozesskostenrechnung im Kern um eine Vollkostenrechnung handelt, werden den Produkten allerdings auch nicht entscheidungsrelevante Kosten zugerechnet, so dass Fehlentscheidungen hinsichtlich der Wirtschaftlichkeit einzelner Produkte nach wie vor auftreten können. Auch ist es nicht ohne weiteres möglich, Prozessvarianten differenziert zu betrachten. Ein weiterer Kritikpunkt besteht darin, dass bei der Verrechnung der Gemeinkosten von Anlagen keine Differenzierung zwischen genutzten Kapazitäten und Leerkapazitäten erfolgt, so dass sich in diesem Bereich bestehende Kostensenkungspotentiale nicht erkennen und daher auch nicht nutzen lassen. Darüber hinaus besteht die Gefahr, dass bei sinkender Kapazitätsauslastung die Prozesskostensätze steigen, so dass ähnliche Probleme wie bei der klassischen Vollkostenrechnung auftreten.

4.4 Time-Driven Activity-Based Costing

Beim *Time-Driven Activity-Based Costing* handelt es sich um eine Weiterentwicklung der Prozesskostenrechnung, die die zuvor geäußerte Kritik explizit berücksichtigt (vgl. Coners/von der Hardt 2004; Kaplan/Anderson 2007). Ihr Kennzeichen besteht darin, dass die Fertigungskosten in erster Linie von der zeitlichen Inanspruchnahme der Ressourcen und damit von den Ausführungszeiten der Prozesse abhängig gemacht werden. Damit werden die Kostentreiber verfeinert, indem nicht nur die Durchführung eines Teilprozesses, sondern zusätzlich dessen

4.4 Time-Driven Activity-Based Costing

Dauer bzw. Kapazitätsinanspruchnahme erfasst wird. Auf diese Weise kann festgestellt werden, in welchen Bereichen Engpässe oder Überschusskapazitäten vorliegen, so dass sich die Leer- und Nutzkosten einer Anlage voneinander separieren lassen. Dies unterstützt nicht nur die verursachungsgerechte Abrechnung, sondern auch das Kapazitätsmanagement.

Ein wichtiger Parameter zur verursachungsgerechten Kostenverrechnung im Time-Driven Activity-Based Costing ist die *Sollbearbeitungszeit* eines lmi-Teilprozesses. Diese entspricht der geplanten Nettodauer (ohne Erhol- und Verteilzeiten) der Bearbeitung einer Mengeneinheit. Er wird mithilfe von Zeitverbrauchsfunktionen oder Zeitmessstudien ermittelt, so dass aufwändige Abschätzungen über die prozentuale Verteilung der Gesamtbearbeitungszeit auf einzelne Aktivitäten und deren anschließende Aggregation entfallen.

In den *Zeitverbrauchsfunktionen* können mehrere Maßgrößen sowie externe Faktoren berücksichtigt werden. Dadurch lässt sich die Komplexität des Kostenrechnungsmodells deutlich reduzieren. Abb. 4.10 zeigt am Beispiel einer Versandabteilung, wie sich eine Zeitverbrauchsfunktion einsetzen lässt, um die Sollbearbeitungszeit eines Prozesses zu ermitteln.

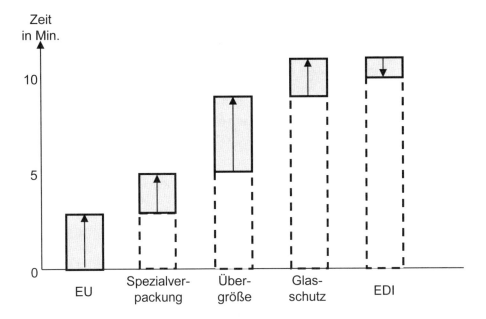

Abb. 4.10 Zeitverbrauchsfunktionen

Als Basiswert wird der Standardversand innerhalb von Deutschland angesetzt. Die Sollbearbeitungszeit eines bestimmten Prozesses hängt davon ab, welche der in Abb. 4.10 aufgeführten internen und externen Einflussgrößen, die zu Zeitzu- oder -abschlägen führen, relevant sind. So dauert der Prozess drei Minuten länger, wenn der Kunde innerhalb anderer EU-Staaten sitzt. Ist eine Spezialverpackung oder Glasschutz erforderlich, so werden jeweils zwei zusätzliche Minuten benötigt, bei Übergröße der versendeten Ware vier Minuten. Wenn die interne Abwicklung des Prozesses elektronisch über EDI erfolgt, verkürzt sich der Versandprozess um eine Minute.

Weiter muss der *Stundenkostensatz* jeder Kostenstelle bestimmt werden. Es wird berechnet, indem man die gesamten Kostenstellenkosten durch die Nettokapazität der Kostenstelle dividiert. Die Nettokapazität erhält man, indem man von der Gesamtkapazität unproduktive Zeiten z. B. für Wartung oder Maschinenausfall abzieht. Multipliziert man die von einem lmi-Teilprozess in Anspruch genommene Nettokapazität mit dem Stundenkostensatz der jeweiligen Kostenstelle, so erhält man die zugehörigen lmi-Teilprozesskosten.

Die Vorgehensweise des Time-Driven Activity-Based Costing wird durch das folgende *Beispiel* verdeutlicht. Zur Vereinfachung wird auf lmn-Prozesse verzichtet.

In einer Versandabteilung werden drei Teilprozesse durchgeführt. Für die Auslagerung einer Position wird eine Sollausführungszeit von drei Minuten angesetzt, für die Verpackung einer Sendung 14 Minuten und für den Versandprozess neun Minuten. Es stehen 6.000 Stunden Nettokapazität zur Verfügung, der Kostenstelle werden insgesamt 420.000 € Gemeinkosten zugerechnet. Somit beträgt der Stundenkostensatz 70 €/h. Tab. 4.4 zeigt, wie die Kosten anhand der Kapazitätsinanspruchnahme auf die Teilprozesse verteilt werden.

Insgesamt werden 5.650 Stunden der Nettokapazität genutzt. Damit lassen sich die Kosten aufteilen in 395.500 € für die tatsächlich genutzte Kapazität, die verursachungsgerecht auf die drei Teilprozesse verteilt werden, und 24.500 € für die 350 Stunden nicht genutzter Kapazität, die in diesem Fall als Leerkosten anfallen und anderweitig verrechnet werden.

Tab. 4.4 *Beispiel zum Time-Driven Activity-Based Costing (I)*

Teilprozess	Sollzeit	Kostensatz	Maßgröße	beanspruchte Kapazität	Kosten
Position auslagern	3 Min.	3,50 €	90.000	4.500 h	315.000 €
Sendung verpacken	14 Min.	16,33 €	3.000	700 h	49.000 €
Versand durchführen	9 Min.	10,50 €	3.000	450 h	31.500 €
genutzte Kapazität				5.650 h	395.500 €
ungenutzte Kapazität				350 h	24.500 €
Summe				6.000 h	420.000 €

In Tab. 4.5 ist eine alternative Situation dargestellt, in der aufgrund eines saisonbedingten Nachfragerückgangs die Kapazitätsauslastung weitaus schlechter ist.

Nunmehr wird fast ein Drittel der Nettokapazität nicht in Anspruch genommen, so dass die Leerkosten entsprechend höher sind. Im Sinne eines proaktiven, prozessbezogenen Kostenmanagements zeigt diese Situation einen unmittelbaren Handlungsbedarf auf.

Tab. 4.5 *Beispiel zum Time-Driven Activity-Based Costing (II)*

Teilprozess	Sollzeit	Kostensatz	Maßgröße	beanspruchte Kapazität	Kosten
Position auslagern	3 Min.	3,50 €	60.000	3.000 h	210.000 €
Sendung verpacken	14 Min.	16,33 €	2.700	630 h	44.100 €
Versand durchführen	9 Min.	10,50 €	2.500	375 h	26.250 €
genutzte Kapazität				4.005 h	280.350 €
ungenutzte Kapazität				1.995 h	139.650 €
Summe				6.000 h	420.000 €

Ein großer Vorteil des Time-Driven Activity-Based Costing ist die große Flexibilität bei der Abbildung der Kostentreiber mithilfe von Zeitverbrauchsfunktionen. Durch spezifische Zeitzu- und -abschläge lässt sich das Zeitgerüst der Aktivitäten beliebig fein abbilden. Dadurch eignet sich das Time-Driven Activity-Based Costing besonders für die zunehmende Komplexität und Variantenvielfalt in der kundenorientierten Fertigung. Über die Separation von Nutz- und Leerkapazitäten unterstützt das Time-Driven Activity-Based Costing die verursachungsgerechte Kostenverrechnung sowie das Kapazitätsmanagement.

Voraussetzung für den Einsatz des Time-Driven Activity-Based Costing ist eine entsprechende, jederzeit aktuelle Datenbasis. Datenschutz- und persönlichkeitsrechtliche Probleme können auftreten, wenn die Zeiterfassung bis zur Ebene des einzelnen Mitarbeiters detailliert werden soll.

4.5 Prozesswertanalyse

Die Prozesskostenrechnung bzw. das Time-Driven Activity-Based Costing erhöhen die Kostentransparenz in den Gemeinkostenbereichen, ohne jedoch die Prozessabläufe selbst infrage zu stellen. Hier setzt die *Prozesswertanalyse* ein (vgl. Levitt 1981), die die einzelnen Prozesse auf den Prüfstand stellt und sowohl die Notwendigkeit bzw. Effektivität als auch die Effizienz der einzelnen Teilprozesse kritisch hinterfragt, um durch die Elimination von nicht-wertschöpfenden Prozessen letztlich den Wert der Produkte zu erhöhen (vgl. auch Abschnitt 8.1).

Nach dem *ökonomischen Prinzip* bestehen zwei Ansatzpunkte zur Erhöhung des Werts eines Teilprozesses (vgl. z. B. Steven 2013, S. 9): Entweder man versucht, seinen Nutzen bei gleichbleibendem Kostenniveau zu erhöhen (Maximalprinzip), oder man strebt eine Reduktion der Kosten bei Aufrechterhaltung eines bestimmten Nutzenniveaus an (Minimalprinzip). Darauf aufbauend besteht das Ziel der wertanalytischen Vorgehensweise darin, das Verhältnis von Nutzen und Kosten eines wertanalytischen Objekts, in diesem Fall also der Teilprozesse, zu erhöhen. Dafür müssen sowohl kundenbezogene als auch unternehmensinterne Schwachstellen z. B. in Form von Ressourcenverschwendung identifiziert und analysiert werden.

Abb. 4.11 zeigt, in welchen Bereichen sich Handlungsfelder für die Prozesswertanalyse ergeben:

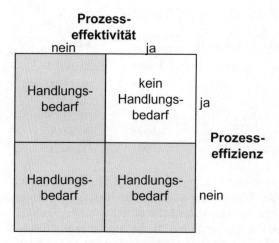

Abb. 4.11 *Effektivität und Effizienz von Prozessen*

- Prozesse, die weder effektiv noch effizient erbracht werden, sollten *eliminiert* werden, da das Prozessergebnis weder wirtschaftlich im Sinne „doing the things right" (Effizienz) realisiert wird noch im Sinne „doing the right things" (Effektivität) dazu beiträgt, dass die Kundenbedürfnisse und Wünsche befriedigt werden. Bei diesen Prozessen liegt somit reine Ressourcenverschwendung vor.

- Prozesse, deren Ergebnis zwar zielgruppengerecht konzipiert ist, die aber unwirtschaftlich erbracht werden, führen zu einer Verschwendung von Ressourcen und zu erhöhten Kosten. Da diese Prozesse für die Erfüllung der Kundenanforderungen aber unerlässlich sind, sollten sie nicht eliminiert, sondern stattdessen ihre Effizienz verbessert und erhöht werden, damit durch eine *Kostenreduktion* eine Prozesswertverbesserung realisiert wird.

- Prozesse, die zwar effizient durchgeführt werden, aber nicht effektiv sind, z. B. weil sie nicht zielgruppengerecht konzipiert sind und somit bestimmte Bedürfnisse und Wünsche der Kunden nicht abdecken, rufen bei diesen keinen Nutzen hervor und sind damit nicht marktgerecht. Hier findet trotz der Prozesseffizienz eine Verschwendung von Ressourcen statt, der Existenz dieser Prozesse fehlt letztlich eine Begründung. Levitt (2006, S. 169) bringt dies folgendermaßen auf den Punkt: „Nothing is more wasteful than doing with great efficiency that which should not be done."

In Abb. 4.12 ist dargestellt, wie sich Prozesse hinsichtlich der Handlungsoptionen klassifizieren lassen (vgl. Harrington 1991).

Auf der ersten Stufe der Prozessanalyse werden sämtliche Teilprozesse daraufhin untersucht, ob sie überhaupt funktional zur Erfüllung der Anforderungen der Leistungserstellung beitragen. Ist dies nicht der Fall, so lässt sich die Existenz dieses Prozesses nicht rechtfertigen. Er wird als *no value-added-Prozess* eingestuft und sobald wie möglich eliminiert. Alle anderen Prozesse sind grundsätzlich werterhöhend (value-added). Beispiele sind zusätzliche Reinigungsvorgänge oder die durch eine Störung ausgelöste Instandsetzung einer Maschine.

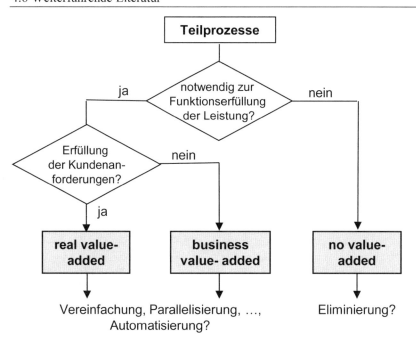

Abb. 4.12 *Prozessanalyse*

Auf der zweiten Stufe werden die wertschöpfenden Prozesse dahingehend analysiert, inwieweit sie zur Erfüllung der Kundenanforderungen beitragen. Prozesse, die keinen wahrnehmbaren Kundennutzen generieren, sind interne Prozesse (*business value-added*), z. B. Rüstvorgänge oder notwendige Vor- und Nachbereitungsprozesse wie das Nachfüllen von Vorratsbehältern oder Magazinen. Als real value-added werden schließlich solche Prozesse bezeichnet, die aus Kundensicht als wertgenerierend wahrgenommen werden, so dass ihre Eliminierung den Kundennutzen unmittelbar reduzieren würde. Ein Beispiel ist die Unterstützung der Kunden durch eine Servicehotline. Bei beiden Prozessarten ist zu prüfen, inwieweit ihre Wertschöpfung durch Maßnahmen wie Vereinfachung, Parallelisierung oder Automatisierung verbessert werden kann.

4.6 Weiterführende Literatur

Cooper, R.; Kaplan, R. S.: Measure Costs Right: Make the Right Decisions, in: Harvard Business Review 1988, Sept-Oct, S. 96-103

Kaplan, R. S., Anderson S. R.: Time-Driven Activity-Based Costing, Harvard Business School Press, Boston/Mass. 2007

Seidenschwarz, W., Target Costing. Marktorientiertes Zielkostenmanagement, Vahlen, München, 2. Aufl. 2013

Wasmuth, K.: Kostenmanagement im Service Engineering industrieller Dienstleistungen, Dr. Kovač, Hamburg 2009

5 Planungsinstrumente

Entsprechend der Aufgabe des Controllings, die Planung, Steuerung und Kontrolle des betrieblichen Geschehens sowie die Informationsversorgung zu unterstützen (vgl. Abschnitt 1.4), lassen sich die dafür erforderlichen Instrumente in Planungsinstrumente, Koordinationsinstrumente, Kontrollinstrumente sowie Informationsinstrumente unterteilen. In den nachfolgenden Lehreinheiten werden diese Controlling-Instrumente systematisch behandelt. Während die Planung grundsätzlich vor der Durchführung der betrieblichen Prozesse stattfindet, erfolgt die Koordination vor allem prozessbegleitend und die Kontrolle ist der Prozessdurchführung zeitlich nachgelagert. Die Informationsversorgung begleitet und unterstützt sämtliche Controllingfunktionen.

Leitfragen: Wie lässt sich der Planungsprozess strukturieren?

Welche Einsatzgebiete haben quantitative bzw. qualitative Planungsverfahren?

Inwiefern unterscheiden sich OR-Verfahren und Heuristiken?

Auf welche Probleme stoßen quantitative Planungsverfahren?

Welche Kritik wird an der Nutzwertanalyse geübt?

5.1 Planungsprozess

Unter *Planung* versteht man die zielgerichtete, systematische Strukturierung von zukünftigen Handlungen und Sachverhalten im Sinne der Unternehmensziele. Eine regelmäßige Planung ist erforderlich, um sich immer wieder an veränderte Rahmenbedingungen anzupassen und dadurch die langfristige Wettbewerbsfähigkeit und letztlich die Unternehmensexistenz zu sichern. Abb. 5.1 zeigt die Einbindung der Planung in die verschiedenen Phasen des Entscheidungsprozesses.

Ausgehend von einer gründlichen Analyse der relevanten Märkte, der Unternehmenssituation und der sonstigen Umweltfaktoren werden zunächst die grundsätzlichen Ziele des Unternehmens definiert, an denen sich die Planung orientieren muss. Die Planung lässt sich nach ihrer zeitlichen und sachlichen Reichweite in die strategische Grundsatzplanung, die taktische Ausführungsplanung und die operative Maßnahmenplanung unterteilen. Im Anschluss an die Planung finden die Umsetzung der Maßnahmen und schließlich eine Kontrolle der erzielten Ergebnisse statt.

Durch *Rückkopplungen*, die von den verschiedenen Stufen dieses Entscheidungsprozesses ausgehen können, lässt sich bei Unstimmigkeiten ein erneuter Durchlauf des Planungsprozesses anstoßen. Dabei unterscheidet man kurze Rückkopplungen, die bei geringfügigen Abweichungen oder kurzfristigem Handlungsbedarf in die direkt übergeordnete Planungsstufe erfolgen, und lange Rückkopplungen, die einen kompletten Durchlauf des Planungsprozesses initiieren.

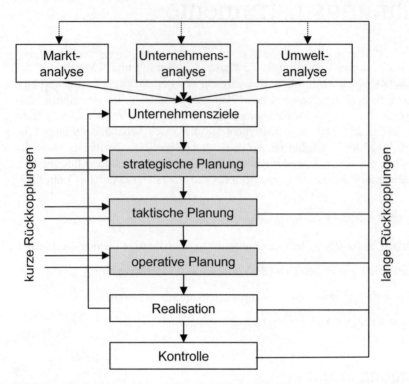

Abb. 5.1 *Planungsprozess*

Der gesamte Bereich der Unternehmensplanung lässt sich anhand der vorliegenden Aufgaben in Planungen für verschiedene Teilbereiche gliedern. Dabei unterscheidet man z. B. die Beschaffungsplanung, die Investitionsplanung, die Finanzplanung, die Absatzplanung, die Personalplanung usw. Im Zusammenhang mit dem Produktionscontrolling ist die *Produktions- und Logistikplanung* von besonderer Bedeutung.

Auf sämtlichen Planungsebenen lassen sich unterschiedliche *Planungsverfahren* einsetzen, die teils quantitativer und teils qualitativer Art sind.

- *Quantitative Planungsverfahren* lassen sich nur dann anwenden, wenn die Entscheidungssituation gut strukturiert ist und die zu planenden Sachverhalte hinreichend quantifizierbar sind, d. h. wenn zuverlässige Daten zur Verfügung stehen, um die Planungsmodelle zu parametrisieren. Bei der quantitativen Planung erfolgt eine Abbildung mithilfe eines mathematischen Modells, zur Lösung werden mathematische Algorithmen eingesetzt (vgl.

Werners 2013, S. 2). Hierbei lässt sich weiter unterscheiden in optimierende Verfahren und Heuristiken (vgl. Abschnitt 5.2).

- *Qualitative Planungsverfahren* (vgl. Abschnitt 5.3) kommen hingegen dann zum Einsatz, wenn die Entscheidungssituation so schlecht strukturiert ist, dass unvollständige quantitative oder sogar lediglich qualitative Informationen vorliegen.

Tendenziell liegen die Anwendungsbereiche der quantitativen Planung vor allem bei konkreten Entscheidungen auf der taktisch-operativen Ebene, während auf der strategischen Ebene wegen der schlechteren Datensituation vorwiegend qualitative Planungsverfahren verwendet werden.

5.2 Quantitative Planungsverfahren

Quantitative Planungsverfahren werden vielfach aus Methoden des Operations Research abgeleitet. Man unterscheidet hierbei zwischen optimierenden Verfahren, die eine optimale Lösung des Entscheidungsproblems anstreben, und Heuristiken, die in angemessener Zeit eine gute Lösung zu erreichen versuchen. Die Vorgehensweise der quantitativen Planung ist in Abb. 5.2 dargestellt (vgl. z. B. Werners 2013, S. 2) und wird im Folgenden am Beispiel des klassischen Losgrößenmodells veranschaulicht (vgl. hierzu z. B. Steven 2013, S. 51ff.).

- Ausgangspunkt der Planung ist ein *reales Problem*, das einen Entscheidungsbedarf auslöst. Die Losgrößenplanung wird durchgeführt, um die Höhe der zukünftigen Bestellmengen zu bestimmen.

- Für die vorliegende Problemstellung wird eine *Zielsetzung* formuliert, die durch das Planungsverfahren möglichst gut erfüllt werden soll. Das Ziel der Losgrößenplanung ist die Minimierung der entscheidungsrelevanten Kosten, d. h. der Summe aus bestellfixen Kosten und variablen Lagerhaltungskosten.

- Anschließend erfolgt die Abbildung der realen Situation in einem *mathematischen Modell*, welches die relevanten Strukturen der Realität möglichst exakt abbildet. Beim Losgrößenmodell wird die Kostenfunktion in Abhängigkeit vom durchschnittlichen Lagerbestand und von der Bestellhäufigkeit aufgestellt.

- Um das Modell für eine bestimmte Situation zu lösen, muss es zunächst parametrisiert, d. h. mit den notwendigen *Daten* versorgt werden. Die zur Lösung des klassischen Losgrößenmodells erforderlichen Parameter sind die Nachfragerate, der Bestellkostensatz und der Satz der variablen Lagerhaltungskosten.

- Wenn alle relevanten Daten bekannt sind, wird das Modell mithilfe eines geeigneten optimierenden oder heuristischen *Algorithmus* gelöst. Die Lösung des klassischen Losgrößenmodells erfolgt mithilfe der Marginalanalyse, d. h. es wird eine Nullstelle der ersten Ableitung der Zielfunktion bestimmt.

- Im nächsten Schritt wird diese Lösung daraufhin untersucht, ob sie sich direkt auf das praktische Problem anwenden lässt oder noch modifiziert werden muss. Wenn die optimale Lösung des Losgrößenproblems nicht ganzzahlig ist, erfolgt z. B. eine Auf- oder Abrundung.

- Der letzte Schritt der quantitativen Planung ist die *Implementierung* der zuvor ermittelten Lösung, d. h. ihre Umsetzung in die Realität. So wird die ermittelte Losgröße in Zukunft für Bestellungen des entsprechenden Artikels zugrunde gelegt.

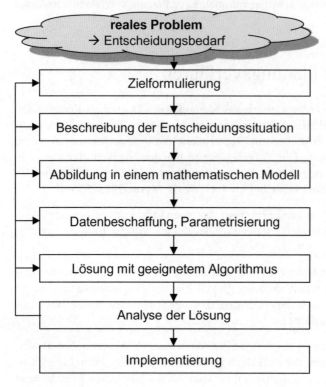

Abb. 5.2 Vorgehen der quantitativen Planung

5.2.1 OR-Verfahren für die quantitative Planung

Zur Durchführung der quantitativen Planung kommen vielfach Verfahren aus dem Operations Research zur Anwendung. Im Folgenden werden die für den Produktionsbereich wichtigsten Klassen von *OR-Verfahren* kurz charakterisiert und ihre wichtigsten Einsatzbereiche angegeben (vgl. z. B. Ellinger et al. 2003; Kistner 2003; Berens et al. 2004; Corsten et al. 2005; Werners 2013):

5.2 Quantitative Planungsverfahren

- **Lineare Optimierung**
Die lineare Optimierung eignet sich zur Bestimmung von optimalen Lösungen in kontinuierlichen Lösungsräumen. Ein kontinuierlicher Lösungsraum liegt dann vor, wenn sämtliche Variablen als reelle Zahlen definiert sind. Eine weitere Voraussetzung für den Einsatz der linearen Optimierung ist, dass sich sowohl die Zielfunktion als auch sämtliche Restriktionen des Entscheidungsproblems als lineare Funktionen formulieren lassen. Das übliche Lösungsverfahren für lineare Programme ist der von Dantzig (1963) entwickelte *Simplex-Algorithmus*. Dieser generiert in endlich vielen Schritten eine optimale Lösung des Problems, indem sukzessiv ausgewählte Ecken des konvexen Lösungspolyeders untersucht werden. In jeder Iteration wird zu derjenigen Ecke gewechselt, die den größten Zielfunktionsbeitrag verspricht. Eine optimale Lösung ist erreicht, wenn sich keine Ecke mehr finden lässt, die einen höheren Zielfunktionswert hat. Zahlreiche produktionswirtschaftliche Probleme können zumindest approximativ mithilfe eines linearen Programms abgebildet werden, z. B. die Produktionsprogrammplanung, die Kapazitätsplanung, die simultane Stücklistenauflösung und die Transportplanung.

- **Ganzzahlige Optimierung**
Bei vielen praktischen Problemstellungen tritt der Fall auf, dass sämtliche oder auch nur einzelne Variablen lediglich ganzzahlige Werte annehmen dürfen. Dadurch geht die Kontinuität des Lösungsraums verloren und anstelle von linearen Programmen kommt die (gemischt-)ganzzahlige Optimierung zum Einsatz. *Ganzzahligkeiten* bei den Entscheidungsvariablen treten insbesondere dann auf, wenn die Produktionsfaktoren nur in diskreten Einheiten eingesetzt oder die Produkte nur als komplette Einheiten hergestellt werden können. Ein Spezialfall der Ganzzahligkeit ist die Abbildung von Entscheidungsalternativen. Hierfür kommen *Binärvariablen* zum Einsatz, die die Auswahl bzw. Nicht-Auswahl der jeweiligen Entscheidung mithilfe der Werte 1 bzw. 0 abbilden.

Abb. 5.3 zeigt für den zweidimensionalen Fall, wie sich der Lösungsraum eines linearen Programms verändert, wenn die Variablen in einer oder in beiden Dimensionen nur ganzzahlige Werte annehmen dürfen.

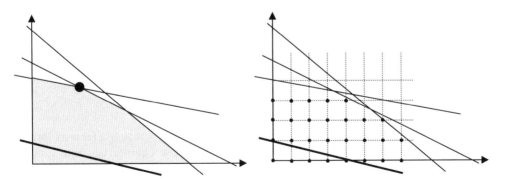

Abb. 5.3 *Lösungsraum von (gemischt-)ganzzahligen Programmen*

Im linken Teil von Abb. 5.3 ist der Lösungsraum eines linearen Programms (Maximierungsproblem) mit drei Restriktionen angegeben. Die optimale Lösung ergibt sich graphisch, indem man die fett eingezeichnete Zielfunktion parallel nach außen verschiebt, bis sie den grau eingefärbten zulässigen Bereich gerade noch tangiert, sie ist als Punkt markiert. Rechts in der Abbildung ist der Lösungsraum bei Ganzzahligkeitsbedingungen für eine Variable (gestrichelte Linien) bzw. beide Variablen (Schnittpunkte dieser Linien) dargestellt. Wie man erkennt, ist die optimale Lösung des kontinuierlichen Problems hier nicht mehr zulässig, so dass lediglich ein entsprechend niedrigeres Zielfunktionsniveau erreicht werden kann. Je nachdem, für welche Variable(n) die Ganzzahligkeit gefordert wird, liegt die optimale Lösung auf einer der gestrichelten Linien oder in einem der Schnittpunkte.

Grundsätzlich lassen sich rein ganzzahlige Problemstellungen mithilfe einer *vollständigen Enumeration* lösen. Das heißt, dass sämtliche zulässigen Kombinationen von Variablenausprägungen generiert werden und ihr Zielfunktionswert berechnet wird, so dass man die Alternative mit dem besten Zielfunktionswert auswählen kann. Jedoch ist dieses Vorgehen aufgrund der sehr großen Anzahl möglicher Entscheidungsalternativen und der daraus resultierenden Komplexität der Probleme in der Regel nicht machbar.

Als optimierende Verfahren für die (gemischt-)ganzzahlige Optimierung kommen z. B. Schnittebenenverfahren oder Branch and Bound-Verfahren zum Einsatz. Jedoch dauert die optimale Lösung derartiger Probleme häufig viel zu lange bzw. beansprucht zu viel Rechenkapazität. Daher spielen zur Lösung ganzzahliger Programme allgemein einsetzbare oder auf das spezielle Problem zugeschnittene Heuristiken eine große Rolle. Beispiele für gemischt-ganzzahlige Problemstellungen im Produktionsbereich sind die Standortplanung, die Fließbandabstimmung, die Maschinenbelegungsplanung, die Layoutplanung und die Tourenplanung.

- **Konvexe Optimierung**
 Wenn bei der Zielfunktion oder den Restriktionen eines Entscheidungsproblems mindestens eine *nichtlineare Funktion* auftritt, liegt ein nichtlineares bzw. konvexes Optimierungsproblem vor. Für die Lösung vieler Probleme in dieser Klasse gibt es keinen allgemein anwendbaren Lösungsalgorithmus wie bei der linearen Optimierung, daher werden häufig Heuristiken angewendet. Neben Schnittebenenverfahren kommen für nichtlineare Problemstellungen Gradientenverfahren in Betracht, die sich in jeder Iteration in die Richtung des steilsten Zielfunktionsanstiegs bewegen. Produktionswirtschaftliche Einsatzbereiche der konvexen Optimierung sind z. B. Rucksackprobleme in der hierarchischen Produktionsplanung, Packprobleme in der Logistik oder die Abbildung der intensitätsmäßigen Anpassung in der Produktionstheorie.

- **Dynamische Optimierung**
 Für mehrstufige oder mehrperiodische Entscheidungsprobleme, die sich in rekursiv lösbare Teilentscheidungen zerlegen lassen, kommt die dynamische Optimierung zum Einsatz. Auf der Basis des *Bellmanschen Optimalitätsprinzips* (vgl. Bellman 1957) werden zunächst in einer Rückwärtsrekursion sukzessiv immer umfassendere Eventualentscheidungen generiert. Diese werden anschließend auf der Basis gegebener Anfangswerte in einer

5.2 Quantitative Planungsverfahren

Vorwärtsrechnung zu tatsächlichen Entscheidungen konkretisiert. Mehrperiodische Produktions- und Lagerhaltungsprobleme, Entscheidungen über den optimalen Ersatzzeitpunkt von Anlagen oder mehrstufige Probleme zur Ressourcenallokation sind typische Einsatzbereiche der dynamischen Optimierung in der Produktionswirtschaft.

- **Graphentheoretische Verfahren**
  Graphentheoretische Verfahren wie die *Netzplantechnik* lassen sich zur Visualisierung und Strukturierung zahlreicher komplexer Problemstellungen im Produktions- und Logistikbereich einsetzen. Ein Graph besteht aus einer Menge von Knoten, durch die sich die relevanten Elemente eines realen Systems abbilden lassen (z. B. Personen, Produkte, Aufträge, Maschinen, Orte, Ereignisse). Diese Knoten sind durch gerichtete oder ungerichtete Kanten verbunden, die den Beziehungen zwischen den Elementen entsprechen (z. B. Transporte, Bearbeitungen, Lieferungen, Anordnungen, Reihenfolgen, zeitliche oder logische Abhängigkeiten). Es stehen zahlreiche effiziente Lösungsverfahren zur Berechnung von Netzplänen zur Verfügung, mit denen sich die relevanten Zeit- oder Kostengrößen minimieren lassen. Weiter kann man kritische Pfade bestimmen, die aufzeigen, bei welchen Aktivitäten eine Verzögerung die Dauer des gesamten Projekts verlängert bzw. wo Zeitpuffer existieren. Beispiele für die Anwendung der Netzplantechnik im Produktionsbereich sind die Projektplanung, die Ablaufplanung, die Transportplanung oder die Maschinenbelegungsplanung.

- **Simulation**
  Die *Simulation* kommt für die Lösungssuche bei umfangreichen dynamischen oder stochastischen Problemen zum Einsatz, die sich aufgrund der Problemgröße oder der unsicheren Datenlage nicht mit algorithmischen Verfahren lösen lassen. Der Grundgedanke der Simulation besteht darin, nach festgelegten Regeln eine große Anzahl von zufälligen Lösungen zu generieren und dadurch eine umfangreiche Stichprobe alternativer Lösungen zu erhalten, aus denen dann die beste ausgewählt wird. Es handelt sich somit um kein optimierendes Lösungsverfahren, sondern um eine heuristische Vorgehensweise. Zur Durchführung von Simulationen steht eine große Auswahl an Simulationssoftware zur Verfügung, die Unterstützung bei der Modellierung, der Generierung von Lösungen und der Auswertung der Ergebnisse bietet. Ein Beispiel für den Einsatz von Simulationen in der Logistik ist die Abbildung des Bullwhip-Effekts im Supply Chain Management mithilfe von Industrial Dynamics (vgl. z. B. Steven 2015, S. 193f.). Typische Anwendungsbereiche in der Produktion liegen in der Maschinenbelegungsplanung, der Auftragssteuerung sowie der Steuerung prozesstechnischer Anlagen.

- **Naturanaloge Verfahren**
  Eine weitere Gruppe von heuristischen Lösungsverfahren, die sich für produktionswirtschaftliche Probleme einsetzen lassen, sind die auch als *Metaheuristiken* bezeichneten naturanalogen Verfahren. Diese imitieren bei der Lösungsfindung bestimmte in der belebten oder unbelebten Natur auftretende Suchstrategien bzw. Organisationsprozesse. Dadurch soll dem bei vielen Heuristiken auftretenden Problem begegnet werden, dass der Algorithmus mangels Informationen über die Topologie des Lösungsraums beim Erreichen eines lokalen Optimums seine Suche vorzeitig abbricht. *Genetische Algorithmen* orientieren sich

an den Mechanismen der Vererbung und Mutation bei der Fortpflanzung von Organismen und an natürlichen Selektionsmechanismen, um nach vorgegebenen Kriterien die Fitness einer Lösung zu beurteilen. Die Verfahren des *Simulated Annealing* bilden zur Beurteilung von Lösungen eines Entscheidungsproblems die Kristallbildung bei der Abkühlung von Schmelzen mithilfe einer problemspezifischen Kühlfunktion ab, wodurch sich die Überlebenschance einer schlechten Lösung stetig verringert. Produktionswirtschaftliche Anwendungsbereiche von naturanalogen Verfahren liegen z. B. bei der Anlagengestaltung (vgl. Schoebel 2008), der Standortplanung, der Maschinenbelegungsplanung und der Prozesssteuerung.

5.2.2 Postoptimale Analysen

Die in Abschnitt 5.2.1 vorgestellten und in der Praxis häufig eingesetzten Planungsverfahren gehen überwiegend davon aus, dass sämtliche Daten bzw. Parameter, die für die Lösung benötigt werden, exakt ermittelt werden können, d. h. dass der Informationsstand der *Sicherheit* vorliegt. In der Realität sind jedoch häufig unsichere Informationen vorherrschend.

- Falls Angaben zur Wahrscheinlichkeitsverteilung der unsicheren Parameter möglich sind, liegt der Informationsstand des *Risikos* vor. In diesem Fall lassen sich stochastische Lösungsverfahren einsetzen, die jedoch einen erheblichen rechentechnischen Aufwand erfordern.

- Für *ungewisse Informationen*, bei denen nicht einmal Wahrscheinlichkeitsaussagen möglich sind, stehen kaum Lösungsverfahren zur Verfügung.

Typische Beispiele für produktionswirtschaftlich relevante Parameter, die einer mehr oder weniger großen Unsicherheit unterliegen, sind Ausschussquoten, Plandurchlaufzeiten, Auslastungsgrade, verfügbare Personal- und Maschinenkapazitäten, Absatzmengen und deren Verteilung auf verschiedene Produktvarianten, Nutzungsdauern, Ausfallzeitpunkte, Ein- und Auszahlungen sowie Zinssätze.

Eine Möglichkeit, die Unsicherheit der Parameter trotz des Einsatzes deterministischer Planungsverfahren in angemessener Weise zu berücksichtigen, besteht darin, dass die auf Basis von als sicher angenommenen Daten ermittelte Lösung nachträglich auf ihre Stabilität bei anderen Datenkonstellationen untersucht wird. Durch eine solche What-if-Analyse lässt sich das mit der Planungsentscheidung verbundene Risiko reduzieren oder zumindest abschätzen. Man unterscheidet folgende Ausprägungen von postoptimalen Analysen:

- Bei einer *Sensitivitätsanalyse* wird die optimale Lösung z. B. eines linearen Programms daraufhin überprüft, welchen Schwankungen die Parameter des Programms unterliegen dürfen, ohne dass sich die Struktur der Lösung ändert, d. h. ein Basiswechsel erforderlich wird. Weiter lässt sich ermitteln, in welcher Weise sich der Zielfunktionswert in Abhängigkeit von systematischen Variationen bestimmter Parameterwerte verändert.

- Noch einen Schritt weiter geht die *parametrische Programmierung*, die systematisch den vollständigen Verlauf der Zielfunktion in Abhängigkeit von beliebigen Parameterwerten ermittelt.

5.2 Quantitative Planungsverfahren

Im Anschluss an solche postoptimalen Analysen erfolgt eine Abschätzung, ob es sinnvoll ist, die zuvor ermittelte Entscheidung beizubehalten. Wird mit großer Wahrscheinlichkeit erwartet, dass ein kritischer Parameter seine Ober- oder Untergrenze über- bzw. unterschreitet, so sollte von vornherein die zu dem benachbarten Intervall gehörende Lösung implementiert werden.

Die Vorgehensweise einer Sensitivitätsanalyse wird an einem bewusst einfach gehaltenen *Beispiel* verdeutlicht. Für die Fertigung einer hochwertigen Armbanduhr muss der Produzent die Entscheidung treffen, ob er das Armband selbst anfertigen oder zukaufen möchte. Es liegt also die Problemstruktur einer Make or Buy-Entscheidung vor (vgl. Steven 2013, S. 32ff.). Für die beiden Versorgungsalternativen gelten die folgenden Kostenfunktionen:

$$K_{Make} = 6.000 + 200x$$
$$K_{Buy} = 500x$$

Wenn der Produzent von einer erwarteten Nachfrage von 18 Uhren ausgeht, entscheidet er sich für die Fremdbeschaffung der Uhrarmbänder, denn diese Strategie verursacht Kosten in Höhe von 500·18 = 9.000 €. Die Kosten der Eigenfertigung würden 6.000 + 200·18 = 9.600 € betragen. Diese Entscheidung wird nun für unterschiedliche Szenarien überprüft, in denen jeweils eine Annahme hinsichtlich der Parameterwerte (Fixkosten, variable Kosten von Eigenfertigung und Fremdbezug, Nachfragemenge) modifiziert wird:

- Durch Rationalisierungsmaßnahmen lassen sich die Fixkosten der Eigenfertigung um 5 % auf 5.700 € senken. Dadurch reduzieren sich die Gesamtkosten auf 9.300 € und liegen somit immer noch über den Kosten des Fremdbezugs. Erst wenn es gelingt, die Fixkosten um mehr als 10 % zu senken, erweist sich die Eigenfertigung als vorteilhaft.

- Der Lieferant erhöht aufgrund der guten Marktlage seinen Preis um 9 %. Dadurch betragen die Kosten des Fremdbezugs 9.810 €, so dass die Eigenfertigung günstiger wäre. Dieser Effekt tritt ab einer Preiserhöhung aufseiten des Lieferanten um 6,67 % ein.

- Aufgrund von höheren Qualitätsanforderungen und Tarifabschlüssen steigen die variablen Kosten in der Branche um 5 %. Davon sind sowohl der Produzent als auch der Lieferant betroffen. Die Gesamtkosten der Eigenfertigung betragen dann 6.000 + 210·18 = 9.780 € und die Gesamtkosten des Fremdbezugs liegen bei 525·18 = 9.450 €. Damit bleibt unverändert der Fremdbezug vorteilhaft.

- Durch geschicktes Product Placement lässt sich die Nachfrage nach den Uhren auf 25 Stück erhöhen. Die Kosten der Eigenfertigung in Höhe von 6.000 + 200·25 = 11.000 € sind für dieses Szenario deutlich geringer als der Fremdbezug mit 500·25 = 12.500 €. Die kritische Produktionsmenge, ab der sich die Eigenfertigung lohnt, liegt bei 20 Stück.

Wie man erkennt, hängt es von der Art und dem Ausmaß der Parametervariationen ab, ob die Lösung sich ändert oder stabil bleibt. Selbstverständlich kann man die in den Szenarien genannten Einflussfaktoren auch gemeinsam variieren, um die Entscheidungsfindung zu unterstützen.

5.2.3 Quantifizierung von Zusammenhängen

Bei der Aufstellung von quantitativen Planungsmodellen muss der Zusammenhang zwischen verschiedenen Einflussgrößen mithilfe von geeigneten Funktionen abgebildet werden. Dabei ist zunächst der passende *Funktionstyp* auszuwählen, anschließend müssen die Parameter der Funktionen aus empirischen Daten geschätzt werden. Bereits der erste Schritt bringt häufig erhebliche Probleme mit sich.

Bei vielen technischen Sachverhalten lässt sich der Zusammenhang der Einflussgrößen aus den zugrunde liegenden Gesetzmäßigkeiten mathematisch exakt ableiten. So besteht zwischen den Materialbedarfsmengen in einer Stückliste ein linearer Zusammenhang, und eine u-förmige Verbrauchsfunktion lässt sich aus den Eigenschaften der Maschine spezifizieren.

Schwieriger ist es bei komplexeren Zusammenhängen, die schwer erfassbaren dynamischen Einflüssen und Wechselwirkungen aus internen Abläufen, Märkten, externen Rahmenbedingungen usw. unterliegen. Abb. 5.4 zeigt einen empirisch beobachteten bzw. gemessenen Zusammenhang zwischen einer unabhängigen Größe x und einer abhängigen Größe y, der für ein Planungsmodell als Funktion $y = f(x)$ spezifiziert werden soll.

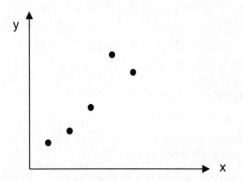

Abb. 5.4 Empirischer Zusammenhang: Ausgangssituation

Da sich lineare Funktionen mathematisch am einfachsten behandeln lassen, wird häufig versucht, derartige empirische Zusammenhänge mithilfe der *linearen Regression* zu quantifizieren. Dies erfolgt, indem man eine Regressionsgerade so durch die Punktewolke legt, dass die Summe der quadrierten Abstände zwischen den Beobachtungen und der Gerade möglichst klein ist. Abb. 5.5 zeigt links die Regressionsgerade für die Ausgangssituation. Jedoch ist diese Lösung nicht unbedingt eindeutig: Falls der Entscheidungsträger, der das Planungsmodell aufstellt, z. B. der Ansicht ist, dass es sich bei dem höchsten Messwert bei einen Ausreißer handelt und er ihn deshalb bei seiner Regression nicht berücksichtigt, so erhält man die in Abb. 5.5 rechts dargestellte Ausgleichsgerade.

5.3 Qualitative Planungsverfahren

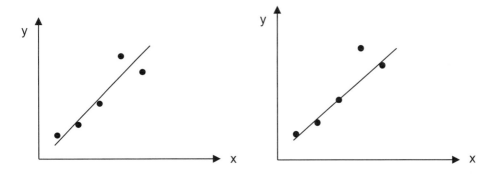

Abb. 5.5 *Ausgleichsgeraden*

Abb. 5.6 zeigt zwei weitere Möglichkeiten, die in Abb. 5.4 dargestellten Messwerte in eine Funktion zu überführen. Auf der linken Seite sind die einzelnen Messwerte durch eine stückweise definierte lineare Funktion verbunden, deren Steigung sich auf jedem Abschnitt ändert. Auf der rechten Seite wurde mithilfe einer nicht-linearen Regression eine Funktion ermittelt, die ebenfalls sämtliche Messwerte verbindet, allerdings nunmehr nichtlinear ist.

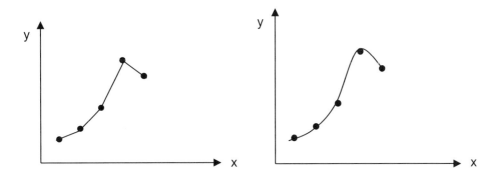

Abb. 5.6 *Stückweise lineare Funktion und nicht-lineare Regression*

5.3 Qualitative Planungsverfahren

Neben den quantitativen Planungsverfahren, die immer dann zum Einsatz kommen, wenn sich die zu planenden Sachverhalte hinreichend gut quantifizieren lassen, existieren *qualitative Planungsmethoden* für schlecht-strukturierte Entscheidungssituationen. Die folgenden Strukturdefekte treten in der Realität häufig auf und können den Einsatz quantitativer Methoden verhindern (vgl. Adam 1996, S. 10ff.):

- Ein *Lösungsdefekt* liegt vor, wenn es für ein Planungsmodell keine optimierende bzw. effiziente Lösungsmethode und auch keine geeigneten Heuristiken gibt.

- Bei einem *Zielsetzungsdefekt* ist keine Auswahl einer eindeutig optimalen Lösung möglich, weil z. B. mehrere konfliktäre Zielsetzungen vorliegen. Ein Zielsetzungsdefekt besteht auch dann, wenn nicht klar ist, welches Ziel verfolgt werden soll oder welche Zielerreichungsgrade als gut anzusehen sind, oder wenn sich keine konsistenten Unterziele aus dem Oberziel ableiten lassen.

- Ein *Bewertungsdefekt* führt dazu, dass sich keine eindeutigen Aussagen hinsichtlich der ökonomischen Konsequenzen von verschiedenen Handlungsalternativen treffen lassen. Manchmal werden in diesem Fall bestimmte Bewertungshypothesen aufgestellt, von denen die Lösung abhängt. Ein Beispiel ist der Ansatz von Fehlmengenkosten, um die negativen Wirkungen einer Lieferunfähigkeit monetär abzubilden.

- Ein *Wirkungsdefekt* bedeutet, dass kein eindeutiger Ursache-Wirkungs-Zusammenhang zwischen unabhängigen und abhängigen Größen bzw. zwischen dem Einsatz von Maßnahmen und ihren Auswirkungen auf die Zielgrößen besteht, sondern allenfalls statistische Abschätzungen möglich sind. Ein Beispiel ist die Auswirkung von Feiertagen auf die Ausschussquote.

Gelingt es nicht, diese Strukturdefekte zu beseitigen, so kommen qualitative anstelle von quantitativen Planungsverfahren zum Einsatz. Im Folgenden werden einige ausgewählte qualitative Planungsverfahren dargestellt.

5.3.1 Nutzwertanalyse

Die *Nutzwertanalyse* wird zur Entscheidungsfindung bei multikriteriellen Problemstellungen eingesetzt, wenn sich zumindest ein Teil der Zielsetzungen lediglich auf qualitativem Niveau beschreiben lässt. Grundsätzlich geht man wie folgt vor:

- Zunächst müssen die relevanten *Zielkriterien* identifiziert und hinreichend operational formuliert werden. Dabei können sowohl quantitative als auch qualitative Zielkriterien auftreten. Wichtig für eine gute Entscheidungsfindung ist, dass sämtliche für die anstehende Entscheidung relevanten Zielkriterien auch in das Verfahren einbezogen werden.

- Im zweiten Schritt wird eine *Gewichtung* der Zielkriterien vorgenommen. Üblicherweise werden die Gewichte so definiert, dass sie sich zu eins addieren. Da letztlich das Ergebnis der Planung stark von der Zielgewichtung abhängen, ist dieser Schritt mit besonderer Sorgfalt durchzuführen.

- Anschließend erfolgt eine Bewertung der zur Auswahl stehenden Entscheidungsalternativen hinsichtlich jedes Zielkriteriums auf einer normierten Skala. Üblich sind zweipolige Skalen mit einer geraden oder ungeraden Anzahl von Schritten, bei denen hohe Skalenwerte einheitlich entweder für eine gute oder eine schlechte Zielerreichung stehen. Die Bewertungen der Alternativen bezeichnet man als *Teilnutzenwerte*.

5.3 Qualitative Planungsverfahren

- Multipliziert man die Teilnutzenwerte einer Entscheidungsalternative mit den jeweiligen Zielgewichten und addiert sie auf, so erhält man den Nutzwert bzw. exakter den *Gesamtnutzenwert* dieser Alternative.
- Die *Entscheidung* fällt für die Alternative, die den höchsten bzw. geringsten Gesamtnutzenwert erzielt hat.

Als *Beispiel* für die Durchführung einer Nutzwertanalyse wird die Anschaffung einer neuen Maschine betrachtet. Die für die Entscheidung relevanten Kriterien sind neben dem Anschaffungspreis der Maschine die erwarteten laufenden Kosten, die Kapazität, die Haltbarkeit bzw. Nutzungsdauer und der Aspekt der Flexibilität, der in der Möglichkeit zum Ausdruck kommt, spätere Anpassungen oder Erweiterungen vorzunehmen.

Es stehen drei Maschinen zur Auswahl: Maschine A kostet 30.000 €, die laufenden Kosten betragen 5.000 € pro Jahr, die Kapazität liegt bei 10.000 Stück pro Jahr, die Nutzungsdauer ist mit 5 Jahren angegeben und die Flexibilität wird als hoch eingeschätzt. Maschine B weist einen Preis von 20.000 €, laufende Kosten von 4.000 €, eine Kapazität von 8.000 Stück, eine Nutzungsdauer von 6 Jahren und eine mittlere Flexibilität auf. Bei Maschine C liegen der Preis bei 50.000 €, die laufenden Kosten bei 6.000 €, die Kapazität bei 20.000 Stück, die Nutzungsdauer bei 10 Jahren und die Flexibilität ist nur gering.

Tab. 5.1 zeigt das Ergebnis einer Bewertung dieser drei Alternativen auf einer Skala von 0 bis 10, wobei eine hohe Punktzahl für eine als positiv empfundene Ausprägung des jeweiligen Kriteriums vergeben wird. So erhält Maschine A aufgrund ihres mittleren Preises eine Bewertung von 6 Punkten, die günstige Maschine B erhält 8 Punkte und die teure Maschine C 2 Punkte. Analog kommen die Bewertungen der drei Maschinen bezüglich der anderen Kriterien zustande. Sämtliche Entscheidungskriterien werden gleich gewichtet und erhalten somit einen Gewichtungsfaktor von 0,2. Demnach sollte die Entscheidung für die Maschine A fallen, da sie mit 6,2 den höchsten Gesamtnutzenwert aufweist. Maschine B hat mit 5,8 den nächstbesten und Maschine C mit 5,4 den schlechtesten Gesamtnutzenwert.

Tab. 5.1 Beispiel zur Nutzwertanalyse

Kriterium	Gewicht	Bewertung für Maschine		
		A	B	C
Preis	0,2	6	8	2
laufende Kosten	0,2	5	6	4
Kapazität	0,2	6	5	9
Haltbarkeit	0,2	4	5	10
Flexibilität	0,2	10	5	2
Nutzwert		6,2	5,8	5,4

Ein wesentlicher *Kritikpunkt* an der Nutzwertanalyse ist ihre starke Anfälligkeit für *subjektive Einflüsse*. Sowohl die Auswahl der Zielkriterien als auch ihre Gewichtung und die Zuordnung der Teilnutzenwerte zu den Entscheidungsalternativen erfolgen durch den Entscheidungsträger und sind damit abhängig von seiner subjektiven Einschätzung. Bereits leichte Verschiebungen zwischen den Gewichten oder eine andere Zuordnung der Teilnutzenwerte können im Einzelfall die Entscheidung wesentlich beeinflussen.

Verringert man im vorliegenden Beispiel das Gewicht des Kriteriums Preis auf 0,1 und erhöht das des Kriteriums Haltbarkeit auf 0,3, so erscheint Maschine C mit einem Gesamtnutzenwert von 6,2 als die beste Entscheidungsalternative, gefolgt von Maschine A mit 6,0 und Maschine B mit 5,5. Auch eine Konstellation, in der Maschine B den höchsten Gesamtnutzenwert aufweist, lässt sich erzeugen, indem man in der Ausgangssituation das Gewicht des Kriteriums Preis z. B. auf 0,35 erhöht und das des Kriteriums Flexibilität auf 0,05 reduziert. Nunmehr betragen die Gesamtnutzenwerte 6,25 für Maschine B, 5,6 für Maschine A und 5,4 für Maschine C.

Ähnliches gilt bezüglich der Zuordnung der Teilnutzenwerte, d. h. der Bewertung der Entscheidungsalternativen anhand der Zielkriterien, die vom Entscheidungsträger häufig nicht so trennscharf vorgenommen werden kann, wie dies die Tabelle suggeriert. Setzt man z. B. für den Preis von Maschine C statt 2 Punkten 4 Punkte an und bewertet die Kapazität von Maschine A mit 7 statt 10 Punkten, so weisen die Maschinen B und C einen gleich hohen Gesamtnutzenwert von 5,8 auf, während die ursprünglich favorisierte Maschine A nur noch auf 5,6 kommt.

Schließlich wird der Einfluss aufgezeigt, den die Auswahl der Zielkriterien auf die Entscheidung haben kann. Der Entscheidungsträger nimmt aufgrund der zunehmenden Bedeutung der Produktqualität im Wettbewerb zusätzlich das Kriterium Zuverlässigkeit mit einem Gewicht von 0,1 auf und reduziert dafür das Gewicht des Kriteriums Anschaffungspreis von 0,2 auf 0,1. Die Zuverlässigkeit von Maschine A wird mit 9 bewertet, die von Maschine B mit 3 und die von Maschine C mit 5. Jetzt ergeben sich Gesamtnutzenwerte von 6,5 für Maschine A, 5,3 für Maschine B und 5,7 für Maschine C.

Wie das Beispiel zeigt, sind die Ergebnisse der Nutzwertanalyse starken subjektiven Einflüssen bzw. Manipulationsmöglichkeiten unterworfen. Weitere Kritikpunkte sind aus *entscheidungstheoretischer Sicht* vorzubringen:

- Bei der Addition der gewichteten Teilnutzenwerte wird unterstellt, dass der Erfüllungsgrad der verschiedenen Kriterien linear gegeneinander substituiert werden kann. Auch wenn die Kriterien durch die Gewichtung formal in eine einheitliche und damit kommensurable Größe transformiert worden sind, kann man jedoch nicht von einer solchen vollständigen *Substituierbarkeit* ausgehen.

- Weiter werden eventuelle *Interdependenzen* zwischen den verschiedenen Kriterien nicht berücksichtigt, sondern es wird unterstellt, dass diese sämtlich unabhängig voneinander sind. Im vorliegenden Beispiel besteht offensichtlich ein positiver Zusammenhang zwischen der Kapazität und den fixen und laufenden Kosten der Anlagen, der bei der Aggregation angemessen berücksichtigt werden müsste.

5.3 Qualitative Planungsverfahren

- Ein weiteres großes Problem besteht bei der *Interpretation des Gesamtnutzenwerts*. Dieser stellt eine dimensionslose Größe dar, deren absolute Höhe unter anderem von der verwendeten Skala abhängt. Dennoch tendieren Entscheidungsträger dazu, Gesamtnutzenwerte auch über völlig verschiedene Entscheidungssituationen hinweg zu vergleichen.

5.3.2 Höchstpunktzahlverfahren zur Lieferantenbewertung

Beim *Höchstpunktzahlverfahren* handelt es sich um eine Modifikation der Nutzwertanalyse. Mit diesem Verfahren des strategischen Lieferantenmanagements können die aktuelle Leistungsfähigkeit und das Entwicklungspotential der Lieferanten eines Unternehmens bewertet werden (vgl. Steven 2015, S. 215ff.). Dabei ist mit geringem Zeitaufwand eine aussagekräftige Bewertung der einzelnen Zulieferer möglich. Mithilfe eines Punktebewertungsverfahrens lassen sich verschiedene, in der Regel nicht gleich gewichtete Kriterien berücksichtigen (vgl. Janker 2004, S. 118f.). Das Höchstpunktverfahren geht wie folgt vor:

- Zunächst müssen die relevanten Zielkriterien vorgegeben werden. Diese bilden hierarchisch strukturiert die verschiedenen Aspekte der vom Lieferanten erbrachten Leistungen ab.

- Anschließend werden die Bewertungskriterien gewichtet, indem die maximale Gesamtpunktzahl von 100 entsprechend ihrer jeweiligen Bedeutung auf diese verteilt wird. Dabei geht man zweistufig vor: Zunächst erfolgt eine Verteilung auf Kriterienbereiche und dann innerhalb jedes Bereichs auf die Einzelkriterien.

- Die Bewertung eines Lieferanten erfolgt, indem ihm für jedes Kriterium Punkte entsprechend einer vorgegebenen Skala zugeordnet werden, die seinem Erfüllungsgrad des Kriteriums entsprechen. Die Gesamtpunktzahl des Lieferanten entspricht der Summe der an ihn vergebenen Punkte.

- Die Entscheidung fällt in der Regel für den Lieferanten mit der höchsten Punktzahl. Bei knappen Ergebnissen können zusätzlich weitere, nicht im Verfahren erfasste Kriterien, z. B. die Größe des Lieferanten oder das erwartete künftige Potential, herangezogen werden.

In Abb. 5.7 wird das Vorgehen des Höchstpunktzahlverfahrens anhand eines *Beispiels* veranschaulicht. Es soll eine Auswahl aus zwei Lieferanten getroffen werden. Als wichtige Kriterienbereiche wurden die Entgeltleistung (maximal 25 Punkte), die Logistikleistung (maximal 35 Punkte), die Qualitätsleistung (maximal 25 Punkte) und weitere Informationen (maximal 15 Punkte) identifiziert. Innerhalb der Logistikleistung als dem wichtigsten Bereich sollen die Lieferzuverlässigkeit (maximal 15 Punkte), die Liefermenge (maximal 10 Punkte), die Lieferzeit (maximal 5 Punkte) und das aus der Entfernung resultierende Lieferrisiko (maximal 5 Punkte) beurteilt werden.

Wie Abb. 5.7 zeigt, erfolgt die Bewertung für jedes Kriterium auf einer fünfwertigen Skala. Die für die einzelnen Ausprägungen maximal zu vergebenden Punkte sind umso größer, je höher das Gewicht des Kriteriums ist. Im Beispiel erzielt der Lieferant 1 76 Punkte, der Lieferant 2 hingegen nur 55 Punkte, so dass die Entscheidung für Lieferant 1 fallen würde.

Kriterien	max	Punkte Lieferant 1					Punkte Lieferant 2				
Entgeltleistung	**25**										
Preis	5	5	4	③	2	1	5	4	③	2	1
Konditionsgestaltung	10	10	8	6	④	2	10	8	6	④	2
Zahlungsbedingungen	5	5	4	③	2	1	5	④	3	2	1
Vertragsdauer	5	5	④	3	2	1	5	4	③	2	1
Logistikleistung	**35**										
Lieferzuverlässigkeit	15	15	⑫	9	6	3	15	⑫	9	6	3
Liefermenge	10	⑩	8	6	4	2	10	8	6	④	2
Lieferzeit	5	5	4	③	2	1	5	④	3	2	1
Lieferrisiko/-entfernung	5	5	④	3	2	1	5	4	3	2	①
Qualitätsleistung	**25**										
Produktqualität	20	⑳	16	12	8	4	20	16	⑫	8	4
Erfahrung des Lieferanten	5	5	4	3	②	1	5	4	3	②	1
weitere Informationen	**15**										
Kooperationserfahrung	10	10	⑧	6	4	2	10	8	6	4	②
besondere Qualifikationen	5	5	4	③	2	1	5	④	3	2	1
Summe	**100**	∑ Lieferant 1: 76 Punkte					∑ Lieferant 2: 55 Punkte				

Abb. 5.7   Beispiel zum Höchstpunktzahlverfahren (Pollmeier 2008, S. 236)

Ergänzend kann gefordert werden, dass die Lieferanten bestimmte, in Abb. 5.8 beispielhaft aufgeführte *Mindestanforderungen* erfüllen. So könnte das Unternehmen z. B. zusätzlich verlangen, dass seine Lieferanten mindestens 75 Punkte erzielen, also die Anforderungen im Schnitt gut erfüllen. Dies ist im Beispiel für den Lieferanten 1 der Fall. Erreicht der nach dem Höchstpunktzahlverfahren beste Lieferant jedoch weniger als 75 Punkte, so sollte man ihn nur dann auswählen, wenn er ein entsprechendes Entwicklungspotential erkennen lässt. Andernfalls könnte man z. B. in anderen Regionen nach bislang nicht berücksichtigten Lieferanten suchen.

Für das Höchstpunktzahlverfahren gelten sämtliche *Kritikpunkte*, die auch bezüglich der Nutzwertanalyse angeführt wurden. Zu kritisieren ist insbesondere der starke Einfluss von subjektiven Einschätzungen bei der Auswahl der Beurteilungskriterien und bei der Vergabe der Gewichte in Form der Zuordnung der maximal zu vergebenden Punkte für die einzelnen Kriterien, aber auch bei der Vergabe der Punkte an die zu beurteilenden Lieferanten. Je nach Situation können bereits geringfügige Unterschiede an einer dieser Stellen die Entscheidung wesentlich beeinflussen.

5.3 Qualitative Planungsverfahren

90-100 Punkte	Der Lieferant erfüllt die Anforderungen sehr gut. Er erhält den Status eines ausgezeichneten Lieferanten. Der Lieferanteil sollte ausgeweitet werden.
75-90 Punkte	Der Lieferant erfüllt die Anforderungen gut. Er erhält den Status eines bevorzugten Lieferanten. Der Lieferanteil sollte eventuell ausgeweitet werden. Eventuell ist die Entwicklung zu einem bevorzugten Lieferanten anzustreben.
50-75 Punkte	Der Lieferant erfüllt die Anforderungen nur zum Teil. Er erhält den Status eines geeigneten, aber nicht bevorzugt auszuwählenden Lieferanten. Das Entwicklungspotential zu einem bevorzugten oder ausgezeichneten Lieferanten ist zu prüfen.
0-50 Punkte	Der Lieferant erfüllt die Anforderungen nur mangelhaft. Er erhält den Status eines nicht geeigneten Lieferanten. Ein anderer Lieferant ist zu suchen.

Abb. 5.8   Mindestanforderungen im Höchstpunktzahlverfahren

5.3.3   Szenario-Technik

Die *Szenario-Technik* ist für den Zweck von Langfristprognosen in Situationen, in denen sich eine einfache Trendextrapolation als unzureichend erweist, entwickelt worden. Ihr Ziel ist es, im Rahmen der strategischen Planung alternative zukünftige Szenarien als Konsequenzen verschiedener absehbarer Ereignisabfolgen und Umweltentwicklungen zu generieren. Unter einem *Szenario* versteht man in diesem Zusammenhang die Beschreibung einer zukünftigen Situation und des Entwicklungspfads, der zu dieser Situation führt.

Abb. 5.9 zeigt die wesentlichen Zusammenhänge auf: Durch sämtliche möglichen Szenarien wird ein so genannter *Szenariotrichter* aufgespannt, dessen Rand durch die Extremszenarien determiniert wird. Dieser Trichter ist umso länger, je weiter in die Zukunft die Prognosen reichen, und seine Öffnung ist umso größer, je vielfältiger und dynamischer die potentiellen Entwicklungen sind. Extrapoliert man die gegenwärtige Situation in die Zukunft, so erhält man das Trendszenario, das in der Mitte des Trichters liegt. Durch bestimmte Entscheidungen in der Ausgangssituation lässt sich das bezüglich des Ergebnisses bessere Szenario A auf dem eingezeichneten Entwicklungspfad erreichen. Kommt es auf diesem Pfad zu einem störenden Umwelteinfluss, so ändert die zukünftige Entwicklung ihre Richtung und das geplante Ergebnis ist gefährdet. Daher sind beim Erkennen eines solchen Störeinflusses zusätzliche Maßnahmen erforderlich, die die Entwicklung wieder in die gewünschte Richtung bringen. Dennoch ist auch bei Vornahme eines entsprechenden Eingriffs in der Regel nur noch ein Ergebnis B, das unterhalb von A liegt, erreichbar.

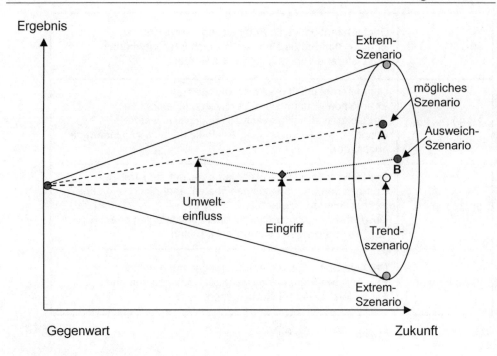

Abb. 5.9 Szenario-Technik

Der Wert der Szenario-Technik wird darin gesehen, dass die Unsicherheit der Zukunft bewusst strukturiert und bei der Planung berücksichtigt wird. Dadurch wird das Denken in Alternativen gefördert, das sich mit möglichen Situationen und Entwicklungen auseinandersetzt, um frühzeitig zukünftige Problemfelder zu erkennen und entsprechende Gegenmaßnahmen zu ergreifen. In vielen Großunternehmen wird die Szenario-Technik zur Unterstützung der strategischen Planung eingesetzt.

5.3.4 Delphi-Methode

Ein weiteres qualitatives Planungsinstrument, das auf der strategischen Planungsebene eingesetzt wird, sind *Expertenbefragungen*, bei denen man durch ein strukturiertes Vorgehen das implizite Wissen der Experten für die anstehende Entscheidung zu nutzen versucht. Als Beispiel wird im Folgenden die *Delphi-Methode* dargestellt. Diese Methode wurde in den 1950er Jahren von der RAND Corporation entwickelt und hat seitdem vielfältige Anwendungen gefunden. Eine Delphi-Studie ermöglicht es, das Wissen mehrerer Experten gleichzeitig in den Entscheidungsprozess einfließen zu lassen und durch wiederholte Rückkopplungen einen Grundkonsens hinsichtlich der untersuchten Problemstellung zu erzielen. Dabei werden die folgenden Kernelemente eingesetzt:

- *Anonymität*: Die Experten geben ihre Antworten individuell und anonym ab. In der Regel weiß nur der Umfrageleiter, wer an der Befragung teilnimmt. So lässt sich vermeiden, dass sich die Experten in ihrer Meinungsbildung gegenseitig beeinflussen oder an einem dominierenden Meinungsführer orientieren. Auch ist eine Änderung der eigenen Einschätzung jederzeit möglich, ohne dass dies den anderen Teilnehmern bekannt wird. Dies wirkt sich positiv auf die Qualität der Antworten aus.

- *Iteration*: Die Befragung wird mehrfach mit immer stärker fokussierter Fragestellung durchgeführt. In jeder Iteration erhalten die Experten eine vom Befragungsleiter zusammengestellte Übersicht über die in der Gruppe abgegebenen Einschätzungen. Dies gibt ihnen die Möglichkeit, ihre Meinung zu reflektieren und zu einer fundierteren Einschätzung zu gelangen. Die Anzahl der Iterationen hängt vom Ziel der Befragung und von der Geschwindigkeit der Konvergenz ab.

- *Feedback*: Zwischen den einzelnen Runden werden die Ergebnisse vom Befragungsleiter in geeigneter Weise aufbereitet und an die Experten weitergeleitet.

Eine Delphi-Umfrage könnte folgendermaßen ablaufen: Eine Gruppe von 10-18 Experten wird in der ersten Runde mit der Problemstellung in Form einer offenen Frage konfrontiert. Bei der Beantwortung der Frage sollen die Experten ihrer Kreativität in der Art eines Brainstormings freien Lauf lassen. Diese Antworten werden abgeglichen und zu – meist mehreren – alternativen Antworten auf die Problemstellung verdichtet, die in der zweiten Runde mit der Bitte, eine Beurteilung der einzelnen Alternativen vorzunehmen, denselben Experten vorgelegt werden. Für die dritte Runde werden die Antworten zu einer einzigen Antwort zusammengefasst und den Experten zur abschließenden Beurteilung übermittelt.

Typischerweise werden bei Delphi-Studien sehr hohe Teilnahme- und Rücklaufquoten zwischen 80 und 90 % erreicht. Die erzielten Ergebnisse erweisen sich aufgrund des verdichteten Sachverstands der Experten als äußerst hilfreich bei der Beantwortung des Ausgangsproblems. Ein Beispiel für den Einsatz der Delphi-Methode ist eine im Jahr 2004 durchgeführte Expertenbefragung zur Klärung des Begriffs „Supply Chain Controlling" (vgl. Westhaus/Seuring 2005).

5.4 Weiterführende Literatur

Adam, D.: Planung und Entscheidung, Gabler Verlag, 4. Aufl. 1996

Werners, B.: Grundlagen des Operations Research, Springer, Berlin usw., 3. Aufl. 2013

Westhaus, M., Seuring, S.: Zum Begriff des Supply Chain Controlling – Ergebnisse einer Delphi-Studie, in: Logistik Management 7, 2005, S. 43-54

6 Koordinationsinstrumente I – Bedeutung, Verrechnungspreise

Im Anschluss an die Planung gilt es, den Produktionsbereich im Hinblick auf die produktionswirtschaftlichen Ziele zu führen und die geplanten Maßnahmen umzusetzen. Hierfür kommen die Steuerungs- bzw. Koordinationsinstrumente des Produktionscontrollings zum Einsatz. Die Gestaltung und Implementation von für die jeweilige Aufgabe geeigneten Koordinationsinstrumenten ist eine strukturbildende Leistung des Produktionscontrollings, die Durchführung der Koordination stellt eine systemkoppelnde Aktivität dar. In dieser Lehreinheit wird zunächst die grundsätzliche Bedeutung der Koordination herausgearbeitet. Anschließend werden Verrechnungspreise als ein wichtiges monetäres Koordinationsinstrument dargestellt.

Leitfragen: Warum ist im Controlling eine Koordination erforderlich?

Welche Objekte sind Gegenstand der Koordination?

Durch welche Organe wird die Koordination vorgenommen?

Anhand welcher Kriterien lassen sich Koordinationsinstrumente klassifizieren?

Wie lässt sich die Leistungserstellung mithilfe von Verrechnungspreisen koordinieren?

6.1 Bedeutung der Koordination

6.1.1 Koordinationsbedarf

Unter der *Koordination* versteht man sämtliche Maßnahmen und Prozesse zur Abstimmung von arbeitsteiligen Einheiten innerhalb eines Unternehmens im Hinblick auf die Erfüllung einer gemeinsamen Aufgabe oder das Erreichen eines gemeinsamen, vorgegebenen Ziels. Der im Produktionsbereich bestehende *Koordinationsbedarf* lässt sich im Wesentlichen auf folgende Ursachen zurückführen (vgl. auch Steven 2001, S. 965ff.):

- Sobald eine wirtschaftliche Einheit eine bestimmte Größe überschreitet, werden die zu verrichtenden Tätigkeiten so vielfältig und komplex, dass die *Arbeitsteilung* in Form von Art- und Mengenteilung zum Einsatz kommt. Die Arbeitsteilung wurde erstmals von Adam Smith (1776) beschrieben (vgl. auch Bühner 2004; Steven 2012, S. 21f.). Durch die Arbeitsteilung entstehen verschiedene Teilbereiche, die im Rahmen der Gesamtaufgabe mit unterschiedlichen Teilaufgaben betraut werden. Diese Spezialisierung der Bereiche bzw.

der in ihnen tätigen Mitarbeiter bewirkt eine erhebliche Erhöhung der Produktivität, die sich jedoch nur dann ausnutzen lässt, wenn die Aktivitäten der Teilbereiche hinreichend aufeinander abgestimmt werden.

- Da der Produktionsbereich als Ganzes zum Erreichen der *Unternehmensziele* beitragen soll, ist durch die Koordination sicherzustellen, dass sich alle Teilbereiche im Sinne dieser Zielsetzung verhalten. Diese Aufgabe wird noch erschwert, wenn verschiedene Aufgabenträger oder Abteilungen konkurrierende, womöglich sogar zum Gesamtziel konfliktäre Einzelziele verfolgen.

- Die Verteilung der Gesamtaufgabe auf mehrere spezialisierte Teilbereiche bewirkt zwar eine Komplexitätsreduktion innerhalb jeder Einheit, jedoch entstehen zwischen den Einheiten *Interdependenzen* verschiedener Art, die eine Koordination erfordern. Zum einen gibt es *zeitliche Interdependenzen*, die auf Vorgänger-Nachfolger-Beziehungen von Aktivitäten beruhen bzw. die Abhängigkeit zwischen den Entscheidungsspielräumen in aufeinander folgenden Zeitpunkten beschreiben. So resultiert der aktuelle Lagerbestand aus den Zu- und Abgängen in der letzten Periode.

Zum anderen bestehen *sachliche Interdependenzen* aufgrund von anderweitigen Abhängigkeiten zwischen Aktivitäten oder Teilbereichen. Letztere können in folgenden Ausprägungen – auch gemeinsam – auftreten (vgl. Laux/Liermann 2005, S. 196):

- *Restriktionsverbund*: Die in einem Teilbereich möglichen Aktivitäten hängen aufgrund gemeinsam benötigter, knapper Ressourcen von der Durchführung der Aktivitäten der anderen Teilbereiche ab. Zum Beispiel hängt bei einer Wechselproduktion die mögliche Menge, mit der ein Zusatzauftrag produziert werden kann, davon ab, inwieweit die Maschinenkapazitäten bereits durch fest eingelastete Aufträge verplant sind.

- *Ergebnisverbund*: Das Gesamtergebnis resultiert aus den Aktivitäten sämtlicher Teilbereiche, wobei positive oder negative Synergieeffekte auftreten können. So ist die Wirkung der Einführung eines umfassenden Qualitätsmanagements wesentlich größer als die Summe der Wirkungen von einzeln durchgeführten Maßnahmen zur Qualitätsverbesserung.

- *Risikoverbund*: Die Ergebnisse der einzelnen Teilbereiche sind stochastisch voneinander abhängig. Aufgrund dieser Korrelation kann sich das Gesamtrisiko reduzieren (negative Korrelation) oder auch erhöhen (positive Korrelation). Beispielsweise kann man durch die Beschaffungsstrategie des Multiple Sourcing, d. h. die Verteilung einer Gesamtbedarfsmenge auf verschiedene Lieferanten (vgl. Steven 2013, S. 37f.), das Risiko senken, dass es bei einem bestimmten Bauteil zu Lieferengpässen kommt.

- *Bewertungsverbund*: Die Bewertung der Ergebnisse eines Teilbereichs hängt nicht nur von deren Ausprägung, sondern auch von den Ergebnissen mindestens eines anderen Teilbereichs ab. Eine solche Beziehung besteht z. B. zwischen hierarchisch angeordneten Teilbereichen. Dabei setzt die übergeordnete Ebene die Rahmenbedingungen, innerhalb derer die untergeordneten Einheiten ihre Aufgabe durchführen können. Die

Beurteilung der oberen Ebene hängt von der Gesamtperformance des Teilbereichs ab, also letztlich von der Anstrengung der zugehörigen Mitarbeiter.

Weiter können *Verhaltensinterdependenzen* von Bedeutung sein, bei denen das Verhalten der Entscheidungsträger in einem Teilbereich durch die Aktivitäten in den anderen Teilbereichen beeinflusst wird. Die dadurch auftretenden Zielkonflikte zwischen den Entscheidungsträgern, die Bedeutung einer asymmetrischen Informationsverteilung zwischen den Beteiligten und die Möglichkeit, durch Delegation von Entscheidungen und Verantwortung zur Zielerreichung beizutragen, werden im Rahmen der *Principal-Agent-Theorie* untersucht (vgl. Jensen/Meckling 1976).

Durch den für eine bestimmte Problemstellung gewählten Koordinationsmechanismus ist sicherzustellen, dass derartige Interdependenzen bei der Abstimmung der Teilbereiche umso stärker berücksichtigt werden, je größer ihre erwartete Auswirkung auf die Erreichung der Unternehmensziele ist.

6.1.2 Koordinationsinstrumente

Im Laufe der Zeit sind viele, zum Teil sehr unterschiedliche *Koordinationsinstrumente* entwickelt worden, aus denen das Produktionscontrolling in Abhängigkeit von der vorliegenden Situation eine Auswahl zu treffen hat. Abb. 6.1 gibt einen Überblick über die wichtigsten Koordinationsinstrumente.

Markt				Hierarchie
- Marktpreise - Verrechnungspreise - Planpreise	- Verträge - Verhandlungen - Zielvereinbarungen	- Prämien/Anreize - Unternehmenskultur - gemeinsame Werte - Selbstorganisation	- Budgets - Kennzahlen	- Anweisungen - Regeln - Pläne - Sollwerte - Programme

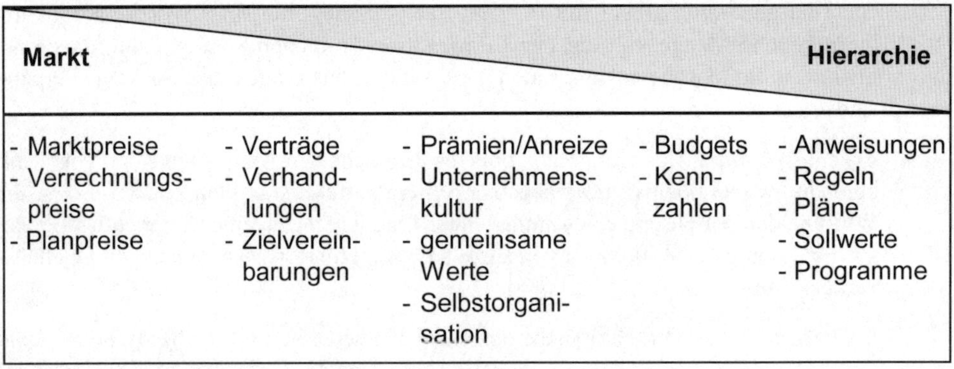

Abb. 6.1 Koordinationsinstrumente

Grundsätzlich wird unterschieden zwischen marktorientierten Koordinationsinstrumenten, die sich am *Preismechanismus* orientieren – hierzu zählen neben Marktpreisen auch Verrechnungspreise und Planpreise –, und hierarchischen Koordinationsinstrumenten, die im Wesentlichen auf der *Anweisungsbefugnis* des Unternehmers bzw. eines Vorgesetzten beruhen. Neben Anweisungen zählen auch Regeln, Pläne, Programme und die Vorgabe von Sollwerten zu den hierarchischen Koordinationsinstrumenten. Während die hierarchische Koordination durch eine hohe Transparenz und eine geringe Effizienz gekennzeichnet ist, findet eine Koordination über den Marktmechanismus sehr effizient statt, ist aber häufig nicht transparent.

Zwischen den beiden extremen Koordinationsmechanismen Markt und Hierarchie hat sich eine Vielzahl von *Mischformen* herausgebildet, die versuchen, die Effizienz des Marktes und die Transparenz der Hierarchie miteinander zu verbinden. Sie basieren auf mehr oder weniger starken Anreizwirkungen. Während Budgets und Kennzahlen recht nahe bei der hierarchischen Koordination angesiedelt sind und Verträge, Verhandlungen und Zielvereinbarungen einen starken Marktcharakter aufweisen, sind Prämien bzw. Anreize, die Unternehmenskultur, gemeinsame Werte und die Selbstorganisation eher in der Mitte einzuordnen.

6.1.3 Koordinationsobjekte

Gegenstand der Koordination sind Objekte verschiedener Art, die dementsprechend unterschiedliche Koordinationsmechanismen erfordern. Sie lassen sich den drei Kategorien Sachmittel, Vorgänge und Personen zuordnen. Bei der Koordination von *Sachmitteln* dominiert der statische Aspekt. Es gilt, vorhandene Sachmittel möglichst effektiv und effizient einzusetzen. Damit liegt eine instrumentale Koordination vor. Die Koordination von *Vorgängen* wird unter dynamischen Aspekten vorgenommen. Sie wird auch als funktionale Koordination bezeichnet. Bei der Koordination von *Personen* werden statische und dynamische Aspekte miteinander verknüpft. Man spricht auch von personaler Koordination.

Im Folgenden sind zu jeder Kategorie einige Beispiele für typische Koordinationsobjekte angegeben:

- Sachmittel: Material
                Maschinen
                Kapazitäten
                Lieferungen
                Informationen
                Ideen

- Vorgänge: Aufgaben
                Tätigkeiten
                Aufträge
                Bearbeitungen
                Anstrengungen
                Ziele

- Personen: Stelleninhaber
                Instanzen
                Abteilungen
                Gruppen

Diese Zuordnung ist allerdings nicht immer eindeutig. So kann die Koordination von Lieferungen sowohl – wenn die gelieferte Ware im Vordergrund der Betrachtung steht – der Kategorie Sachmittel als auch – bei einer prozessualen Sichtweise – den Vorgängen zugerechnet werden. In Abb. 6.2 ist dargestellt, wie sich die oben genannten Beispiele für Koordinationsobjekte den drei genannten Kategorien unter Berücksichtigung derartiger Überschneidungen zuordnen lassen.

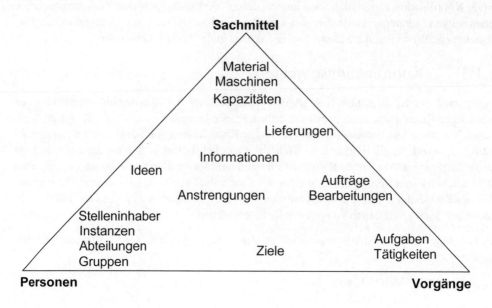

Abb. 6.2 Objekte der Koordination

Welches Koordinationsinstrument in einer bestimmten Situation eingesetzt wird, hängt unter anderem von der Art, dem Aggregationsgrad und den Relationen der zu koordinierenden Objekte ab. Für jedes Koordinationsobjekt sind bestimmte Koordinationsinstrumente mehr, andere hingegen weniger geeignet: So wie man z. B. einem Auftrag keine Anweisung geben kann, lassen sich andererseits Abteilungen nicht durch Ablaufplanungsverfahren in eine zeitliche Reihenfolge bringen.

6.1.4 Koordinationsorgane

Als *Koordinationsorgane* werden diejenigen Instanzen bezeichnet, die die Koordination vornehmen. Für die Koordination von Personen können insbesondere die folgenden *Organe* eingesetzt werden:

- Abteilungsleiter
- Projektmanager
- Controller

- Moderatoren
- Broker
- Einigungsstellen
- Stäbe
- Gremien
- Kommissionen
- Ausschüsse
- Konferenzen
- Teams

Die Koordination von Sachmitteln oder Vorgängen erfolgt nicht direkt durch derartige Organe, sondern vordergründig durch unpersönliche Koordinationsmechanismen wie Pläne, Programme, Sollvorgaben, Regeln oder Anweisungen, deren Ausführung allerdings durch die genannten oder andere Organe sichergestellt werden muss.

Auch hier gilt, dass der Einsatz eines bestimmten Koordinationsorgans und die Art des gewählten Koordinationsinstruments voneinander abhängen. So kommen für die Durchsetzung eines zentral erstellten Plans zwar Abteilungsleiter, aber keine Ausschüsse in Betracht. Für die Umsetzung von Gruppenentscheidungen hingegen sind Abteilungsleiter eher ungeeignet, hier kommen vielmehr Moderatoren oder Teams zum Einsatz.

6.1.5 Dimensionen der Koordination

Um Unternehmen Unterstützung bei der Auswahl der in einer bestimmten Situation optimalen Koordinationsform zu geben, werden die verschiedenen Koordinationsinstrumente sinnvoll klassifiziert. Im Folgenden werden die jeweils relevanten Koordinationsinstrumente in Abhängigkeit von den *Dimensionen einer Koordinationssituation* und ihren Ausprägungen diskutiert. Abb. 6.3 gibt einen Überblick über die sich daraus ergebenden Formen der Koordination. Die genannten Dimensionen beschreiben das Koordinationsproblem unter verschiedenen Aspekten, sind dabei aber nicht überschneidungsfrei.

- In Bezug auf die *Richtung der Koordination* unterscheidet man die Koordination in zeitlicher und sachlicher Hinsicht. Unter der zeitlichen Koordination versteht man die Abstimmung der Reihenfolge verschiedener Planungs- oder Ausführungsschritte. Auf der lang-, mittel- und kurzfristigen Planungsebene kommen unterschiedliche Koordinationsverfahren zum Einsatz, die die flexible, die rollierende oder die Anschlussplanung unterstützen. Die sachliche Koordination bezieht sich auf die Abstimmung von interdependenten Teilbereichen in einem bestimmten Zeitpunkt, z. B. von Absatz-, Produktions- und Finanzplanung. Beide Koordinationsformen schließen sich nicht aus, sondern ergänzen einander, denn auf jeder zeitlichen Planungsebene ist gleichzeitig eine sachliche Abstimmung erforderlich.

- Nach dem *Verhältnis der Koordinationsobjekte* ergeben sich als extreme Ausprägungen die vertikale und die horizontale Koordination, aus denen sich eine Vielzahl von Zwischenformen ableiten lässt. Mit der vertikalen Koordination ist ein hierarchischer Aufbau des Unternehmens verbunden, innerhalb dessen eine Abstimmung mit den einer Einheit über- und untergeordneten Einheiten erforderlich ist. Diese kann entweder Top-Down, Bottom-Up oder im Gegenstromverfahren erfolgen. Bei der *Top-Down*-Vorgehensweise werden die Aktionen der untergeordneten Einheiten sukzessiv aus den Planungen der höheren Ebenen abgeleitet. Typische Koordinationsmechanismen hierbei sind Anweisungen, Vorgaben und generelle Regeln, die den untergeordneten Einheiten nur geringe Entscheidungsspielräume lassen. Beim *Bottom-Up*-Verfahren werden die Planungen der unteren Einheiten sukzessiv zur Gesamtplanung zusammengefasst, und beim *Gegenstromverfahren* findet eine iterative, gegenseitige Anpassung der Pläne statt (vgl. auch Abschnitt 4.3.2.3). Je mehr Spielraum den einzelnen Einheiten im Unternehmen für ihre Planungen und Aktionen gelassen wird, desto stärker bewegt sich der Koordinationsmechanismus auf die horizontale Koordination zu, die eine weitgehend isolierte Planung innerhalb von gleichberechtigten Einheiten bedeutet, zwischen denen im Gesamtzusammenhang des Unternehmens funktionale Interdependenzen bestehen. Die horizontale Koordination basiert auf Mechanismen wie Vertrauen, gemeinsamen Werten und Zielvorstellungen; sie wird nicht nur unternehmensintern, sondern auch bei überbetrieblichen Kooperationen, z. B. in Unternehmensnetzwerken, eingesetzt.

Dimension	Ausprägungen	
Richtung der Koordination	zeitliche Koordination	sachliche Koordination
Verhältnis der Koordinationsobjekte	vertikale Koordination (Hierarchie)	horizontale Koordination (Markt, Netzwerk)
Adressat der Koordination	personenorientierte Koordination	aufgabenorientierte Koordination (Technokratie)
Reihenfolge der Entscheidungen	sukzessive Koordination	simultane Koordination
Autonomie der Entscheidungsträger	Fremdkoordination (Zentralisation)	Selbstkoordination (Dezentralisation)
Organisationsbereich	Koordination von Planungsträgern (Aufbauorganisation)	Koordination von Planungsprozessen (Ablauforganisation)
Führungsebene	Primärkoordination	Sekundärkoordination

Abb. 6.3 Dimensionen der Koordination

6.1 Bedeutung der Koordination

- Nach dem *Adressaten* eines Koordinationsinstruments unterscheidet man die personenorientierte und die sach- oder aufgabenorientierte (technokratische) Koordination. Bei der personenorientierten Koordination werden Instrumente eingesetzt, die auf der unmittelbaren Kommunikation von Aufgabenträgern beruhen, z. B. (Selbst-)Abstimmung, Verhandlungen, Zielvereinbarungen oder Weisungen. Bei der technokratischen Koordination sind Personen zwar auch in die Weitergabe und Ausführung von Entscheidungen involviert, jedoch nicht als Entscheidungsträger von Bedeutung. Es werden vielmehr unpersönliche, standardisierte Koordinationsinstrumente wie Pläne, Programme, Preise oder Kennzahlen und Budgets eingesetzt, die die Rolle von persönlichen Weisungen bei der Steuerung der Aufgabenerfüllung übernehmen und gleichzeitig der Erfolgskontrolle dienen können.

- Bezüglich der *Reihenfolge*, in der die Planungen stattfinden bzw. die Entscheidungen getroffen werden, unterscheidet man die simultane und die sukzessive Koordination. Simultane Entscheidungen in allen Teilbereichen des Unternehmens lassen sich nur in einem monolithischen Totalmodell treffen, dessen praktische Unlösbarkeit und theoretische Unzulänglichkeit hinlänglich nachgewiesen wurden; sie stellen lediglich einen theoretischen Grenzfall dar. In der Realität wird die Koordination daher immer mehr oder weniger stark sukzessiv organisiert und erfolgt mithilfe von Partialmodellen für die einzelnen Teilbereiche; dabei kommen sowohl personenorientierte als auch aufgabenorientierte Koordinationsinstrumente zum Einsatz. Gleichzeitige Entscheidungen treten auch bei der sukzessiven Koordination auf, sie werden entweder innerhalb einer hierarchischen Struktur von den derselben Instanz untergeordneten Einheiten im Rahmen ihrer Entscheidungsspielräume getroffen oder bei der horizontalen Koordination von gleichberechtigten Einheiten, wobei anschließend eine Abstimmung der Planungen erforderlich ist.

- Der Zentralisationsgrad der Koordination ist ein Indiz für die *Autonomie der Entscheidungsträger*: Bei zentraler Koordination gehen die wesentlichen Entscheidungen von einer obersten Instanz aus und werden auf den unteren Ebenen lediglich in sachlicher und zeitlicher Hinsicht detailliert. Da der Entscheidungsspielraum der unteren Ebenen nur gering ist, spricht man auch von Fremdkoordination. Im Gegensatz dazu steht die Selbstkoordination, die eher bei horizontal angeordneten Entscheidungseinheiten, z. B. in Netzwerken, zur Anwendung kommt. Hierbei treffen die einzelnen Einheiten weitgehend autonome Entscheidungen, die je nach der inneren Struktur der Einheit entweder Einzel- oder Gruppenentscheidungen sind.

- Eine weitere Einteilung von Koordinationsinstrumenten bezieht sich auf den betroffenen *Organisationsbereich*. Im Rahmen der Aufbauorganisation erfolgt vor allem eine Koordination von Planungsträgern durch die Vorgabe von Strukturen und geeigneten Koordinationsmechanismen, z. B. Weisungsbefugnissen, der hierarchischen Anordnung von Stellen, Berichtspflichten und Kontrollmechanismen. Bei der Ablauforganisation steht die Koordination von Planungsprozessen, d. h. die Strukturierung von Abläufen in Zeit und Raum, im Vordergrund. Als Koordinationsinstrumente kommen hierfür die Parallelisierung oder Entkoppelung von Aktivitäten, die Einführung von Routinen und die Vorgabe von Prioritäten in Betracht.

- In Abhängigkeit von der *Führungsebene*, auf der die Koordination angesiedelt ist, lassen sich die Primär- und die Sekundärkoordination unterscheiden. Unter der Primärkoordination versteht man die Abstimmung von arbeitsteiligen Handlungen auf der operativen Ebene, die vor allem auf das Sachziel des Unternehmens hin ausgerichtet sind. Die Sekundärkoordination hingegen bezieht sich auf die Abstimmung von Führungshandlungen der übergeordneten Ebenen im Hinblick auf das Formalziel; sie ist damit die Voraussetzung für eine sinnvolle Primärkoordination.

6.2 Verrechnungspreise

6.2.1 Notwendigkeit von Verrechnungspreisen

Eines der am häufigsten eingesetzten Koordinationsinstrumente sind Verrechnungspreise, d. h. Wertansätze für innerbetrieblich erbrachte Leistungen. Während in Marktpreisen, die sich aufgrund von Angebot und Nachfrage der Marktakteure bilden, die gesamtwirtschaftliche Knappheit von Gütern und Leistungen zum Ausdruck kommt, spiegeln *Verrechnungspreise* die interne Knappheit von innerbetrieblichen Leistungen wider. Durch den gezielten Einsatz von Verrechnungspreisen als Koordinationsinstrument lässt sich der Leistungsaustausch zwischen den betrieblichen Einheiten steuern, indem ein Marktmechanismus für intern erbrachte Leistungen eingeführt wird.

Diese von Schmalenbach als *pretiale Lenkung* bezeichnete Vorgehensweise ist vor allem in dezentral organisierten Unternehmen von großer Bedeutung, deren Profit Centers, Cost Centers oder Fertigungssegmente als weitgehend eigenständige wirtschaftliche Einheiten agieren und Leistungen an andere Bereiche zum Verrechnungspreis abgeben bzw. Leistungen von anderen Bereichen zum Verrechnungspreis beziehen. In diesem Zusammenhang wird vielfach die Bezeichnung *Transferpreis* verwendet.

Der Preismechanismus ist in der Lage, Ressourcen und Aktivitäten in deren wirtschaftlichste Verwendung zu lenken. Daher werden Verrechnungspreise auch als *Lenkpreise* bezeichnet. Je höher der (Verrechnungs-)Preis einer Leistung ist, desto größer ist der Anreiz, möglichst viel von dieser Leistung zu erstellen. Mithilfe der Höhe von Verrechnungspreisen kann somit eine Steuerung des Verhaltens der Unternehmensbereiche erfolgen.

Weiter ermöglichen Verrechnungspreise bei Leistungen, die sich sowohl innerbetrieblich erstellen als auch am Markt beziehen lassen, eine Beurteilung der *Effizienz* der betrieblichen Aktivitäten: Liegt der interne Verrechnungspreis oberhalb des Marktpreises, so ist der Markt offensichtlich in der Lage, die Leistung kostengünstiger zu erstellen, und es sollte über ein Outsourcing nachgedacht werden. Ist der Verrechnungspreis hingegen niedriger als der Marktpreis, so ist die innerbetriebliche Leistungserstellung überlegen, die hierarchische Koordination erfolgt effizienter als die marktliche.

Bei der *Gestaltung* von Verrechnungspreisen ist nicht nur deren absolute Höhe festzulegen, sondern auch der Zeitraum, für den sie Gültigkeit besitzen sollen. Weiter muss bestimmt werden, auf welche Art und Weise die Verrechnungspreise ermittelt werden und wer dafür zuständig ist.

6.2.2 Funktionen von Verrechnungspreisen

Die verschiedenen *Funktionen* von Verrechnungspreisen lassen sich wie folgt systematisieren (vgl. Coenenberg et al. 2012, S. 524ff.):

- *Abrechnungsfunktion*: Verrechnungspreise dienen der Abrechnung der betrieblichen Einheiten. Hierzu zählen zum einen die Ermittlung von Inventurwerten für die Bilanzierung von Zwischen- und Fertigprodukten, die Nachkalkulation der betrieblichen Leistungen und die Ermittlung von Preisuntergrenzen, zum anderen die Berechnung des Bereichserfolgs. Durch einen entsprechenden Ansatz von Verrechnungspreisen lassen sich die ausgewiesenen Erfolge zwischen den betrieblichen Einheiten verschieben. Daher setzen die Finanzbehörden strenge Grenzen bezüglich der zulässigen Spannbreite von Verrechnungspreisen, die zwischen Konzernunternehmen angesetzt werden.

- *Erfolgsermittlungsfunktion*: Durch Verrechnungspreise lässt sich feststellen, inwieweit die einzelnen betrieblichen Einheiten zum Gesamterfolg des Unternehmens beigetragen haben, denn die mit Verrechnungspreisen bewerteten innerbetrieblichen Leistungen stellen Erträge des liefernden Bereichs und Kosten des beziehenden Bereichs dar. Durch diese Erfolgsermittlung werden Kostentransparenz und Kostenbewusstsein erhöht, am Erfolg anknüpfende Entlohnungssysteme erhöhen die Motivation der Entscheidungsträger.

- *Planungsfunktion*: Daneben finden Verrechnungspreise bei verschiedenen Planungsaufgaben Verwendung. Sie werden als Entscheidungsgrundlage bei der Vorkalkulation sowie bei der Preisfindung für neue Produkte oder Aufträge eingesetzt und unterstützen auch die Entscheidung zwischen Eigenfertigung und Fremdbezug.

- *Entscheidungsfunktion*: Wenn die Verrechnungspreise den betrieblichen Einheiten bereits am Periodenanfang mitgeteilt werden, haben diese wie bei der Normalkostenrechnung eine verlässliche Entscheidungsgrundlage, auf deren Basis sie ihre Dispositionen treffen können.

- *Lenkungsfunktion*: Im Zusammenhang mit der Koordinationsaufgabe des Controllings ist die Lenkungsfunktion der Verrechnungspreise von besonderer Bedeutung. Durch die Verrechnungspreise sollen knappe innerbetriebliche Ressourcen, insbesondere Personal und Maschinenkapazitäten, einer im Sinne der Gesamtzielsetzung optimalen Verwendung zugeführt werden, indem ein innerbetrieblicher Marktmechanismus installiert wird. Weiter lassen sich Kostenwirkungen, die durch die Entscheidungen eines Bereichs in anderen Bereichen ausgelöst werden, durch einen entsprechenden Ansatz der Verrechnungspreise bei dem verursachenden Bereich internalisieren.

Diese Funktionen überschneiden sich teilweise, in einigen Fällen liegt auch ein Zielkonflikt vor. Ein solcher besteht zwischen der Erfolgsermittlungsfunktion und der Lenkungsfunktion von Verrechnungspreisen, wenn die aus der Sicht eines Teilbereichs optimalen Aktivitäten nicht zur Erreichung der Gesamtzielsetzung führen. Um solche negativen Synergien zu vermeiden, ist eine sorgfältige Bestimmung der Höhe der Verrechnungspreise von großer Bedeutung.

6.2.3 Typen von Verrechnungspreisen

Bei der Ermittlung der Verrechnungspreise lassen sich marktorientierte, kostenorientierte und knappheitsorientierte Ansätze unterscheiden. Abb. 6.4 gibt einen Überblick über die verschiedenen Typen von Verrechnungspreisen und ihre Entstehung.

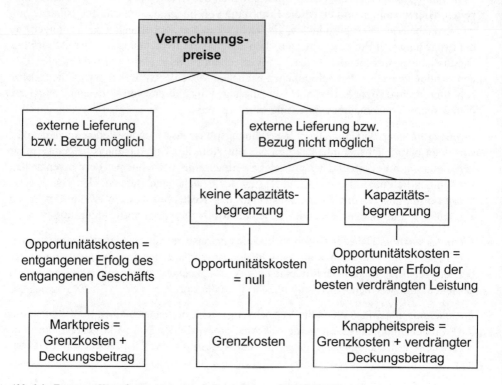

Abb. 6.4 Typen von Verrechnungspreisen (vgl. Coenenberg et al. 2012, S. 746)

- *Marktorientierte Verrechnungspreise* kommen für Leistungen in Betracht, die nicht nur innerbetrieblich ausgetauscht werden, sondern auch von außen bezogen bzw. an externe Abnehmer verkauft werden können. Die Existenz eines externen Beschaffungs- bzw. Absatzmarktes für die Leistung ist daher eine Voraussetzung für die Verwendung von marktorientierten Verrechnungspreisen. Durch marktorientierte Verrechnungspreise wird auch innerbetrieblich eine Marktsituation geschaffen. Aus Sicht des liefernden Bereichs ist eine interne Leistung mit Opportunitätskosten in Höhe des entgangenen Erfolgs bei Nicht-Durchführung des Geschäfts zu bewerten. Daher ergibt sich die Höhe der marktorientierten

6.2 Verrechnungspreise

Verrechnungspreise aus den Grenzkosten des liefernden Unternehmens zuzüglich seines Deckungsbeitrags.

Während marktorientierte Verrechnungspreise zur Erfolgsermittlung geeignet sind, können sie die Lenkungsfunktion nur unvollkommen erfüllen, da sie die innerbetrieblich bestehenden Synergien bei der Leistungserstellung vernachlässigen. Sie führen weiter nur dann zu einer optimalen Ressourcenallokation, wenn es sich um einen vollkommenen Markt handelt. Davon kann jedoch bei der innerbetrieblichen Anwendung nicht ausgegangen werden. Darüber hinaus sind viele innerbetriebliche Leistungen spezifisch auf den Bedarf im Unternehmen zugeschnitten, so dass keine Marktpreise als Vergleichsmaßstab zur Verfügung stehen.

- *Kostenorientierte Verrechnungspreise* werden für nicht marktfähige Leistungen herangezogen, wenn innerbetrieblich keine Kapazitätsbeschränkungen bestehen. Da in diesem Fall keine Knappheitssituation vorliegt, betragen die Opportunitätskosten der Ressourcennutzung null. Die Spanne möglicher Verrechnungspreise reicht von den Grenzkosten bis zu den Vollkosten zuzüglich einer Gewinnspanne. Der Gewinnaufschlag lässt sich damit begründen, dass der beziehende Bereich nicht bessergestellt werden soll als ein externer Kunde. Diese Methode ist in der Praxis sehr beliebt. Bei Vollkosten als Verrechnungspreis erhält der liefernde Bereich zwar seine gesamten Produktionskosten ersetzt, jedoch fällt er seine Produktionsentscheidungen auf Basis von nicht entscheidungsrelevanten Kosteninformationen. Wird der Verrechnungspreis in Höhe der Grenzkosten angesetzt, so wird dem liefernden Bereich nur ein Teil seiner Kosten ersetzt und dem beziehenden Bereich der gesamte Erfolg zugerechnet. Andererseits ist nur bei einer Abrechnung zu Grenzkosten sichergestellt, dass insgesamt nicht mehr als die Gesamtkosten verrechnet werden.

Weiter ist eine Entscheidung zwischen der Verrechnung von Ist- bzw. Normalkosten zu treffen. Während bei Verwendung von Istkosten der liefernde Bereich in jedem Fall seine Kosten ersetzt erhält und somit keinen besonderen Anreiz zur wirtschaftlichen Leistungserstellung hat, kann er den bei der Unterschreitung einer Normalkostenvorgabe auftretenden Erfolg vereinnahmen, wird aber auch bei Überschreitungen zur Verantwortung gezogen. Weiter hat der beziehende Bereich bei Verwendung von Normalkosten eine größere Planungssicherheit.

- *Knappheitspreise* sind anzusetzen, wenn nicht marktfähige Leistungen mithilfe von nur beschränkt verfügbaren Kapazitäten erzeugt werden. Dies ist als der Normalfall anzusehen, da in Unternehmen typischerweise Kapazitätsengpässe bestehen, an die sich die Planung anpassen muss. Der auf Grenzkostenbasis ermittelte Verrechnungspreis ist in diesem Fall um die Opportunitätskosten der knappen Kapazitäten zu erhöhen. Diese sind in Höhe des entgangenen Erfolgs bzw. Deckungsbeitrags anzusetzen, der bei Erstellung der besten durch die gewählte Alternative verdrängten Leistung entstanden wäre. Lässt sich die verdrängte Leistung auf dem externen Markt absetzen, so liegt eine Kombination von markt- und kostenorientierten Verrechnungspreisen vor.

Ähnlich wie bei der Produktionsprogrammplanung (vgl. Steven 2013, S. 165ff.) kann der Knappheitspreis nur dann direkt bestimmt werden, wenn lediglich ein Engpass vorliegt.

Bei mehreren knappen Ressourcen ergeben sich deren Knappheitspreise als *Dualvariablen* bzw. *Schattenpreise* aus der optimalen Lösung eines entsprechenden linearen Programms. Da diese Schattenpreise erst mit der Lösung des Programms bekannt sind, lassen sie sich nicht zur Steuerung der Ressourceninanspruchnahme einsetzen, denn mit der Lösung des Programms stehen auch die zu planenden Leistungsmengen fest.

Neben der Ableitung aus der Markt- und Knappheitssituation bestehen weitere Möglichkeiten zur Bestimmung von Verrechnungspreisen:

- Die Abstimmung von Unternehmensbereichen kann auch durch *verhandlungsbasierte Verrechnungspreise* erfolgen. Die Bereiche erhalten eine weitgehende Autonomie und dürfen in regelmäßigen Zeitabständen untereinander aushandeln, zu welchen Preisen sie ihre Leistungen austauschen wollen. Bei dieser Lösung werden die Verrechnungspreise nicht aufgrund sachlicher Argumente bestimmt, sondern hängen weitgehend von der Verhandlungsmacht und dem Verhandlungsgeschick der Bereichsleiter ab. Sie erfüllen daher weder die Lenkungs- noch die Erfolgsermittlungsfunktion. Darüber hinaus besteht das Problem, dass die Bereiche dazu tendieren, spezifische Investitionen zu unterlassen, da sie nicht sicher sein können, dass sie letztlich den daraus resultierenden Erfolg vereinnahmen können.

- Auf Basis der Principal-Agent-Theorie werden *Lenkpreise* als Verrechnungspreise vorgeschlagen, die sowohl Unsicherheiten als auch asymmetrisch verteilte Informationen berücksichtigen und in erster Linie dazu dienen, das Verhalten der Bereichsleiter im Sinne der Unternehmensziele zu steuern. So kann durch Erhöhung des Verrechnungspreises für eine innerbetriebliche Leistung ein Bereichsleiter, dessen Produkte andere Produkte des Unternehmens vom Markt zu verdrängen drohen, dazu veranlasst werden, seine Produktionsmenge zu reduzieren. Durch die Höhe der Verrechnungspreise lassen sich somit die Entscheidungsspielräume der Bereichsleiter beeinflussen.

Welcher Typ von Verrechnungspreisen zur Anwendung kommen sollte, hängt wesentlich von den *organisatorischen Rahmenbedingungen* ab: Je stärker dezentral das Unternehmen organisiert ist, desto größere Bedeutung haben die Verrechnungspreise für die Koordination der Bereiche und desto mehr Gestaltungsspielraum besteht bei ihrer Festlegung. Die wesentliche Entscheidung ist die über die Höhe des jeweiligen Verrechnungspreises. Häufig finden sich gestufte Zuständigkeiten über die verschiedenen Hierarchieebenen hinweg. Weiter hat der *Zeitraum*, für den ein Verrechnungspreis Gültigkeit besitzt, großen Einfluss auf seine Wirkungen. Wenn Verrechnungspreise sich kurzfristig immer wieder ändern, fehlt die Planungssicherheit. Dies kann langfristige Entscheidungen der Bereichsleiter, z. B. die Investition in neue Kapazitäten, verhindern. Umgekehrt führt eine zu lange Gültigkeit von Verrechnungspreisen dazu, dass eventuell Effizienzsteigerungspotentiale nicht ausgeschöpft werden.

Abb. 6.5 zeigt, welche Ausprägungen die in Abschnitt 6.1.5 angesprochenen Dimensionen der Koordination bei dem Controlling-Instrument Verrechnungspreise annehmen. Bei der Koordination mithilfe von Verrechnungspreisen dominiert die sachliche Koordination, denn es geht um preisorientierte Entscheidungen zu einem bestimmten Zeitpunkt. Die Koordination ist horizontal auf den internen Markt ausgerichtet. Die Entscheidungen der Akteure werden im Wesentlichen sukzessiv getroffen. Bezüglich der Autonomie der Entscheidungsträger gilt, dass die Vorgabe der Verrechnungspreise zwar zentral erfolgt, jedoch zur dezentralen Steuerung der Bereiche dient. Koordiniert werden durch Verrechnungspreise im Wesentlichen Abläufe und Prozesse auf der Ausführungsebene, so dass es sich um eine Primärkoordination handelt.

Dimension	Ausprägungen	
Richtung der Koordination	zeitliche Koordination	sachliche Koordination
Verhältnis der Koordinationsobjekte	vertikale Koordination (Hierarchie)	horizontale Koordination (Markt, Netzwerk)
Adressat der Koordination	personenorientierte Koordination	aufgabenorientierte Koordination (Technokratie)
Reihenfolge der Entscheidungen	sukzessive Koordination	simultane Koordination
Autonomie der Entscheidungsträger	Fremdkoordination (Zentralisation)	Selbstkoordination (Dezentralisation)
Organisationsbereich	Koordination von Planungsträgern (Aufbauorganisation)	Koordination von Planungsprozessen (Ablauforganisation)
Führungsebene	Primärkoordination	Sekundärkoordination

Abb. 6.5 Dimensionen der Koordination bei Verrechnungspreisen

6.2.4 Beispiel zum Einsatz von Verrechnungspreisen

Die Funktion von Verrechnungspreisen wird an einem einfachen Beispiel veranschaulicht. In einem dezentralen Unternehmen gibt es zwei Abteilungen. Abteilung A liefert ein Bauteil an Abteilung B. Für jedes Endprodukt benötigt Abteilung B ein Stück des von Abteilung A hergestellten Bauteils (vgl. auch Coenenberg 2012, S. 710ff.). Abb. 6.6 veranschaulicht diese Situation.

Es gelten:

x_1 – Menge des von Abteilung A hergestellten Bauteils

x_2 – Menge des von Abteilung B hergestellten Produkts

$K_A(x_1)$ – Produktionskosten von Abteilung A

$K_B(x_2)$ – Produktionskosten von Abteilung B

$p(x_2)$ – Marktpreis des Produkts (über Preis-Absatz-Funktion)

VP — Verrechnungspreis des Bauteils

Weiter gelten die folgenden Gewinnfunktionen:

für Abteilung A: $\quad G_A(x_1) = VP \cdot x_1 - K_A(x_1)$

Für Abteilung B: $\quad G_B(x_2) = p(x_2) \cdot x_2 - K_B(x_2) - VP \cdot x_1$

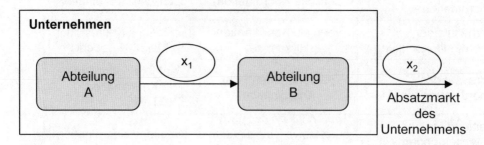

Abb. 6.6 Lieferstruktur des Beispiels

Es wird nun für eine zentrale bzw. dezentrale Planung untersucht, welchen Einfluss der Verrechnungspreis für das Bauteil auf die Entscheidungen der beiden Abteilungen hat.

Bei *zentraler Planung* entscheidet die Zentrale über die Produktions- und Absatzmengen sowie über die Absatz- und Verrechnungspreise. Aufgrund der Vorgabe des Verrechnungspreises hat dieser nur eine eingeschränkte Bedeutung. Er übernimmt keine Koordinationsfunktion, sondern wird lediglich zur Ermittlung des jeweiligen Abteilungserfolgs sowie zur Bewertung von Lagerbeständen herangezogen.

Die Zentrale verfolgt als *Zielsetzung* die Maximierung des Gesamtgewinns, der sich rechnerisch als Summe der Abteilungsgewinne ergibt.

$$G(x_2) = \underbrace{p(x_2) \cdot x_2 - K_B(x_2) - VP \cdot x_1}_{\text{Gewinn von Abteilung B}} + \underbrace{VP \cdot x_1 - K_A(x_1)}_{\text{Gewinn von Abteilung A}}$$

$$= p(x_2) \cdot x_2 - K_B(x_2) - K_A(x_1)$$

Ohne Berücksichtigung von Lagerbeständen ist die Menge der von Abteilung A an Abteilung B gelieferten Bauteile gleich der Absatzmenge des Produkts:

$$x_1 = x_2$$

Damit vereinfacht sich die Gewinnfunktion zu der folgenden Form, die nur noch von einer Variablen abhängt und sich marginalanalytisch optimieren lässt:

$$G(x_2) = p(x_2) \cdot x_2 - K_B(x_2) - K_A(x_2)$$

6.2 Verrechnungspreise

Dies wird für die folgenden Funktionen beispielhaft gezeigt:

Kostenfunktion Abteilung A: $K_A = 1.000 + 50\,x_1$

Kostenfunktion Abteilung B: $K_B = 1.000 + 30\,x_2$

Preis-Absatz-Funktion: $p(x_2) = 220 - 0{,}2\,x_2$

Die Gewinnfunktion lautet:

$$G(x_2) = (-0{,}2 x_2 + 220)\cdot x_2 - (1.000 + 30 x_2) - (1.000 + 50 x_2)$$

$$= -0{,}2 x_2^2 + 140 x_2 - 2.000 \quad \Rightarrow \quad \text{max!}$$

Die erste Ableitung der Gewinnfunktion lautet:

$$G'(x_2) = -0{,}4 x_2 + 140$$

Ihre Nullstelle bei $x_2 = 350$ gibt die Produktions- bzw. Liefermenge an, die den Gesamtgewinn maximiert. Durch Einsetzen in die Gewinnfunktion ergibt sich ein Gesamtgewinn in Höhe von 22.500. Seine Verteilung auf die beiden Abteilungen hängt davon ab, in welcher Höhe der Verrechnungspreis *VP* angesetzt wird. Bei einem Verrechnungspreis in Höhe von beispielsweise 80 beträgt der Gewinn von Abteilung A 9.500 und der Gewinn von Abteilung B 13.000. Je höher der Verrechnungspreis angesetzt wird, desto mehr wird der Gewinn von Abteilung B zu Abteilung A verlagert.

Bei der *dezentralen Planung* haben die Abteilungsleiter eigenständige Entscheidungsbefugnis über die herzustellenden und weiterzugebenden Mengen (Abteilung A) bzw. über die zu beziehenden und am Markt zu verkaufenden Mengen (Abteilung B). Die Zentrale gibt lediglich den Verrechnungspreis vor und beide Abteilungen passen sich mit ihren Entscheidungen so daran an, dass ihr Bereichsgewinn maximiert wird.

Da sich jede Abteilung bei ihren Produktionsentscheidungen an der Höhe des Verrechnungspreises orientiert, führt dessen Erhöhung tendenziell dazu, dass Abteilung A einen Anreiz zur Erhöhung des Bauteils hat. Dies erfolgt solange, wie kurzfristig ein positiver Deckungsbeitrag erzielt werden kann bzw. langfristig bis zur Ausschöpfung der Kapazitätsgrenze. Umgekehrt reduziert sich durch einen höheren Verrechnungspreis die Menge des Bauteils, die Abteilung B abnehmen möchte. Entsprechend gegenläufig sind die Effekte bei einer Senkung des Verrechnungspreises.

Bei einem Verrechnungspreis von 80 lautet die Gewinnfunktion von Abteilung A:

$$G_A(x_1) = VP \cdot x_1 - K_A(x_1) = 80 x_1 - (1.000 + 50 x_1) = 30 x_1 - 1.000 \quad \Rightarrow \quad \text{max!}$$

Da dies eine lineare Funktion ist, liegt das Maximum theoretisch bei einer unendlich großen Produktionsmenge. Praktisch wird Abteilung A jede Menge herstellen, die Abteilung B abnehmen möchte.

Als nächstes wird die Gewinnfunktion von Abteilung B bei einem Verrechnungspreis von 80 untersucht. Sie lautet:

$$G_B(x_2) = p(x_2) \cdot x_2 - K_B(x_2) - VP \cdot x_1$$

$$= (-0{,}2x_2 + 220) \cdot x_2 - (1.000 + 30x_2) - 80x_2$$

$$= -0{,}2x_2^2 + 110x_2 - 1.000$$

Die erste Ableitung ergibt sich als:

$$G_B'(x_2) = -0{,}4x_2 + 110$$

Ihre Nullstelle liegt bei 275, so dass Abteilung B bei einem Verrechnungspreis von 80 dann ihren Gewinn maximiert, wenn sie 275 Einheiten des Bauteils bei Abteilung A abnimmt. Die bei dieser Lösung erzielten Abteilungsgewinne belaufen sich auf:

$$G_A(275) = 80 \cdot 275 - 1.000 - 50 \cdot 275 = 7.250$$

$$G_B(275) = -0{,}2 \cdot 275^2 - 1.000 + 110 \cdot 275 = 14.125$$

Somit liegt der Gesamtgewinn des Unternehmens bei:

$$G_U(275) = 7.250 + 14.125 = 21.375$$

Das ist weniger als der bei zentraler Koordination erzielte Unternehmensgewinn von 22.500, so dass in dieser Konstellation ein Verrechnungspreis von 80 zu keiner insgesamt optimalen Lösung führt. Um diese zu erzielen, wäre der Verrechnungspreis in Höhe der Grenzkosten der Abteilung A, also bei 50, anzusetzen. Dann beläuft sich der Gewinn der Abteilung A auf null, während für Abteilung B eine Produktionsmenge von 350 optimal ist und zu einem Abteilungs- und Gesamtgewinn in Höhe von 22.500 – also in gleicher Höhe wie bei der zentralen Planung – führt.

Auch wenn die zentrale Planung der dezentralen Planung theoretisch überlegen ist, wird in der Praxis häufig dezentral geplant. Das liegt vor allem daran, dass eine zentrale Planung oft nicht durchführbar ist. Die Notwendigkeit der Koordination von betrieblichen Einheiten ergibt sich aus der Arbeitsteilung (vgl. Abschnitt 6.1). Diese kommt immer dann zum Einsatz, wenn die Anzahl der zu planenden Sachverhalte und die daraus resultierende Komplexität einen gewissen Umfang überschreiten.

Ein gravierender Einwand gegen die zentrale Planung ist, dass diese nur dann zum optimalen Ergebnis führt, wenn sie die Grenzkosten der liefernden Abteilungen kennt. Diese liegen aber z. B. bei der Lösung eines linearen Programms zur Produktionsprogrammplanung erst mit der optimalen Lösung vor. Dann kann man die zugehörigen Produktionsmengen jedoch auch direkt implementieren. Dieses Problem wurde bereits von Schmalenbach als das *Dilemma der pretialen Lenkung* beschrieben.

Aus praktischer Sicht spricht gegen eine zentrale Planung, dass von der dezentralen Planung und der damit verbundenen Delegation von Entscheidungsspielräumen eine größere Motivation für die Mitarbeiter ausgeht, die über Synergieeffekte zu insgesamt besseren Ergebnissen führen kann.

Auch auf der volkswirtschaftlichen Ebene hat sich die Überlegenheit der Marktwirtschaft mit ihren dezentralen Entscheidungen über die zentrale Planwirtschaft gezeigt.

6.3 Weiterführende Literatur

Coenenberg, A., Fischer, T. M., Günther, T.: Kostenrechnung und Kostenanalyse, Schäffer-Poeschel, Stuttgart, 8. Aufl. 2012

Ewert, R., Wagenhofer, A.: Interne Unternehmensrechnung, Springer, Berlin usw., 8. Aufl. 2014

Horváth, P.: Controlling, Vahlen, München, 12. Aufl. 2012

Schweitzer, M., Küpper, H.-U.: Systeme der Kosten- und Erlösrechnung, Vahlen, München, 10. Aufl. 2011

Steven, M.: Die Koordination im Unternehmen, in: wisu – Das Wirtschaftsstudium 30, 2001, S. 965-970

7 Koordinationsinstrumente II – Budgetierung, Anreizsysteme

Zwei recht unterschiedliche Koordinationsinstrumente, die häufig in Unternehmen eingesetzt werden, sind die Budgetierung und Anreizsysteme. Die Budgetierung ist ein stark hierarchisch geprägtes Instrument (vgl. nochmals Abb. 6.1). Den Abteilungen werden Kosten- bzw. Erfolgsgrößen vorgegeben, die sie während der Budgetierungsperiode einhalten bzw. erreichen müssen. Anreizsysteme sind stärker marktorientiert und versuchen, durch geeignete Belohnungen die Mitarbeiter zu motivieren, eine im Sinne der Unternehmensziele möglichst gute Leistung zu erbringen. Gute Ergebnisse lassen sich erzielen, wenn diese beiden Instrumente kombiniert eingesetzt werden.

Leitfragen:
Welche Anforderungen werden an Budgets gestellt?

Welche Arten von Budgets lassen sich unterscheiden?

Wie läuft ein Budgetierungsprozess ab?

Inwiefern hängen Anreize und Motivation zusammen?

Wie lässt sich eine Entlohnungsfunktion konstruieren?

Welche Anreizsysteme lassen sich bei der Budgetierung einsetzen?

7.1 Budgetierung

7.1.1 Anforderungen an Budgets

Die Budgetierung zählt zu den wichtigsten und am häufigsten eingesetzten Instrumenten zur Koordination der Aktivitäten von dezentral organisierten Unternehmensbereichen. Voraussetzung für die Durchführung der Budgetierung ist die Planung der Unternehmensaktivitäten, ihr zeitlich nachgelagert sind Kontrollaktivitäten hinsichtlich der Budgeteinhaltung bzw. der Zielerreichung.

Als *Budget* bezeichnet man eine – meist finanzielle – Vorgabegröße, die von einer betrieblichen Einheit in einem bestimmten Zeitraum eingehalten bzw. erreicht werden muss. Durch ein Budget werden den einzelnen Bereichen Handlungsspielräume eröffnet, innerhalb derer sie Entscheidungen hinsichtlich des konkreten Vorgehens bei der Durchführung ihrer Aktivitäten und der Verfolgung der betrieblichen Ziele treffen können.

Als *Budgetierung* bezeichnet man den Prozess der Aufstellung, Durchsetzung, Kontrolle und Anpassung von Budgets, die den betrieblichen Einheiten vorgegeben werden. Durch die Budgetierung werden Entscheidungsspielräume an die untergeordneten Einheiten delegiert.

An ein Budget sind die folgenden *Anforderungen* zu stellen:

- Budgets müssen *eindeutig* und *exakt* formuliert sein und sich operationalisieren lassen, damit die ausführenden Einheiten sie in konkrete Handlungen umsetzen können.
- Bei der Aufstellung der Budgets müssen die Entscheidungsträger der nachgeordneten Bereiche hinreichend *eingebunden* werden, damit sie sich mit den Vorgaben identifizieren können.
- Gleichzeitig muss die *Unabhängigkeit* der Bereiche bei ihren operativen Entscheidungen erhalten bleiben.
- Budgets müssen sowohl nach innen als auch nach außen konsistent sein. *Innere Konsistenz* liegt vor, wenn die Summe der Teilbudgets mit dem Gesamtbudget übereinstimmt, *äußere Konsistenz* bedeutet, dass die Budgets im Einklang mit der strategischen Ziel- und Maßnahmenplanung stehen.
- Ein Budget muss eine *Motivationswirkung* entfalten, indem es einerseits erreichbar ist, andererseits aber auch eine Herausforderung darstellt.
- Budgets müssen durch ihre *zeitliche Befristung* dazu beitragen, dass über alle Ebenen hinweg in einem konsistenten Zeitraster geplant wird.
- Budgets müssen sowohl *zukunftsorientiert* sein als auch im Nachhinein die Möglichkeit eines *Soll/Ist-Vergleichs* zwischen Vorgabewerten und erreichten Werten bieten.

Budgets entfalten somit gleichzeitig eine Koordinationsfunktion, eine Motivationsfunktion und eine Orientierungsfunktion. Die Koordination erfolgt durch die Steuerung des Verhaltens der Bereiche im Sinne der Unternehmensziele, die Motivation durch die Beurteilung des Bereichserfolgs auf Basis der Erreichung der Budgetvorgaben. Die Orientierungswirkung besteht darin, dass über die Budgets Informationen hinsichtlich der Ziele der übergeordneten Entscheidungseinheiten an die einzelnen Bereiche weitergegeben werden.

7.1.2 Budgetarten

Budgets können in vielfältigen Ausprägungen auftreten. Es lassen sich die in Abb. 7.1 angegebenen Arten von Budgets unterscheiden:

- Nach der verwendeten *Vorgabegröße* unterscheidet man Budgets auf der Basis von Wertgrößen, Mengengrößen und Leistungsgrößen. Als Wertgrößen werden in der Regel Kostenansätze verwendet, es kommen aber auch Deckungsbeiträge, Cashflows oder Gewinne in Betracht. Budgets auf der Basis von Mengengrößen beziehen sich auf Verbrauchs-, Produktions- oder Absatzmengen. Bei Leistungsbudgets werden sowohl die Ausgaben budgetiert als auch Vorgabegrößen bezüglich der erbrachten Leistungen gesetzt. Sie kommen

z. B. in der öffentlichen Verwaltung zum Einsatz. Im Produktionscontrolling werden neben Kostenbudgets auch Mengenbudgets verwendet.

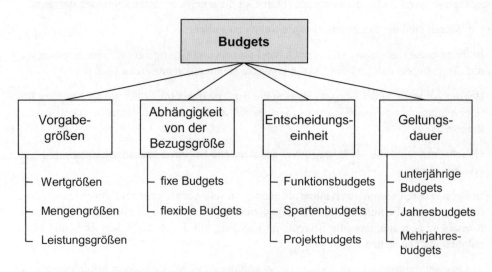

Abb. 7.1 Budgetarten

- In Abhängigkeit von der *Bezugsgröße* kommen fixe oder flexible Budgets in Betracht. *Fixe Budgets* sind ein reines Steuerungsinstrument, durch das die Kosten auf einen bestimmten Betrag beschränkt werden sollen. Sie werden in der Regel auf Vollkostenbasis erstellt und allenfalls nach Kostenarten aufgeschlüsselt. Ihr Einsatzbereich ist die Steuerung der Kosten in indirekten Leistungsbereichen wie der Forschung und Entwicklung oder der Verwaltung, in denen keine unmittelbare Abhängigkeit zu direkt steuerbaren Bezugsgrößen besteht oder diese nur schlecht messbar ist.

  Bei *flexiblen Budgets* hingegen wird die Kostenvorgabe als Funktion bestimmter Einflussgrößen definiert. Zum Beispiel wird ausgehend von der Teilkostenrechnung eine Aufteilung der Kostenvorgaben in fixe und variable Kostenbestandteile vorgenommen. Dadurch erhalten die Bereiche für alternative Auslastungsgrade Kostenvorgaben in unterschiedlicher Höhe. Dies erlaubt einen Einsatz der Budgetierung sowohl zur Steuerung der Bereiche als auch zur Kontrolle ihrer Wirtschaftlichkeit und ihrer Kostenstrukturen. Flexible Budgets eignen sich zur Steuerung der direkten Leistungsbereiche, vor allem der Fertigung oder der Logistik, in denen die Kostenhöhe erheblich von der Auslastung abhängt, und sind somit für das Produktionscontrolling von großer Bedeutung.

- Nach der betrachteten *Entscheidungseinheit* erfolgt eine Einteilung in Funktions-, Sparten- und Projektbudgets. Funktionsbudgets werden für die verschiedenen betrieblichen Funktionsbereiche, z. B. Beschaffung, Produktion, Absatz, vorgegeben und kommen bei einer funktional differenzierten Organisation zum Einsatz. Bei einer Spartenorganisation hingegen werden auch die Budgets nach Sparten differenziert erstellt, z. B. für Fertigungsinseln,

Produktbereiche oder Regionen. Projektbudgets werden für die Steuerung von Projekten, d. h. inhaltlich und zeitlich abgrenzbaren Aufgaben, verwendet. Für das Produktionscontrolling sind vor allem funktional differenzierte Budgets von Bedeutung, manchmal auch Projektbudgets.

- Eine Differenzierung nach der *Geltungsdauer* führt zur Einteilung in unterjährige Budgets, Jahresbudgets und Mehrjahresbudgets. Unterjährige Budgets haben eine Geltungsdauer von weniger als einem Jahr und kommen vor allem bei der operativen Produktionssteuerung zum Einsatz. Die häufigste Ausprägung sind Jahresbudgets, da ein Abgleich der verwendeten Daten mit den Informationen des externen Rechnungswesens möglich ist. Mehrjahresbudgets werden einerseits für Projekte und andererseits für strategische Entscheidungen verwendet, bei denen Planungssicherheit über einen längeren Zeitraum erforderlich ist.

7.1.3 Budgetierungsprozess

Der Budgetierungsprozess besteht aus den Teilaufgaben der Erstellung, Durchführung, Kontrolle und Anpassung von Budgets. Diese Aufgaben müssen sukzessiv oder iterativ abgearbeitet werden. Dies kann im Einzelnen wie folgt geschehen (vgl. Friedl 2013, S. 211f.):

- Zuerst werden generelle *Richtlinien* für die Budgetierung entwickelt, die sich aus der Unternehmensstrategie bzw. der Grundsatzplanung ableiten lassen. Diese von der Unternehmensleitung erstellten Vorgaben müssen von den Bereichen bei der Aufstellung und Umsetzung der Budgets berücksichtigt werden.

- Auf dieser Basis und unter Berücksichtigung der Auswirkungen auf die Ressourcennutzung wird ein erster *Budgetentwurf* generiert. Dabei unterscheidet man zwischen Investitions- und Betriebsbudgets.

- Anschließend kommt es zu *Budgetverhandlungen*, bei denen die Budgets für die verschiedenen Teilbereiche aufeinander abgestimmt werden. Dabei darf die Summe der Bereichsbudgets den insgesamt vorgesehenen Finanz- bzw. Kostenrahmen nicht übersteigen. Idealerweise sollten sämtliche Bereichsbudgets simultan bestimmt werden, dies ist wegen der Komplexität der Aufgabe aber häufig nicht möglich.

- Die sukzessiv bestimmten Bereichsbudgets werden aufeinander abgestimmt und mit den zentralen Zielen abgeglichen. Durch diese Aggregation ergibt sich das *Gesamtbudget*. Damit ist die Planungsphase des Budgetierungsprozesses abgeschlossen.

- In der *Durchführungsphase* arbeiten die Teilbereiche mit den Budgetvorgaben und versuchen, dabei ihre jeweiligen Bereichsziele möglichst gut zu erreichen.

- Während der gesamten Budgetierungsperiode muss überprüft werden, inwieweit die Budgets bei der Umsetzung eingehalten werden. Kontrollen können nachgelagert oder auch prozessbegleitend erfolgen (zur Kontrolle vgl. Lehreinheit 8). Eine nachgelagerte Kontrolle deckt bereits erfolgte Budgetüberschreitungen auf und kann Anhaltspunkte liefern, wie diese in Zukunft vermieden werden können. Durch eine begleitende Kontrolle kann rechtzeitig erkannt werden, wenn eine Budgetüberschreitung droht, so dass sich geeignete Maßnahmen, z. B. eine Anpassung der Vorgaben, noch in der Budgetierungsperiode ergreifen lassen.

Wenn die Vorgaben eines Budgets abgearbeitet sind, wird der Prozess erneut durchlaufen. Dabei werden die Vorgaben an die einzelnen Teilbereiche aufgrund der von ihnen erzielten Ergebnisse sowie in Abhängigkeit von der neuen Ausgangssituation modifiziert. In der Praxis erfolgt im Tagesgeschäft häufig eine Fortschreibung der Werte aus vergangenen Perioden, die über die verschiedenen Teilbereiche hinweg abgestimmt werden. Lediglich bei einer wesentlich veränderten Ausgangssituation wird erneut eine grundlegende Budgetplanung vorgenommen.

Wenn aus Gründen der Planungskomplexität keine simultane Abstimmung der Bereichsbudgets möglich ist, kommen die folgenden grundsätzlichen Vorgehensweisen zur Anwendung:

- Bei der *Top-Down-Budgetierung* wird das Gesamtbudget in die Einzelbudgets heruntergebrochen. Dadurch wird sichergestellt, dass das Gesamtbudget nicht überschritten wird und sich alle Bereiche am gemeinsamen Oberziel ausrichten. Eine solche Planung ist stark zentralisiert, so dass in der Zentrale sämtliche erforderlichen Informationen zur Verfügung stehen müssen. Abb. 7.2 veranschaulicht das Vorgehen bei der Top-Down-Budgetierung.

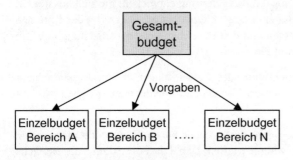

Abb. 7.2 Top-Down-Budgetierung

- Das *Bottom-Up-Verfahren* geht gerade umgekehrt vor. Jeder Bereich nimmt zunächst eine eigenständige Planung vor und ermittelt das zu deren Umsetzung erforderliche Budget. Diese Teilbudgets werden anschließend zu einem Gesamtbudget zusammengefasst. Dieses Vorgehen hat den Vorteil, dass die Mitarbeiter in den dezentralen Bereichen realistischer als eine Zentrale einschätzen können, welche Ergebnisse sie mit welchen Mitteln erreichen können. Weiter sind sie stärker motiviert, in der Durchführungsphase ihr selbst vorgeschlagenes Budget einzuhalten. Meist wird allerdings durch die Summe der Einzelbudgets der insgesamt zur Verfügung stehende Rahmen überschritten. In diesem Fall ist eine entsprechende Anpassung der Teilbudgets erforderlich. Problematisch ist die Bottom-Up-Budgetierung vor allem dann, wenn die Bereiche kein gemeinsames Oberziel verfolgen. Abb. 7.3 zeigt den Ablauf der Bottom-Up-Budgetierung.

7.1 Budgetierung

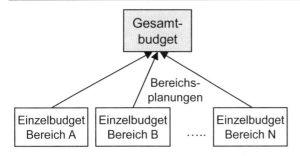

Abb. 7.3 Bottom-Up-Budgetierung

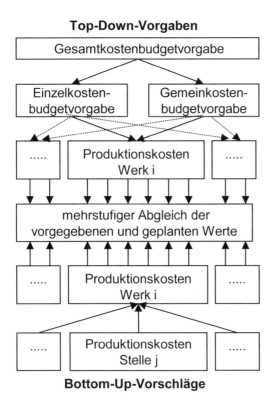

Abb. 7.4 Budgetierung nach dem Gegenstromverfahren

- Das *Gegenstromverfahren* stellt eine Synthese der beiden vorherigen Budgetierungsverfahren dar. Auf der einen Seite gibt es einen zentralen Rahmenplan, der Top-Down in Detailpläne aufgelöst wird, allerdings nur Entwurfscharakter hat. Auf der anderen Seite haben die Bereiche einen erheblichen Gestaltungsspielraum bei der Generierung ihrer Bottom-Up-Vorschläge. Die von oben vorgegebenen und die von unten vorgeschlagenen Werte werden dann zusammengeführt und – gegebenenfalls über mehrere Rückkopplungsschleifen – aufeinander abgestimmt, bis sie hinreichend konsistent sind. Abb. 7.4 zeigt das Vorgehen bei der Ermittlung eines Produktionskostenbudgets nach dem Gegenstromverfahren.

Top-Down werden die Vorgaben des Gesamtkostenbudgets, die z. B. aus den geplanten Produktionsmengen oder aufgrund der Kosten zurückliegender Perioden gebildet wurden, zunächst in Einzelkosten- und Gemeinkostenbudgets aufgelöst und daraus die Produktionskosten der einzelnen Werke ermittelt. Bottom-Up werden die Produktionskosten eines Werks aus den Produktionskosten der einzelnen Stellen, die mithilfe der Bedarfsmengen und der benötigten Personal- und Anlagenkapazitäten aus dem Absatzplan ermittelt werden, durch Aggregation bestimmt. Da diese beiden Werte in der Regel nicht übereinstimmen, ist anschließend ein interaktiver Abgleich erforderlich. Erst wenn eine hinreichende Konsistenz der Planungen erreicht ist, wird das Budget als verbindliche Grundlage verabschiedet.

Abb. 7.5 zeigt, wie für den Produktionsbereich nach dem Top-Down-Verfahren aus einem Umsatzbudget ein Finanzbudget abgeleitet werden kann. Aus dem geplanten Umsatz kann man bestimmen, welches Produktionsvolumen dafür erforderlich ist. Das zugehörige Produktionsbudget lässt sich in bestimmte Beträge für erforderliche Investitionen, Materialbeschaffung und Personalentlohnung aufgliedern, die wiederum zum Kostenbudget zusammengefasst werden. Der Vergleich von Umsatz und Kosten der Produktion liefert den Ergebnisbeitrag des Produktionsbereichs, der schließlich in das Finanzbudget eingestellt werden kann.

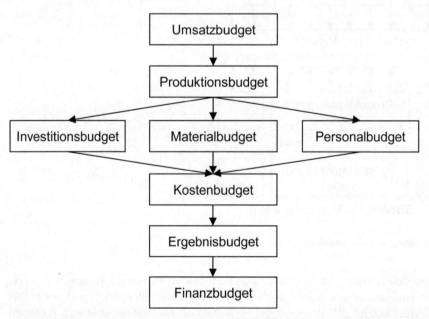

Abb. 7.5 *Budgetierung im Produktionsbereich*

7.1.4 Beurteilung der Budgetierung

Die Bedeutung der Budgetierung als Controlling-Instrument liegt in den folgenden Bereichen:

- Durch die eindeutige Vorgabe von Sollwerten an die Bereiche stellt die Budgetierung sicher, dass sämtliche Unternehmensebenen sich an den *Unternehmenszielen* orientieren.
- Die wesentliche Aufgabe der Budgetierung liegt in der *Koordination von Teilbereichen* mittels quantitativer Größen. Durch die übergreifende Disposition über Produktions-, Personal- und finanzielle Ressourcen ist eine rechtzeitige Einleitung von Maßnahmen bei Engpässen oder Planabweichungen möglich.
- Die Budgetierung weist eine starke *Zukunftsorientierung* auf, da sie zukünftige Entwicklungen und deren Auswirkungen auf die verschiedenen Teilbereiche sowie deren Interdependenzen explizit beachtet. Dadurch lassen sich die Potenziale, aber auch die Gefahren bestimmter Handlungen frühzeitig erkennen und bei der Maßnahmenplanung berücksichtigen.
- Gleichzeitig liefert die Budgetierung eine *Referenzlinie für die Berichterstattung*, indem Abweichungen von den Vorgaben frühzeitig und eindeutig identifiziert werden können. Darauf bauen Maßnahmen wie die Suche nach den Abweichungsursachen, die Vermeidung von negativen Abweichungen und die Gegensteuerung von Folgewirkungen der Abweichungen auf.

Auf der anderen Seite bringt die Budgetierung als Controlling-Instrument auch eine Reihe von Problemen bzw. Nachteilen mit sich:

- Oft liegt ein *ungünstiges Verhältnis zwischen Aufwand und Nutzen* der Budgetierung vor. Dies gilt vor allem dann, wenn die Budgetierung mit großem Personaleinsatz betrieben wird und umständliche Abstimmungsprozesse mit sich bringt, die in der Regel dennoch zu keiner vollständigen Abstimmung führen.
- Die numerischen Werte der Budgetvorgaben suggerieren eine Genauigkeit der Daten, die in der Realität häufig gar nicht gegeben ist. Wenn z. B. die ursprünglichen Annahmen nicht mehr aktuell sind, erfolgt die Planung in den Bereichen anhand von *unzutreffenden Informationen*.
- Weiter werden die mit der Budgetierung verbundenen *Informationen* von den Bereichen teilweise nur unzureichend genutzt. Dies liegt zum einen daran, dass die ursprünglichen Vorgaben im Laufe der Budgetierungsperiode an Bedeutung verlieren, zum anderen an der oft zu starken Detaillierung, die den Blick auf das Wesentliche verstellt.
- Durch die Einschränkung des Dispositionsspielraums der Bereichsleiter besteht die Gefahr, dass *Fehlentscheidungen* im Hinblick auf die Gesamtzielsetzung getroffen werden. Insbesondere bei Veränderungen der Entscheidungssituation kann ein Festhalten an den ursprünglichen Werten zu ineffizienten Maßnahmen und nutzlosen Ausgaben führen.

- Wenn lediglich die Einhaltung des Budgets verlangt wird, geht leicht das *Kostenbewusstsein* in den ausführenden Bereichen verloren.

In Abb. 7.6 ist dargestellt, welche Ausprägungen der Koordinationsdimensionen aus Abschnitt 6.1.5 für die Budgetierung relevant sind. Die Budgetierung nimmt sowohl eine zeitliche Koordination der Abläufe in der Budgetierungsperiode als auch eine sachliche Koordination der Teilbereiche vor. Sie ist eher der horizontalen bzw. marktlichen als der vertikalen bzw. hierarchischen Koordination zuzuordnen. Die Koordination erfolgt technokratisch in Bezug auf die Aufgabenerfüllung der Teilbereiche. Dabei wird in der Praxis in der Regel sukzessiv vorgegangen. Da die Top-Down-Koordination zentral vorgenommen wird und die Bottom-Up-Koordination dezentral abläuft, sind bezüglich der Autonomie der Entscheidungsträger beide Ausprägungen relevant. Gegenstand der Koordination sind eindeutig die Planungsprozesse, also die Ablauforganisation. In Bezug auf die Führungsebene wirkt sich die Budgetierung sowohl auf die Führungs- als auch auf die Ausführungsebene aus.

Dimension	Ausprägungen	
Richtung der Koordination	zeitliche Koordination	sachliche Koordination
Verhältnis der Koordinationsobjekte	vertikale Koordination (Hierarchie)	horizontale Koordination (Markt, Netzwerk)
Adressat der Koordination	personenorientierte Koordination	aufgabenorientierte Koordination (Technokratie)
Reihenfolge der Entscheidungen	sukzessive Koordination	simultane Koordination
Autonomie der Entscheidungsträger	Fremdkoordination (Zentralisation)	Selbstkoordination (Dezentralisation)
Organisationsbereich	Koordination von Planungsträgern (Aufbauorganisation)	Koordination von Planungsprozessen (Ablauforganisation)
Führungsebene	Primärkoordination	Sekundärkoordination

Abb. 7.6 Dimensionen der Koordination

7.2 Anreizsysteme

Anreizsysteme als Koordinationsinstrument haben die Aufgabe, durch gezielt eingesetzte Leistungsanreize die Mitarbeiter langfristig an das Unternehmen zu binden, ihre Motivation und

Leistungsbereitschaft zu erhöhen und eine stärkere Ausrichtung ihres Verhaltens an den Unternehmenszielen zu erreichen.

7.2.1 Anreize und Motivation

Die *Motivation* ist ein mehrdimensionales Konstrukt, dessen Komponenten in Abb. 7.7 dargestellt sind.

- Die *intrinsische Motivation* entsteht durch die Befriedigung, die der Vollzug der Arbeit mit sich bringt. Eine als sinnvoll empfundene Tätigkeit, der Kontakt zu Kollegen und die Möglichkeit, in einem bestimmten Rahmen Entscheidungen zu treffen, sind wichtige Komponenten der intrinsischen Motivation.

- Die *extrinsische Motivation* hingegen lässt sich auf die Folgen der Arbeit zurückführen. Sie wird stark beeinflusst durch materielle Anreize wie das Arbeitsentgelt, Prämien oder die Nutzung eines Dienstwagens sowie durch immaterielle Anreize wie positive Beurteilungen, Beförderungen oder die Zuweisung von Macht.

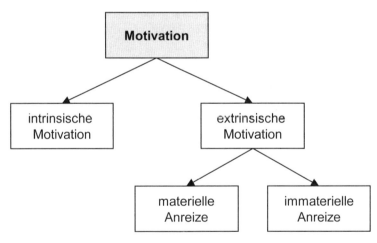

Abb. 7.7 Motivation

Bei der Gestaltung von Anreizsystemen sind vielfältige Entscheidungen zu treffen. Zunächst ist festzulegen, welche Arten von Anreizen Verwendung finden sollen.

- *Belohnungen* sind positive Anreize, durch die erwünschtes Verhalten verstärkt werden soll. Beispiele für Belohnungen sind Akkordlöhne, Anwesenheitsprämien, Nullfehlerprämien, Mengenprämien, Zahlungen im Rahmen des betrieblichen Vorschlagswesens. Sollen die Motivation und der Zusammenhalt einer Arbeitsgruppe gefördert werden, so kommen auch Gruppenprämien, die bei Erzielung bestimmter Ergebnisse gezahlt werden, zur Anwendung.

- Als *Sanktionen* bezeichnet man negative Anreize, die ein unerwünschtes Verhalten bestrafen. Als Bestrafungen kommen die Nacharbeit von Fehlern in der Freizeit, das Streichen von Zusatzentlohnungen, das Auslassen von geplanten Beförderungen, die Abmahnung und in extremen Fällen die Entlassung des Mitarbeiters in Betracht.

7.2.2 Anforderungen an Anreizsysteme

Grundsätzlich lassen sich die folgenden allgemeinen *Anforderungen* an ein Anreizsystem stellen (vgl. Ossadnik 2009, S. 389ff.):

- *Nachvollziehbarkeit*: Die Mitarbeiter müssen in der Lage sein, vorab einzuschätzen bzw. nachzuvollziehen, welche Folgen ihr Verhalten bzw. ihre Leistung nach sich zieht. Das bedeutet auch, dass das Anreizsystem nicht zu kompliziert aufgebaut sein darf. Wenn für alle Mitarbeiter offensichtlich ist, aufgrund welcher Leistungen ein Kollege eine Belohnung erhalten hat, kann dies eine zusätzliche Anreizwirkung darstellen.

- *Gerechtigkeit*: Nach dem Grundsatz „gleicher Lohn für gleiche Arbeit" muss das Anreizsystem für sämtliche Mitarbeiter gelten. Weiter darf ein Mitarbeiter bzw. eine Gruppe nur für die eigene Leistung belohnt bzw. bestraft werden. Wenn der Vorgesetzte Ermessensspielräume bei der Auswahl oder Festsetzung der Belohnung bzw. Sanktion hat, so sollten auch diese hinreichend transparent sein.

- *Zielkompatibilität*: Durch das Anreizsystem ist sicherzustellen, dass sich die Mitarbeiter im Sinne der Unternehmensziele verhalten, d. h. eventuelle Zielkonflikte zwischen Individualzielen und dem Gesamtziel sind durch die Anreize zu eliminieren. Dies bedeutet insbesondere, dass für das Unternehmen langfristig vorteilhafte Handlungen der Mitarbeiter durch entsprechende Anreize belohnt werden müssen.

- *Motivationswirkung*: Damit die Mitarbeiter sich hinreichend anstrengen, dürfen die Belohnungen einerseits nicht zu leicht zu erreichen sein, andererseits aber auch nicht unerreichbar erscheinen.

- *Manipulationsfreiheit*: Es muss sichergestellt sein, dass sich die Mitarbeiter weder durch verzerrte Berichterstattung über ihre Leistungen noch durch Absprachen und Seitenzahlungen ungerechtfertigte Belohnungen verschaffen können.

- *Wirtschaftlichkeit*: Die Kosten der Einrichtung und der regelmäßigen Abwicklung eines Anreizsystems müssen geringer sein als der für das Unternehmen daraus resultierende Nutzen.

Die Anreize sind so auszuwählen bzw. zu kombinieren, dass die Leistungsbereitschaft der Mitarbeiter erhöht wird. Da einerseits jeder Mitarbeiter individuell anders auf einen bestimmten Anreiz reagiert, andererseits ein einheitliches Anreizsystem wünschenswert ist, lässt sich in der Regel keine optimale Anreizwirkung erzielen.

7.2.3 Entlohnungsfunktionen

Der Kern eines Anreizsystems ist die *Entlohnungsfunktion*, durch die der Zusammenhang zwischen einer bestimmten Bemessungsgrundlage und der daraus resultierenden Belohnung bestimmt wird. Potentielle *Bemessungsgrundlagen* sind in erster Linie monetäre Größen wie der Jahresüberschuss, der Bereichserfolg, der Return on Investment, der Residualgewinn oder die Steigerung des Marktwerts. Daneben kommen für einzelne Bereiche auch nicht-monetäre Größen wie die Kundenzufriedenheit, die Produktqualität bzw. die Ausschussquote, die Lieferzeit oder die Durchlaufzeit der Aufträge in Betracht.

Soll die Entlohnungsfunktion als strikt mathematischer Zusammenhang formuliert werden, so ist ihr Verlauf anhand der folgenden Kriterien zu spezifizieren:

- Es sind die relevanten *Wertebereiche* zu definieren, aus denen die zulässigen Werte von Bemessungsgrundlage und die Entlohnung stammen.
- Es ist eine Entscheidung zu treffen, ob die Entlohnung in Abhängigkeit von der Bemessungsgrundlage stetig oder in diskreten Schritten ansteigt und ob der Anstieg proportional, progressiv oder degressiv erfolgen soll.
- Weiter muss festgelegt werden, mit welcher *zeitlichen Verzögerung* die Entlohnung auf eine Änderung der Bemessungsgrundlage reagiert. Ist der zeitliche Abstand zu lang, so geht für die Mitarbeiter der Zusammenhang zwischen ihrer Anstrengung und der Belohnung verloren, so dass die Anreizwirkung sinkt.

Die Ausgestaltung von Anreizsystemen darf nicht nur aus ökonomischer Sicht erfolgen, sondern stellt auch ein verhaltenswissenschaftliches und arbeitspsychologisches Problem dar. Anreize werden häufig in Verbindung mit anderen Controlling-Instrumenten, wie Verrechnungspreisen, Budgets oder Kennzahlensystemen, eingesetzt. Mit der optimalen Ausgestaltung von finanziellen Anreizsystemen setzt sich insbesondere die Principal-Agent-Theorie auseinander (vgl. z. B. Ewert/Wagenhofer 2014, S. 454f.).

7.2.4 Einordnung von Anreizsystemen

Abb. 7.8 nimmt eine Einordnung des Koordinationsinstruments Anreizsysteme in die Dimensionen der Koordination aus Abschnitt 6.1.5 vor. Anreizsysteme eignen sich sowohl, um das Verhalten von Mitarbeitern im Zeitablauf zu steuern als auch, um die Aktivitäten verschiedener Personen sachlich aufeinander abzustimmen. Da die Anreizsysteme den Mitarbeitern von der Unternehmensleitung vorgegeben werden, handelt es sich um eine vertikale Koordination. Der Adressat der Koordination sind die Mitarbeiter. Die Reihenfolge der Entscheidungen ist sukzessiv, denn erst konzipiert die Unternehmensleitung das Anreizsystem und anschließend entscheiden die Mitarbeiter, mit welchem Grad an Anstrengung sie ihre Aufgaben ausführen wollen. Dadurch handelt es sich um eine dezentral durchgeführte Selbstkoordination. Das Anreizsystem gehört in den Bereich der Aufbauorganisation, denn es richtet sich direkt an die Mitarbeiter als Planungsträger. Da sowohl die Unternehmensleitung als auch die ausführenden

Mitarbeiter von der Arbeitsweise eines Anreizsystems betroffen sind, deckt es beide Ebenen – die Primär- und die Sekundärkoordination – ab.

Dimension	Ausprägungen	
Richtung der Koordination	zeitliche Koordination	sachliche Koordination
Verhältnis der Koordinationsobjekte	vertikale Koordination (Hierarchie)	horizontale Koordination (Netzwerk)
Adressat der Koordination	personenorientierte Koordination	aufgabenorientierte Koordination (Technokratie)
Reihenfolge der Entscheidungen	sukzessive Koordination	simultane Koordination
Autonomie der Entscheidungsträger	Fremdkoordination (Zentralisation)	Selbstkoordination (Dezentralisation)
Organisationsbereich	Koordination von Planungsträgern (Aufbauorganisation)	Koordination von Planungsprozessen (Ablauforganisation)
Führungsebene	Primärkoordination	Sekundärkoordination

Abb. 7.8 *Dimensionen der Koordination*

Anreizsysteme lassen sich gut mit anderen Controlling-Instrumenten wie Verrechnungspreisen, Budgets oder Kennzahlen kombinieren. Im folgenden Abschnitt wird gezeigt, wie sie sich im Rahmen der Budgetierung einsetzen lassen.

7.3 Anreizsysteme für die Budgetierung

Ein bedeutendes Einsatzfeld für Anreizsysteme liegt in der in Abschnitt 7.1 behandelten *Budgetierung*. Durch die Ausgestaltung der Entlohnungsfunktion soll sichergestellt werden, dass die Bereichsleiter bei der Verhandlung von Budgets wahre Aussagen hinsichtlich ihrer Ziele und ihrer Handlungsmöglichkeiten treffen. Prinzipiell tendieren diese dazu, ihre Budgets so zu gestalten, dass sie auch bei suboptimaler Anstrengung oder einer ungünstigen Umweltentwicklung problemlos eingehalten werden können, d. h. sie versuchen, stille Reserven einzubauen. Diese auch als „Budgetary Slack" bezeichneten Reserven führen jedoch insgesamt dazu, dass die verfügbaren Mittel nicht vollständig verteilt und damit unzureichend genutzt werden.

7.3 Anreizsysteme für die Budgetierung

Es werden vor allem drei *Anreizsysteme für die Budgetierung* diskutiert, die sich im Hinblick auf ihre Entlohnungsfunktion und die damit verbundene Anreizwirkung unterscheiden, das Weitzman-Schema, das Profit-Sharing und der Groves-Mechanismus. Diese Verfahren werden im Folgenden dargestellt und jeweils anhand eines Beispiels verdeutlicht (vgl. auch Ossadnik 2009, S. 392ff.).

7.3.1 Weitzman-Schema

Das *Weitzman-Schema* wurde in der früheren Sowjetunion im Rahmen der zentralen Planwirtschaft entwickelt und später auf den Einsatz in divisionalisierten Unternehmen übertragen. Die Entlohnungsfunktion ist so konstruiert, dass die Entlohnung eines Bereichsleiters umso höher ist, je besser seine Planung bezüglich des benötigten Budgets bzw. des damit erzielten Ergebnisses gewesen ist. Dadurch besteht ein starker Anreiz zur möglichst korrekten Berichterstattung. Die Entlohnungsfunktion besteht aus einer fixen Basisentlohnung zuzüglich eines variablen Anteils, der einerseits von der Budgetplanung und andererseits von der Abweichung der später realisierten Ergebnisse von den geplanten Werten abhängt.

$$Y = Y^F + \alpha_2 \cdot X^{Plan} + \alpha_1 \cdot \max\{0; X^{Ist} - X^{Plan}\} - \alpha_3 \cdot \max\{0; X^{Plan} - X^{Ist}\}$$

mit: Y – Entlohnung des Bereichsleiters

Y^F – fixe Basisentlohnung

X^{Plan} – geplantes Ergebnis

X^{Ist} – realisiertes Ergebnis

α_1 – Anteils des Bereichsleiters an der Ergebnisüberschreitung

α_2 – Anteil am angekündigten Ergebnis

α_3 – Anteil an der Ergebnisunterschreitung

Für die Prämiensätze α_1, α_2 und α_3 muss gelten:

$$0 < \alpha_1 < \alpha_2 < \alpha_3$$

Bei dieser Konstellation der Prämiensätze erzielt der Bereichsleiter die höchste Entlohnung, wenn er genau das zuvor angekündigte Ergebnis erreicht, denn auf ein höheres als das angekündigte Ergebnis würde er lediglich den geringeren Prämiensatz α_1 anstatt α_2 erhalten. Somit sollte er immer das Ergebnis ankündigen, dass er tatsächlich meint, erreichen zu können. Eine Unterschreitung des angekündigten Ergebnisses würde hingegen zu einem Abzug mit dem Prämiensatz α_3 führen, der wiederum über den beiden anderen Sätzen liegt. Da somit sowohl zu hohe als auch zu geringe Planergebnisse die spätere Entlohnung reduzieren, besteht ein starker Anreiz dazu, das erzielbare Ergebnis möglichst exakt zu planen.

Tab. 7.1 zeigt an einem Beispiel, wie sich verschiedene Konstellationen der geplanten und der realisierten Ergebnisse auf die Entlohnung des Bereichsleiters auswirken. Dabei wird von folgenden Werten ausgegangen:

$$Y^F = 100$$

$$\alpha_1 = 0{,}1 \qquad \alpha_2 = 0{,}2 \qquad \alpha_3 = 0{,}3$$

Die Entlohnungsfunktion für diese Parameterwerte lautet:

$$Y = 100 + 0{,}2 \cdot X^{Plan} + 0{,}1 \cdot \max\{0; X^{Ist} - X^{Plan}\} - 0{,}3 \cdot \max\{0; X^{Plan} - X^{Ist}\}$$

Tab. 7.1 *Beispiel zum Weitzman-Schema*

Ist	Plan			
	100	200	300	400
100	120	110	100	90
200	130	140	130	120
300	140	150	160	150
400	150	160	170	180

Plant der Bereichsleiter ein Ergebnis von z. B. 300, so erzielt er eine Entlohnung von 160, wenn er auch einen Wert von 300 erreicht. Fällt sein Ergebnis geringer aus, so sinkt auch die Entlohnung, bei einem Ergebnis von z. B. 200 auf 130. Beträgt das realisierte Ergebnis hingegen 400, so steigt zwar die Entlohnung auf 170; sie würde jedoch 180 betragen, wenn er mit diesem Wert von Anfang an geplant hätte.

Das Weitzman-Schema ist einfach aufgebaut und die jeweilige Entlohnung für die Betroffenen gut nachvollziehbar. Die Aufgabe der Zentrale besteht darin, die Werte für die fixe Entlohnung und die drei Parameter α_1, α_2 und α_3 für jeden Bereich so festzulegen, dass das System seine optimale Anreizwirkung entfaltet. Unterscheiden sich die Erfolgsanteile der einzelnen Bereiche aufgrund unterschiedlicher Motivationsstrukturen zu stark, so besteht die Gefahr, dass die Bereichsleiter Absprachen über Verschiebungen von Erfolgen und über Seitenzahlungen treffen.

Problematisch bei der Verwendung dieses Anreizsystems ist weiter, dass es zwar eine korrekte Planung unterstützt, jedoch keinerlei Anreize zu einer für das Gesamtunternehmen optimalen Ressourcenallokation setzt, so dass die Gefahr besteht, dass die Bereichsleiter lediglich die Maximierung ihres individuellen Einkommens verfolgen. Auch werden eventuelle Erfolgsinterdependenzen zwischen den Bereichen vollständig vernachlässigt.

7.3.2 Profit-Sharing

Das *Profit-Sharing* ist ein bereits seit den 1960er Jahren bekanntes und häufig eingesetztes Anreizschema, das auf einer Gewinnbeteiligung für die Bereichsleiter basiert. Beim Profit-

7.3 Anreizsysteme für die Budgetierung

Sharing hängt die Entlohnung eines Bereichsleiters nicht nur von seinem eigenen Ergebnis, sondern auch von den Ergebnissen der anderen Bereiche ab. Die Entlohnungsfunktion setzt sich im einfachsten Fall aus einer fixen Komponente und einem Anteil am Unternehmensergebnis, das sich als Summe der Erfolge sämtlicher Bereiche ergibt, zusammen.

$$Y_i = Y_i^F + \alpha_i \cdot \sum_{j=1}^{n} X_j^{Ist}$$

mit: Y_i – Entlohnung des Bereichsleiters i

Y_i^F – fixe Basisentlohnung des Bereichsleiters i

α_i – Erfolgsanteil des Bereichsleiters i

X_i^{Ist} – realisiertes Ergebnis des Bereichs i

Da sämtliche Bereichsleiter direkt am Unternehmensergebnis als Summe der Bereichsergebnisse beteiligt werden, haben sie einen Anreiz, möglichst gut zu dieser Gesamtzielsetzung beizutragen. Es ist sogar möglich, dass ein Bereichsleiter sein individuelles Einkommen erhöht, indem er auf einen Teil seiner möglichen Aktivitäten und damit seines Bereichsergebnisses verzichtet, wenn die dadurch freigesetzten Ressourcen in der Lage sind, an anderer Stelle einen entsprechend größeren Erfolg zu erzielen. Andererseits besteht die Gefahr, dass das individuelle Einkommen durch Fehlentscheidungen an anderer Stelle, die zu einer Reduktion des Unternehmenserfolgs führen, beeinträchtigt wird. Dies kann zu Motivationseinbußen bei den betroffenen Bereichsleitern und letztlich zu einem geringeren Anstrengungsniveau führen.

Tab. 7.2 zeigt die Entlohnung des Bereichsleiters i bei unterschiedlichen Konstellationen seines eigenen Ergebnisses und des Ergebnisses eines anderen Bereichs. Dabei gelten folgende Werte:

$$Y^F = 100 \qquad \alpha_i = 0{,}2$$

Tab. 7.2 Beispiel zum Profit-Sharing

Ist Bereich i	Ist anderer Bereich			
	100	200	300	400
100	140	160	180	200
200	160	180	200	220
300	180	200	220	240
400	200	220	240	260

Das Beispiel zeigt deutlich, dass sich eine Ergebnisverbesserung beim anderen Bereich genauso auf die Entlohnung des Bereichsleiters auswirkt wie eine Verbesserung seines eigenen Ergebnisses. Kann er z. B. sein Ergebnis von 200 auf 300 steigern, so steigt seine Entlohnung

– unabhängig vom Ergebnis des anderen Bereichs – um 20 an. Auch ein Anstieg des Ergebnisses des anderen Bereichs um 100 bewirkt einen Anstieg seiner Entlohnung um 20.

Die Zentrale hat beim Profit-Sharing die Aufgabe, die knappen finanziellen Mittel aufgrund der geplanten Erfolge der Bereichsleiter so zu verteilen, dass der erwartete Erfolg maximal wird. Weiter muss sie die Erfolgsanteile der einzelnen Bereiche so festlegen, dass die Bereichsleiter zur Leistung motiviert werden, aber nicht der gesamte Erfolg an sie weitergegeben wird. Die Bereichsleiter werden ihre Erfolge auf Basis der ihnen vorliegenden Informationen wahrheitsgemäß prognostizieren, da sie ein Interesse am größtmöglichen Gesamterfolg haben.

Durch das Profit-Sharing wird ein starker Anreiz zur optimalen Ressourcenallokation gesetzt und die Gefahr des opportunistischen Verhaltens der Bereichsleiter bzw. von Bereichsegoismen verringert. Das Verfahren ist für alle Beteiligten transparent und die erzielte Entlohnung einfach nachvollziehbar. Problematisch ist jedoch – wie bereits genannt – die Abhängigkeit der individuellen Entlohnung eines Bereichsleiters von den Handlungen anderer Bereiche, auf die er keinen Einfluss hat.

7.3.3 Groves-Mechanismus

Der *Groves-Mechanismus* stellt eine Modifikation des Profit-Sharing dar und soll die dort genannte Kritik vermeiden. In seiner Entlohnungsfunktion hängt die variable Entlohnung eines Bereichsleiters einerseits von dessen individuellem Bereichserfolg und andererseits von den geplanten Erfolgen der anderen Bereiche ab.

$$Y_i = Y_i^F + \alpha \cdot \left(X_i^{Ist} + \sum_{j \neq i} X_j^{Plan} - K_i \right)$$

Dabei ist K_i eine Korrekturgröße, durch die sich die absolute Höhe der Entlohnung des Bereichsleiters i steuern lässt.

Durch diesen Mechanismus wird einerseits über die erste variable Komponente der Entlohnungsfunktion ein starker Anreiz geschaffen, den Erfolg des eigenen Bereichs zu maximieren. Andererseits wird zumindest tendenziell verhindert, dass ein Bereich in der Planungsphase anderen Bereichen unnötig Ressourcen entzieht, da diese dann lediglich einen geringeren Erfolg planen können, so dass sich die zweite variable Entlohnungskomponente verringert. Es erfolgt jedoch keine Belastung eines Bereichsleiters, wenn die anderen Bereiche ihre geplanten Erfolge nicht erreichen können, so dass die beim Profit-Sharing kritisierte Abhängigkeit der Entlohnung von Handlungen, auf die ein Bereichsleiter keinen Einfluss hat, entfällt.

Tab. 7.3 zeigt ein Beispiel für die Entlohnung nach dem Groves-Mechanismus. Es gelten folgende Werte:

$$Y^F = 100 \qquad \alpha = 0{,}2 \qquad K_i = 0$$

Wie Tab. 7.3 zeigt, steigt die Entlohnung des Bereichsleiters sowohl mit dem eigenen Ergebnis als auch mit der Summe der Planwerte proportional an.

Tab. 7.3 *Beispiel für den Groves-Mechanismus*

Ist Bereich i	Summe Planwerte anderer Bereiche			
	1000	2000	3000	4000
100	320	520	720	920
200	340	540	740	940
300	360	560	760	960
400	380	580	780	980

Der Groves-Mechanismus trägt über seine Anreizstruktur sowohl zur optimalen Allokation knapper Ressourcen als auch zur maximalen Anstrengung jedes Bereichsleiters bei. Der Hauptkritikpunkt besteht darin, dass sich die Berechnung des Erfolgs nur schwer durchschauen bzw. nachvollziehen lässt, so dass den Betroffenen der Zusammenhang zwischen ihren Aktionen und dem daraus resultierenden Erfolg unklar bleibt. Dies führt dazu, dass das Verfahren in der Praxis nur selten eingesetzt wird.

7.4 Weiterführende Literatur

Fischer, T. M., Gülgel, K.: Unternehmensziele und Anreizsysteme, in: Wirtschaftswissenschaftliches Studium 42, 2013, S. 126-133

Friedl, B.: Controlling, UVK Verlagsgemeinschaft, Konstanz 2013

Hofmann, C.: Anreizsysteme, in: Küpper, H.-U., Wagenhofer, A. (Hrsg.), Handwörterbuch Unternehmensrechnung und Controlling, Schäffer Poeschel, Stuttgart 2001, Sp. 69-79

Ossadnik, W.: Controlling, Oldenbourg, München/Wien, 4. Aufl. 2009

8 Kontrollinstrumente

Die Kontrolle des betrieblichen Geschehens ist eine bedeutende Controllingaufgabe. Bei der Kontrolle wird ein realisierter Wert mit einem Vorgabewert verglichen. In Abhängigkeit vom Ausmaß und der Richtung der Abweichungen zwischen diesen beiden Werten werden Korrektur-, Anpassungs- oder auch Sanktionsmaßnahmen ergriffen. Beim Produktionscontrolling beziehen sich die Kontrollmaßnahmen auf die im Produktionsbereich ablaufenden Prozesse. Eine Kontrolle kann prozessbegleitend oder im Anschluss an die Durchführung eines Produktions- oder Logistikprozesses durchgeführt werden. Im Folgenden wird zunächst die Bedeutung der Kontrolle für das Produktionscontrolling herausgearbeitet, anschließend das Benchmarking als strategisches und die Abweichungsanalyse als operatives Kontrollinstrument behandelt.

Leitfragen: Welche Formen der Kontrolle lassen sich unterscheiden?

Wie lassen sich Kontrollaktivitäten klassifizieren?

Wie läuft ein Benchmarking-Prozess ab?

Welche Erkenntnisse liefert die Abweichungsanalyse?

8.1 Bedeutung der Kontrolle

Als *Kontrolle* wird in einer engen Begriffsfassung die Durchführung von *Soll/Ist-Vergleichen* verstanden. Bei einem Soll/Ist-Vergleich wird der Ist-Zustand eines Sachverhalts oder Vorgangs zu einem bestimmten Zeitpunkt erfasst und mit einem Vorgabewert verglichen. Der Vorgabewert kann sich an Vergangenheitswerten orientieren, z. B. der entsprechende Wert der Vorperiode, er kann sich aus Planungen ergeben oder auch als Benchmark (vgl. Abschnitt 8.3) formuliert sein. Beispiele für Soll/Ist-Vergleiche sind der Abgleich des Inventurbestands mit dem auf der Basis von Liefer- und Entnahmescheinen berechneten Sollbestand, die Überprüfung, inwieweit ein vorgegebenes Produktionsziel erreicht wurde, oder die Materialprüfung im Rahmen der Qualitätskontrolle.

Das durch Soll/Ist-Vergleiche gewonnene Wissen wird anschließend genutzt, um einerseits kurzfristige Anpassungsmaßnahmen in Bezug auf die betrieblichen Prozesse zu ergreifen und um andererseits auf der Basis eines verbesserten Informationsstands künftige Sollwerte für dieselben oder auch andere Prozesse festzulegen.

8.1 Bedeutung der Kontrolle

In einem erweiterten Begriffsverständnis stellt die Kontrolle einen informationsverarbeitenden, wissensgenerierenden *Führungsprozess* dar, der einen Beitrag zur Sicherstellung der Erreichung der Unternehmensziele leistet. Im Folgenden liegt der Schwerpunkt auf der engen Begriffsfassung.

Im Zusammenhang mit der Durchführung von Kontrollen ist eine Reihe von *Entscheidungen* zu treffen. So sind Kontrollobjekte, an denen die Kontrolle vorgenommen wird, und Kontrollinstanzen, die die Kontrolle vornehmen, zu definieren, die Kontrollfrequenzen und Kontrolltermine sind festzulegen und auch die Reihenfolge, in der verschiedene Kontrollen in einem Bereich durchgeführt werden sollen, ist zu bestimmen.

Die Kontrolle dient letztlich der Überprüfung der Effizienz und der Effektivität der betrieblichen Abläufe. Eine verbreitete Abgrenzung zwischen Effizienz und Effektivität lautet (vgl. Abschnitt 4.5):

„Effectivity means to do the right things, efficiency means to do the things right."

Eine Handlung wird als effektiv bezeichnet, wenn sie zur Erreichung eines bestimmten Ziels geeignet ist. Effizienz liegt hingegen vor, wenn die Handlung unter Beachtung des ökonomischen Prinzips durchgeführt wird.

Somit kann eine effiziente Handlung durchaus ineffektiv sein, wenn sie zwar nicht durch andere Handlungsalternativen dominiert wird, jedoch auch nicht zur Erreichung des vorgegebenen Ziels beiträgt. Ein Beispiel ist die Durchführung einer Wareneingangskontrolle, deren Ausgestaltung zwar in langen Jahren immer weiter verbessert wurde, die allerdings inzwischen durch die Einführung eines Qualitätsmanagementsystems bei dem Zulieferer obsolet geworden ist. Umgekehrt kann eine effektive Handlung, die durchaus zur Zielerreichung geeignet ist, ineffizient sein, wenn es andere Handlungsmöglichkeiten gibt, die den gleichen Zielbeitrag mit geringerem Mitteleinsatz liefern. So kann die Verbesserung der Kommunikation zwischen den Beteiligten in einer logistischen Kette zu einer höheren Auslastung der Transportmittel führen, ohne die eigentliche logistische Leistung zu verbessern.

Abb. 8.1 zeigt den Zusammenhang dieser beiden Begriffe in Bezug auf das Produktionscontrolling. Somit ist die Sicherstellung der Effektivität eher dem strategischen Controlling und die Effizienz dem operativen Controlling zuzuordnen.

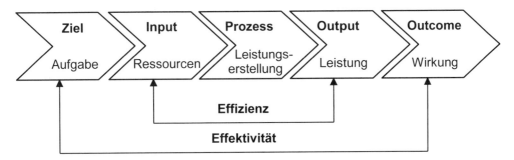

Abb. 8.1 *Effektivität und Effizienz*

In betrieblichen Prozessen, insbesondere Produktions- und Logistikprozessen, findet die Erstellung der betrieblichen Leistungen statt, indem Einsatzfaktoren bzw. Ressourcen als Input in Leistungen als Output transformiert werden. Diese auf der materiellen Ebene angesiedelte Produktivitätsbeziehung unterliegt dem *Effizienzpostulat*, d. h. die Leistungserstellung soll ohne Verschwendung von Ressourcen ablaufen. Ineffizienz liegt z. B. dann vor, wenn Maschinen nicht genutzt werden, wenn Arbeitskräfte nichts zu tun haben, wenn Material oder auch Endprodukte unnötig lange gelagert werden. Ein besonders gutes Beispiel für Ineffizienz ist die Produktion von Ausschuss, denn dabei werden Produktionsfaktoren eingesetzt, um Gegenstände herzustellen, die mit weiterem Faktoreinsatz nachgearbeitet werden müssen oder sogar unverkäuflich sind und entsorgt werden müssen. Effizienz liegt immer dann vor, wenn eine Handlung durch keine andere dominiert wird (vgl. Steven 2007, S. 16).

Der materiellen Ebene übergeordnet ist die *Zielebene*, auf der die unternehmerische Aufgabe, der die Leistungserstellung letztlich dienen soll, definiert wird. Hier werden die Auswirkungen des Produktionsergebnisses auf die Zielerreichung, die man auch als Outcome bezeichnet, beurteilt. *Effektivität* liegt vor, wenn die betrieblichen Prozesse so ausgewählt und durchgeführt werden, dass sie zweckmäßig sind, d. h. dass sie sich positiv auf die Erreichung der unternehmerischen Ziele bzw. auf die daraus abgeleiteten Aufgaben auswirken.

8.2 Kontrollaktivitäten

Kontrollaktivitäten lassen sich nach verschiedenen *Kriterien*, die in Abb. 8.2 zusammengestellt sind, klassifizieren:

- Bezüglich der *Art der Durchführung* der Kontrolle unterscheidet man die direkte Kontrolle, die unmittelbar am Kontrollobjekt vorgenommen wird, und die indirekte Kontrolle, bei der eine Vergleichsgröße untersucht wird, die in einem funktionalen oder kausalen Zusammenhang mit dem Kontrollobjekt steht. Ein Beispiel für eine indirekte Kontrolle ist die Nutzung aggregierter Größen, um Aussagen über die einzelnen Elemente einer Grundgesamtheit zu machen.

- Nach dem *Zeitpunkt* der Kontrolle kommen prozessbegleitende und nachgelagerte Kontrollen in Betracht. Prozessbegleitende Kontrollen werden auch als Fehler verhindernde Kontrollen bezeichnet. Sie sind präventiv angelegt und dienen dem frühzeitigen Erkennen bzw. der Vermeidung von Abweichungen der Istwerte von den Vorgabewerten. Ein Beispiel für eine prozessbegleitende Kontrolle ist die statistische Prozessregelung, die im Qualitätsmanagement für ein rechtzeitiges Erkennen von systematischen Prozessfehlern sorgen soll (vgl. Steven 2014, S. 57ff.). Nachgelagerte Kontrollen hingegen setzen nach der Prozessdurchführung ein und sollen beim Prozessergebnis eventuell vorhandene Fehler aufdecken. Ein Beispiel für nachgelagerte Kontrollen sind die an den fertigen Produkten durchgeführten Qualitätskontrollen.

8.2 Kontrollaktivitäten

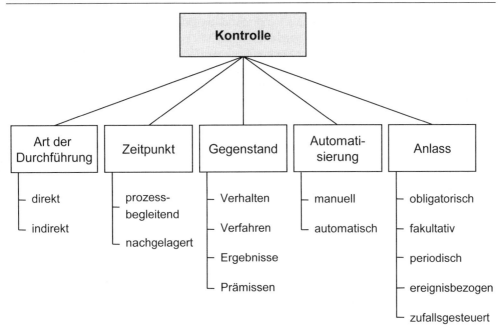

Abb. 8.2 *Kontrollarten*

- Weiter kann sich die Kontrolle auf unterschiedliche *Gegenstände* beziehen: Die Verhaltenskontrolle nimmt eine Kontrolle der menschlichen Arbeitsleistungen vor; die Verfahrenskontrolle überprüft, ob die einzelnen Produktionsprozesse ordnungsmäßig ablaufen, d. h. ob die Planung korrekt in Aktionen umgesetzt wird. Bei der Ergebniskontrolle wird nicht nur das realisierte Ergebnis mit den Vorgaben verglichen, sondern gleichzeitig beurteilt, inwieweit die Planung realistisch war. Die Prämissenkontrolle schließlich bezieht sich auf die der Planung zugrunde liegenden Annahmen, z. B. in Form einer Plausibilitätskontrolle.

- Nach dem *Automatisierungsgrad* der Kontrolle lassen sich manuelle Kontrollverfahren, bei denen die wesentlichen Kontrollaktivitäten einzelfallbezogen von Menschen durchgeführt werden, und automatische Kontrollverfahren, die computergestützt ablaufen, unterscheiden. Ein Beispiel für eine manuelle Kontrolle ist die interne oder externe Revision, bei der bestimmte Sachverhalte im Unternehmen stichprobenartig überprüft werden. Eine automatische Kontrolle führt z. B. in verbrauchsorientierten Lagerdispositionssystemen beim Unterschreiten eines vorgegebenen Meldebestands zur Auslösung einer Nachbestellung (vgl. Steven 2013, S. 64ff.).

- Schließlich kann eine Kontrolle durch unterschiedliche *Anlässe* ausgelöst werden: Eine obligatorische Kontrolle muss in jedem Fall durchgeführt werden. So ist bei der Qualitätskontrolle eine Vollerhebung bei besonders sicherheitsrelevanten Produkten und Bauteilen

z. B. im Bereich der Medizintechnik vorgeschrieben. Bei einer fakultativen Kontrolle hingegen besteht ein Entscheidungsspielraum hinsichtlich des Kontrollumfangs. Dies führt bei der Qualitätskontrolle zu einer Stichprobenkontrolle, bei der man von der Qualität der Stichprobe auf die Qualität der Grundgesamtheit schließt. Auch die Kontrollaktivitäten von Rechnungsprüfern müssen sich wegen des Umfangs der Daten in der Regel auf eine Stichprobenkontrolle beschränken.

Der Anlass einer Kontrolle kann auch zeitlich definiert werden: Eine periodische Kontrolle wird regelmäßig durchgeführt, wobei die Kontrollfrequenz problemadäquat festzulegen ist. Ein Beispiel hierfür ist der jährlich durchgeführte Abgleich von rechnerischem Lagerbestand und Inventurbestand. Bei einer ereignisbezogenen Kontrolle hingegen finden Kontrollaktivitäten immer dann statt, wenn sie durch bestimmte Ereignisse ausgelöst werden. Als kontrollauslösende Ereignisse werden insbesondere die Über- bzw. Unterschreitung bestimmter Werte von Kennzahlen herangezogen, z. B. das Überschreiten bestimmter Fertigungstoleranzen bei der statischen Prozessregelung, durch das eine Überprüfung der Werkzeuge veranlasst wird. Eine Zwischenstellung nehmen zufallsgesteuerte Kontrollen ein, bei denen lediglich sichergestellt sein muss, dass in einem bestimmten Zeitraum eine vorgegebene Anzahl an Kontrollen durchgeführt wird. Dies ist z. B. bei vielen Kontrollmaßnahmen der internen Revision der Fall.

Unabhängig von der Ausgestaltung der Kontrollaktivitäten folgt ein *Kontrollprozess* mehr oder weniger exakt dem in Abb. 8.3 dargestellten Ablauf (vgl. Friedl 2013, S. 187f.). Dies wird am Beispiel der Überwachung der Performance eines Produktionsbereichs veranschaulicht.

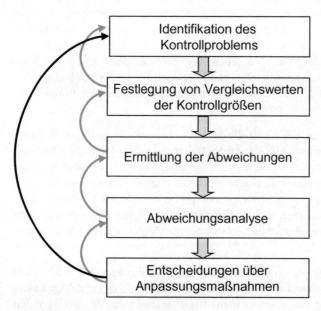

Abb. 8.3 *Ablauf eines Kontrollprozesses*

- Zunächst ist das *Kontrollproblem* zu identifizieren und zu beschreiben. Nach dem Austausch einer Produktionsanlage liefert der Bereich eine deutlich geringere Produktionsmenge und weicht somit von seiner Zielvorgabe ab. Gleichzeitig wird festgelegt, welche Objekte einer Kontrolle unterzogen werden sollen. In diesem Fall liegt es nahe, die Arbeitsweise der neuen Anlage näher zu untersuchen.

- Die zugehörigen *Vergleichswerte* werden als Planwerte oder aufgrund von Vergangenheitswerten festgelegt. Da in diesem Fall noch keine Vergangenheitswerte vorliegen, werden die Vergleichswerte aus den Herstellerangaben oder aus bei vergleichbaren Anlagen beobachteten Werten hergeleitet.

- So lässt sich ermitteln, ob und in welcher Höhe *Abweichungen* zwischen den Vorgabewerten und den Istwerten aufgetreten sind.

- Im Rahmen der *Abweichungsanalyse* (vgl. Abschnitt 8.4) wird anhand von zusätzlichen Informationen untersucht, auf welche Ursachen sich die Abweichungen zurückführen lassen. Hier kann sich z. B. ergeben, dass die Produktionsanlage mit falschen Einstellungen läuft und daher die geplante Produktionsmenge nicht erreichen kann.

- Im letzten Schritt des Kontrollprozesses wird in Abhängigkeit von der Problemstellung und dem Ausmaß der Abweichung entschieden, welche Anpassungsmaßnahmen ergriffen werden müssen. Durch eine Korrektur der Maschineneinstellungen lässt sich erreichen, dass die Anlage in Zukunft ihre Produktionsziele einhält.

8.3 Benchmarking

Auf der strategischen Ebene des Produktionscontrollings dient die Kontrolle in erster Linie der Überprüfung, wo die Erfolgspotentiale des Unternehmens liegen bzw. ob sie hinreichend ausgenutzt werden. Als Instrument dafür lässt sich das *Benchmarking* einsetzen, dessen Aufgabe in der systematischen Suche nach und der Umsetzung von Erfolgspotentialen besteht. Mit dem Benchmarking wird das *Ziel* verfolgt, von besonders erfolgreichen Unternehmen bzw. von besten Bereichen innerhalb des eigenen Unternehmens möglichst viel und möglichst schnell zu lernen. Durch das Benchmarking wird ein kontinuierlicher Verbesserungsprozess angestoßen, um in den strategisch wichtigen Bereichen des eigenen Unternehmens nachhaltige Erfolgspotentiale zu entwickeln und Anhaltspunkte für strategische Maßnahmen zur Verbesserung der Wettbewerbsposition zu erkennen (vgl. hierzu Töpfer 1997, S. 202ff.).

Ein *Benchmark* ist ein Vergleichs- bzw. Vorgabewert, anhand dessen das Unternehmen beurteilt wird bzw. an dem es sich ausrichtet. Dieser Wert bezieht sich auf andere Unternehmen oder Bereiche, die in Bezug auf ein relevantes Merkmal führend sind, d. h. deren Prozesse als „best practice" gelten können. Solche herausragenden Unternehmen legen bereits heute fest, welche Performance morgen als Standard gelten wird.

Der *Ablauf* eines Benchmarking-Prozesses ist in Abb. 8.4 dargestellt.

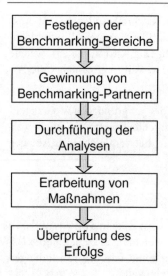

Abb. 8.4 Ablauf des Benchmarking

Zunächst werden, z. B. mithilfe einer Stärken/Schwächen-Analyse, die *Bereiche* festgelegt, für die das Benchmarking durchgeführt werden soll. Dies können Produkte, Prozesse oder betriebliche Funktionsbereiche sein, bei denen das Unternehmen absolute oder relative Schwächen aufweist. Gleichzeitig wird bestimmt, bei welchen Kriterien eine Verbesserung erreicht werden soll. Als Zielgrößen kommen z. B. Kosten, Qualität, Zeitgrößen oder die Kundenzufriedenheit in Betracht. Im Folgenden wird als Beispiel ein Benchmarking zur Verkürzung der Lieferzeit betrachtet.

Im zweiten Schritt wird nach geeigneten *Benchmarking-Partnern* gesucht. Hierbei sollte es sich um Unternehmen handeln, die in den Benchmarking-Bereichen eine Vorreiterstellung einnehmen (best practice), denn ein Vergleich mit einem mittelmäßigen Unternehmen kann auch nur zu mittelmäßigen Verbesserungen führen. Ist ein Best-Practice-Unternehmen bezüglich eines Merkmals führend in seiner Branche, so wird es als „best in class" bezeichnet; setzt es sogar Weltmaßstäbe, so liegt „Business Excellence" vor. Für die Verkürzung der Lieferzeit ist das Unternehmen mit der kürzesten Lieferzeit ein guter Benchmarking-Partner.

Anschließend erfolgt eine *Analyse*, warum der Benchmarking-Partner bezüglich des betrachteten Kriteriums besser abschneidet. Die relevanten Prozesse des Partnerunternehmens werden systematisch untersucht, mithilfe von Kennzahlen (vgl. Lehreinheit 9) oder Bewertungsskalen ausgewertet und mit den entsprechenden Daten des eigenen Unternehmens verglichen. In unserem Beispiel wird der Lieferprozess des Benchmarking-Partners detailliert beschrieben und die Dauern der einzelnen Teilvorgänge werden als Kennzahlen festgehalten. Damit wird offensichtlich, welche Teilprozesse zu lange dauern und somit Ansatzpunkte für Verbesserungsmaßnahmen sind.

8.3 Benchmarking

Im vierten Schritt werden – aufbauend auf den Erkenntnissen der Analysephase – systematisch *Verbesserungsmaßnahmen* erarbeitet. Dabei sollten nicht lediglich die Prozesse des Benchmarking-Partners imitiert, sondern auf das eigene Unternehmen, seine Kultur und seine verfügbaren Ressourcen zugeschnittene Strategien und Maßnahmen gesucht werden. Damit die Umsetzung der Maßnahmen nachvollziehbar ist, werden sie inhaltlich genau beschrieben, zeitlich terminiert und einem Mitarbeiter zur verantwortlichen Ausführung übertragen. Eine Verkürzung der Lieferzeit lässt sich erreichen, indem z. B. in Anlehnung an das Vorgehen des Benchmarking-Partners auf Umladevorgänge verzichtet wird oder Liegezeiten zwischen aufeinander folgenden Transportvorgängen verkürzt werden.

Zum Abschluss eines Benchmarking-Durchlaufs findet eine *Erfolgsüberprüfung* statt. Ist trotz der Umsetzung der zuvor erarbeiteten Maßnahmen die Zielgröße noch nicht erreicht oder hat sich der Benchmarking-Partner in der Zwischenzeit ebenfalls weiterentwickelt, so kann ein erneuter Durchlauf des Benchmarking-Prozesses angestoßen werden. Stellt das Unternehmen fest, dass durch die eingeleiteten Maßnahmen die Lieferzeit fast bis zu dem vorgegebenen Benchmark reduziert wurde, so kann es dieses Benchmarking-Projekt als erfolgreich abschließen. Hat jedoch der Partner in der Zwischenzeit seine Lieferzeit noch weiter reduziert, so sind weitere Anstrengungen erforderlich, um auch dieses neue Benchmark zu erreichen. Weiter ist im Rahmen einer Wirtschaftlichkeitsanalyse regelmäßig zu untersuchen, in welchem Verhältnis Kosten und Nutzen des Benchmarking und der dadurch ausgelösten Maßnahmen stehen.

In manchen Fällen erweist sich die Gewinnung von *Benchmarking-Partnern* als problematisch. Während das suchende Unternehmen direkt von der Durchführung des Benchmarking-Prozesses profitiert, ist der Nutzen für das überlegene Unternehmen nicht unmittelbar erkennbar. Es muss nicht nur Mitarbeiterkapazitäten einsetzen, um dem anderen Unternehmen die gewünschten Informationen bereitzustellen, sondern es muss zusätzlich befürchten, dass es durch die Aufdeckung seiner Geschäftsprozesse Wettbewerbsvorteile einbüßt. In den USA wird der Wissenstransfer von überlegenen zu anderen Unternehmen dadurch begünstigt, dass die Gewinner des Malcolm Baldridge National Quality Award verpflichtet sind, ihre Erfahrungen unter anderem im Rahmen des Benchmarking an andere Unternehmen weiterzugeben. Ähnliches gilt in Europa in Bezug auf den von der European Foundation for Quality Management (EFQM) vergebenen Qualitätspreis.

Nach dem *Umfang des Benchmarking* lassen sich die in Abb. 8.5 dargestellten Ausprägungen unterscheiden:

- Das *interne Benchmarking* bezieht sich auf andere Abteilungen oder Geschäftsbereiche des eigenen Unternehmens. Dies hat den Vorteil, dass die Prozesse gut vergleichbar sind. Andererseits besteht die Gefahr einer gewissen Betriebsblindheit, die verhindert, dass die vollständigen Verbesserungspotenziale erkannt werden.

- Beim *externen Benchmarking* werden andere Unternehmen als Benchmarking-Partner herangezogen. Diese können je nach dem Ausmaß des externen Benchmarkings aus dem direkten oder indirekten Wettbewerbsumfeld des Unternehmens, aus vor- und nachgelagerten Branchen oder sogar aus anderen Branchen stammen. Generell gilt, dass bei einem eng gefassten Benchmarking die erforderlichen Daten leichter beschafft werden können und die Ausgangsbedingungen der Partner besser vergleichbar sind. Bei einem weit angelegten Benchmarking hingegen lassen sich in der Regel strengere Benchmarks ermitteln, so dass die Effektivität des Benchmarking größer ist.

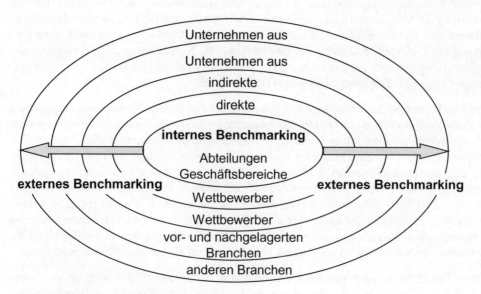

Abb. 8.5 Umfang des Benchmarking

Beim *branchenübergreifenden externen Benchmarking* unterscheiden sich die Prozesse häufig so stark, dass keine vergleichbaren Kennzahlen gewonnen werden können. So ist z. B. die Personalintensität in Dienstleistungsunternehmen höher als in Industrieunternehmen, während dort der Kapitaleinsatz dominiert. Weiter besteht die Gefahr, dass das Knowhow für das Verständnis der relevanten Leistungsmechanismen fehlt, so dass die für die gute Performance wesentlichen Aspekte übersehen werden. Zieht man jedoch die falschen Schlüsse aus den Beobachtungen, so weist das Benchmarking nur eine geringe Leistungsfähigkeit auf.

Das externe Benchmarking kann entweder offen oder verdeckt durchgeführt werden. Beim *offenen Benchmarking* besteht ein unmittelbarer Kontakt zwischen den Benchmarking-Partnern, so dass ein direkter Vergleich der Prozesse und ihrer Ergebnisse möglich ist. Das *verdeckte Benchmarking* hingegen erfolgt in anonymisierter Form, so dass keiner der Beteiligten weiß, von welchem Unternehmen die verwendeten Daten stammen. Der Datenaustausch erfolgt hierbei über eine neutrale Clearingstelle, die die Anonymität gewährleistet.

8.4 Abweichungsanalyse

Die *Abweichungsanalyse* ist ein Kontrollinstrument, das im operativen Produktionscontrolling eingesetzt wird. Durch eine eingehende Untersuchung sollen die Ursachen von Leistungslücken, die bei einem Soll/Ist-Vergleich festgestellt worden sind, festgestellt werden. Die für die Entstehung der Abweichungen verantwortlichen Aufgabenträger müssen ermittelt und zur Verantwortung herangezogen werden. Je nach betroffenen Bereich sowie der Stärke und den Auswirkungen der Abweichungen kommen unterschiedliche Sanktionen in Betracht. Auf Basis der Ursachenanalyse lassen sich Lernprozesse initiieren und Maßnahmen zur zukünftigen Vermeidung der jeweiligen Fehler entwickeln. Darüber hinaus kann bei erkennbaren schwerwiegenden Abweichungen auch in laufende Prozesse eingegriffen werden, um eine zu starke Abweichung der Ergebnisse von den Zielvorgaben zu vermeiden.

Als Objekte einer Abweichungsanalyse kommen *monetäre Größen* wie Kosten oder Deckungsbeiträge, aber auch nicht-monetäre Größen in Betracht. Beispiele für *nicht-monetäre Kontrollobjekte* im Produktionscontrolling sind Soll- und Ist-Verbrauchsmengen an Material, die Einhaltung von Vorgabezeiten für bestimmte Fertigungsschritte oder Ausschussquoten. Die zugehörigen Daten müssen durch die Betriebsdatenerfassung im Rahmen des betrieblichen Informationssystems so bereitgestellt werden, dass eine zeitnahe und einzelfallbezogene Auswertung möglich ist.

Nach der Art der untersuchten Abweichungen kann sich die Abweichungsanalyse auf absolute oder relative Abweichungen beziehen. Während bei *absoluten Abweichungen* der Betrag, um den das Ziel verfehlt wird, im Vordergrund steht, gibt eine *relative Abweichung* Auskunft über die Größenordnung der Planabweichung. Ein Beispiel für eine absolute Abweichung ist die Unterschreitung der vorgegebenen Produktionsmenge um 1.000 Stück. Falls die Planvorgabe bei 10.000 Stück lag, entspricht dies einer relativen Abweichung von 10 %.

Absolute Abweichungen lassen sich weiter unterscheiden in *Einzelabweichungen* und *kumulierte Abweichungen*, die über einen längeren Zeitraum oder über eine größere Anzahl von Kontrollobjekten gebildet werden. Bei der Verwendung von kumulierten Abweichungen besteht jedoch die Gefahr, dass sich positive und negative Abweichungen im Saldo kompensieren, so dass das Ausmaß der tatsächlichen Planabweichungen nicht mehr erkennbar ist.

Kernstück der Abweichungsanalyse ist die Ermittlung der *Abweichungsursachen*. Diese lassen sich, wie Abb. 8.6 zeigt, im Wesentlichen auf drei Arten von Fehlern zurückführen:

- Wenn *Planungsfehler* vorliegen, bedeutet das, dass die der ausführenden Ebene vorgegebenen Sollwerte fehlerhaft bzw. nicht optimal zur Zielerreichung geeignet sind. Fehlerhafte Planvorgaben können entstehen, wenn der planenden Instanz relevante Informationen fehlen, wenn das verwendete Planungsmodell die Realität nur unzureichend abbildet oder wenn die eingesetzten Planungsverfahren für die vorliegende Problemstellung nicht geeignet sind. In diesem Fall kann eine Abweichung der Istwerte von den Sollwerten sogar bedeuten, dass ein größerer Zielerreichungsgrad realisiert wurde. Auch Abweichungen, die zu einer Verschlechterung der Zielerreichung führen, dürfen zumindest nicht vollständig der ausführenden Ebene angelastet werden.

Abb. 8.6 Abweichungsursachen

- *Ausführungsfehler* liegen vor, wenn die realisierten Istwerte von den Vorgaben abweichen bzw. suboptimal im Sinne der Zielerreichung sind. Ihre Ursache kann zum einen in den oben genannten Planungsfehlern liegen, d. h. auf fehlerhaften Sollvorgaben beruhen. Weiter lassen sich Ausführungsfehler auf fehlerhafte Handlungen oder fehlerhafte Arbeitsmittel zurückführen. Fehlerhafte Handlungen treten z. B. auf, wenn Arbeitsanweisungen nicht beachtet oder Prozessabläufe abweichend von der vorherigen Planung durchgeführt werden. Sie fallen direkt in den Verantwortungsbereich der jeweiligen Mitarbeiter bzw. Bereichsleiter. Fehlerhafte Arbeitsmittel sind z. B. falsch eingestellte Maschinen, abgenutzte Werkzeuge oder qualitativ unzureichende Materialien, deren Ursachen teils innerhalb und teils außerhalb der ausführenden Ebene zu suchen sind.

- Bei *Kontrollfehlern* wird ein Fehler ausgewiesen, obwohl die Istwerte tatsächlich in hohem Maße zur Zielerreichung beitragen. Dieser Sachverhalt kann darauf beruhen, dass die Messung der Istwerte fehlerhaft ist, dass die vorgegebenen Sollwerte nicht optimal waren oder dass bei der Durchführung des Soll/Ist-Vergleichs ein Fehler aufgetreten ist. Werden Kontrollfehler nicht als solche erkannt und die vermeintlichen Abweichungen den jeweiligen Mitarbeitern angelastet, so kann dies zu erheblichen Motivationsverlusten führen.

Ein bedeutendes Einsatzgebiet der Abweichungsanalyse liegt im Bereich der *Wirtschaftlichkeitskontrolle*. Aufgabe der Wirtschaftlichkeitskontrolle ist die Aufdeckung und Analyse von Kostenabweichungen, d. h. von Differenzen zwischen Plankosten und Istkosten. Sie steht damit in enger Beziehung zur Plankostenrechnung. Die Zielsetzung der Wirtschaftlichkeitskontrolle besteht darin, die Ursachen von Kostenabweichungen festzustellen und diese zukünftig zu vermeiden. Dabei geht man wie folgt vor:

8.4 Abweichungsanalyse

- Zunächst wird für jeden Bereich eine *Gesamtabweichung* als Differenz von Plankosten und Istkosten ermittelt, die Auskunft über das Ausmaß der in diesem Bereich aufgetretenen Unwirtschaftlichkeiten gibt.

- Anschließend erfolgt eine Zurechnung dieser Gesamtabweichung zu einzelnen *Kosteneinflussgrößen*. Die beiden Hauptkosteneinflussgrößen sind Preisabweichungen und Mengenabweichungen. *Preisabweichungen*, d. h. Veränderungen bei den Einstandspreisen der eingesetzten Verbrauchsfaktoren, sind zum größten Teil auf Marktentwicklungen zurückzuführen und fallen damit nicht in die Verantwortung des Bereichsleiters. Dieser ist allenfalls dann für Preisabweichungen verantwortlich, wenn er selbst den Einkauf des Materials vornimmt und dabei z. B. auf die Ausnutzung von Mengenrabatten verzichtet. Bei *Mengenabweichungen* liegt hingegen häufig ein fehlerhaftes Verhalten der ausführenden Stelle zugrunde. Die Ursachen für Mengenabweichungen können am Input der Fertigungsprozesse, an der Durchführung der Prozesse und an ihrem Output liegen:

    - Eine inputbezogene Ursache für eine Mengenabweichung ist z. B. eine schwankende bzw. unzureichende *Qualität des Einsatzmaterials*, die dazu führt, dass für eine vorgegebene Produktionsmenge ein höherer Materialverbrauch als vorgesehen entsteht. In diesem Fall liegt die Ursache der Mengenabweichung außerhalb der Verantwortung des Fertigungsbereichs.

    - Im Produktionsprozess selbst treten Mengenabweichungen in Form von *Verbrauchsabweichungen* auf, die aus Ineffizienzen bzw. Unwirtschaftlichkeiten bei der Leistungserstellung resultieren. Diese Form der Mengenabweichung ist eindeutig der ausführenden Stelle anzulasten.

    - Outputbezogene Ursachen einer Mengenabweichung sind *Änderungen des Fertigungsprogramms*, d. h. eine gegenüber der ursprünglichen Planung veränderte Zusammensetzung der herzustellenden Produkte, oder die so genannten *Beschäftigungsabweichungen*, d. h. Abweichungen der tatsächlich hergestellten Produktmengen von den geplanten Mengen. Während Änderungen des Fertigungsprogramms meist von übergeordneten Stellen angeordnet werden und daher auch in deren Verantwortungsbereich fallen, beruhen Beschäftigungsabweichungen entweder auf einer unvorhergesehenen Absatzentwicklung oder auf einer Mehr- oder Minderleistung der Produktionsstelle. Nur im letztgenannten Fall sind sie dieser anzulasten.

- Bei jeder einzelnen Abweichung muss untersucht werden, durch welchen Tatbestand oder welche Handlung sie verursacht wurde, um die *Verantwortlichkeiten* eindeutig zuweisen zu können. Wie bereits dargestellt, kommen als Ursachen unter anderem externe Einflüsse, Entscheidungen der Unternehmensleitung, Entscheidungen des Bereichsleiters oder das Verhalten der Mitarbeiter in Betracht.

- Sind die Verantwortlichkeiten geklärt, so erfolgt eine Sanktionierung des fehlerhaften Verhaltens z. B. in Form von Einbußen bei variablen Einkommensbestandteilen (vgl. Abschnitt 7.3). Viel wichtiger ist es jedoch, aus den Fehlern zu lernen und diese in Zukunft zu vermeiden bzw. adäquate *Gegenmaßnahmen* zu ergreifen.

Die *Kostenabweichung* eines Bereichs wird auf Basis der Kostendefinition, die die Kosten als Summe der mit ihren Preisen q_i bewerteten Faktoreinsatzmengen r_i berechnet, ermittelt (vgl. hierzu Kistner/Steven 1997, S. 189ff.):

$$K = \sum_{i=1}^{n} q_i \cdot r_i$$

Die gesamte Kostenabweichung ΔK ergibt sich als Differenz von Istkosten und Plankosten:

$$\Delta K = K^{Ist} - K^{Plan} = \sum_{i=1}^{n} q_i^{Ist} \cdot r_i^{Ist} - \sum_{i=1}^{n} q_i^{Plan} \cdot r_i^{Plan}$$

Geht man davon aus, dass die Abweichung der Einsatzmenge bei jedem Verbrauchsfaktor i der Differenz aus Istmenge und Planmenge entspricht, so gilt:

$$\Delta r_i = r_i^{Ist} - r_i^{Plan} \quad \Leftrightarrow \quad r_i^{Ist} = r_i^{Plan} + \Delta r_i$$

Dieser Ausdruck ist positiv, wenn die Istmenge über der Planmenge liegt, und negativ, wenn weniger als geplant verbraucht wurde.

Analog lässt sich die Abweichung bei den Faktorpreisen als Differenz von Istpreisen und Planpreisen berechnen:

$$\Delta q_i = q_i^{Ist} - q_i^{Plan} \quad \Leftrightarrow \quad q_i^{Ist} = q_i^{Plan} + \Delta q_i$$

Setzt man in der Definitionsgleichung für die Gesamtabweichung ΔK die hier ermittelten Ausdrücke für die Istmengen bzw. Istpreise ein und nimmt einige Umstellungen vor, so erhält man:

$$\Delta K = \sum_{i=1}^{n} \left[(r_i^{Plan} + \Delta r_i) \cdot (q_i^{Plan} + \Delta q_i) - r_i^{Plan} \cdot q_i^{Plan} \right] =$$

$$= \sum_{i=1}^{n} \Delta r_i \cdot q_i^{Plan} + \sum_{i=1}^{n} \Delta q_i \cdot r_i^{Plan} + \sum_{i=1}^{n} \Delta r_i \cdot \Delta q_i$$

Die gesamte Kostenabweichung ΔK besteht somit aus den folgenden drei Bestandteilen:

- Die *Mengenabweichung* ergibt sich, indem man die Abweichungen bei den Einsatzmengen mit ihren Planpreisen gewichtet.

$$\sum_{i=1}^{n} \Delta r_i \cdot q_i^{Plan}$$

- Die *Preisabweichung* wird entsprechend berechnet, indem die Abweichungen der Faktorpreise mit den geplanten Einsatzmengen multipliziert werden.

8.4 Abweichungsanalyse

$$\sum_{i=1}^{n} \Delta q_i \cdot r_i^{Plan}$$

- Mithilfe der Mengenabweichung und der Preisabweichung ist die Gesamtabweichung noch nicht vollständig erklärt. Vielmehr ergeben sich zusätzlich *Abweichungen höherer Ordnung*, die aufgrund der multiplikativen Verknüpfung der Faktoreinsatzmengen und der Faktorpreise entstehen. Eine vollständige Aufteilung der Gesamtabweichung auf die beiden Einflussgrößen Mengen und Preise wäre nur bei einer additiven Verknüpfung möglich.

$$\sum_{i=1}^{n} \Delta r_i \cdot \Delta q_i$$

In Abb. 8.7 ist die Situation dargestellt, dass sowohl die Istverbrauchsmengen als auch die Istpreise über den Planwerten liegen, so dass die Istkosten (äußeres Rechteck) höher als die Plankosten (weißes Rechteck) sind. Falls die Planmengen oder die Planpreise unterschritten wurden, ist die Darstellung entsprechend zu modifizieren. In diesem Fall können die Istkosten auch unterhalb der Plankosten liegen.

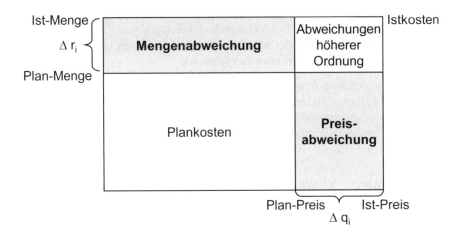

Abb. 8.7 Bestandteile der Kostenabweichung

Die Abweichungsanalyse wird an dem nachfolgenden Beispiel veranschaulicht. Für einen Fertigungsbereich, der nur einen Produktionsfaktor einsetzt, gelten die folgenden Plan- und Istwerte:

$q^{Plan} = 12$ $\qquad q^{Ist} = 10$

$r^{Plan} = 900$ $\qquad r^{Ist} = 1.000$

Es liegt somit eine Planüberschreitung bei der Verbrauchsmenge um 100 Stück und eine Unterschreitung beim Faktorpreis um 2 € vor. Die daraus resultierende Gesamtabweichung ist negativ, denn die Istkosten liegen unterhalb der Plankosten.

$$\Delta K = K^{Ist} - K^{Plan} = q^{Ist} \cdot r^{Ist} - q^{Plan} \cdot r^{Plan}$$
$$= 10 \cdot 1.000 - 12 \cdot 900 = 10.000 - 10.800 = -800$$

Um die Wirtschaftlichkeit des Fertigungsbereichs zu beurteilen, wird diese Gesamtabweichung in Höhe von -800 € in ihre Bestandteile zerlegt:

Verbrauchsabweichung: $\Delta K_r = \Delta r \cdot q^{Plan} = 100 \cdot 12 = 1.200$

Preisabweichung: $\Delta K_q = \Delta q \cdot r^{Plan} = -2 \cdot 900 = -1.800$

Die Abweichung höherer Ordnung ergibt sich, indem man von der Gesamtabweichung ΔK die Summe aus Verbrauchs- und Preisabweichung subtrahiert:

$$-800 - (1.200 - 1.800) = -200$$

Diese Ergebnisse verdeutlichen, dass sich die Kostenunterschreitung des Fertigungsbereichs im Wesentlichen auf die Preisabweichung von –1.800 € zurückführen lässt, auf die er wahrscheinlich keinen Einfluss gehabt hat. Die Verbrauchsabweichung von +1.200 € hingegen zeigt, dass die Leistungserstellung trotz der negativen Gesamtabweichung erhebliche Unwirtschaftlichkeiten aufweist, nach deren Ursachen zu suchen ist.

Unbefriedigend ist, dass sich eine Abweichung höherer Ordnung in Höhe von –200 € ergibt, was immerhin 2 % der Istkosten entspricht. Um auch die Abweichung höherer Ordnung den anderen Abweichungskategorien zuordnen zu können, sind eine Reihe von Umlageverfahren zur Verrechnung der Kostenabweichungen entwickelt worden, die jeweils unterschiedliche Stärken und Schwächen aufweisen.

8.4.1 Alternative Abweichungsanalyse

Die *alternative Abweichungsanalyse* kann in zwei Varianten auftreten, indem man die Ist- bzw. die Planwerte als Bezugsbasis nimmt. Für das Beispiel ergeben sich folgende Werte:

Ist-Werte als Bezugsbasis: Man subtrahiert von den Istkosten alternativ die Ist-Mengen zu Plan-Preisen bzw. die Plan-Mengen zu Ist-Preisen.

$$\Delta K_q = q^{Ist} \cdot r^{Ist} - q^{Plan} \cdot r^{Ist}$$
$$= 10 \cdot 1.000 - 12 \cdot 1.000 = 10.000 - 12.000 = -2.000$$

$$\Delta K_r = q^{Ist} \cdot r^{Ist} - q^{Ist} \cdot r^{Plan}$$
$$= 10 \cdot 1.000 - 10 \cdot 900 = 10.000 - 9.000 = 1.000$$

8.4 Abweichungsanalyse

<u>Planwerte als Bezugsbasis</u>: Hierbei werden die Plankosten alternativ von den Ist-Mengen zu Plan-Preisen bzw. den Plan-Mengen zu Ist-Preisen subtrahiert.

$$\Delta K_q = q^{Ist} \cdot r^{Plan} - q^{Plan} \cdot r^{Plan}$$
$$= 10 \cdot 900 - 12 \cdot 900 = 9.000 - 10.800 = -1.800$$

$$\Delta K_r = q^{Plan} \cdot r^{Ist} - q^{Plan} \cdot r^{Plan}$$
$$= 12 \cdot 1.000 - 12 \cdot 900 = 12.000 - 10.800 = 1.200$$

Der Nachteil der alternativen Abweichungsanalyse ist, dass die Ergebnisse verzerrt sind, da die Abweichungen höherer Ordnung mehrfach verrechnet werden. Bei der Orientierung an Istwerten werden sie doppelt verrechnet, beim Vorgehen anhand von Planwerten werden sie doppelt abgezogen.

8.4.2 Kumulative Abweichungsanalyse

Bei der *kumulativen Abweichungsanalyse* werden die Abweichungen in einer zuvor festgelegten Reihenfolge berechnet. Dabei werden die Abweichungen höherer Ordnung der zuerst ermittelten Abweichungsart zugerechnet. Somit hängt die Höhe der letztlich ausgewiesenen Kostenabweichungen von der Reihenfolge der Verrechnung ab.

Bildet man zuerst die *Preisabweichung*, so ergibt sich für das Beispiel:

$$\Delta K_q = q^{Ist} \cdot r^{Ist} - q^{Plan} \cdot r^{Ist}$$
$$= 10 \cdot 1.000 - 12 \cdot 1.000 = 10.000 - 12.000 = -2.000$$

$$\Delta K_r = q^{Plan} \cdot r^{Ist} - q^{Plan} \cdot r^{Plan}$$
$$= 12 \cdot 1.000 - 12 \cdot 900 = 12.000 - 10.800 = 1.200$$

Wie man sieht, ist die Abweichung höherer Ordnung der Preisabweichung zugeschlagen worden, während die Mengenabweichung dem ursprünglichen Wert entspricht. Die Abweichung höherer Ordnung ist verschwunden.

Berechnet man hingegen zuerst die *Mengenabweichung*, so wird die Abweichung höherer Ordnung auf diese verrechnet und die Preisabweichung bleibt unverändert.

$$\Delta K_r = q^{Ist} \cdot r^{Ist} - q^{Ist} \cdot r^{Plan}$$
$$= 10 \cdot 1.000 - 10 \cdot 900 = 10.000 - 9.000 = 1.000$$

$$\Delta K_q = q^{Ist} \cdot r^{Plan} - q^{Plan} \cdot r^{Plan}$$
$$= 10 \cdot 900 - 12 \cdot 900 = 9.000 - 10.800 = -1.800$$

8.4.3 Summarische Abweichungsanalyse

Die *summarische Abweichungsanalyse* verrechnet die Abweichungen höherer Ordnung proportional zur Höhe der primären Abweichungen. Damit erhält man zwar – wie bei der kumulativen Abweichungsanalyse – immer ein eindeutiges Ergebnis, bei dem die Abweichungen höherer Ordnung vollständig umgelegt sind, jedoch gibt es keinerlei theoretische Begründung für die hierbei vorgenommene proportionale Verrechnung dieser Abweichungen. Im vorliegenden Beispiel ergibt sich:

$$\Delta K_q = \Delta q \cdot r^{Plan} \left[\frac{\Delta r \cdot \Delta q}{\Delta r \cdot q^{Plan} + \Delta q \cdot r^{Plan}} \right]$$

$$\Delta K_q = (10-12) \cdot 900 \cdot \left[1 + \frac{(1.000-900) \cdot (10-12)}{(1.000-900) \cdot 12 + (10-12) \cdot 900} \right] = -2.400$$

$$\Delta K_r = \Delta r \cdot q^{Plan} \left[\frac{\Delta r \cdot \Delta q}{\Delta r \cdot q^{Plan} + \Delta q \cdot r^{Plan}} \right]$$

$$\Delta K_r = (1.000-900) \cdot 12 \cdot \left[1 + \frac{(1.000-900) \cdot (10-12)}{(1.000-900) \cdot 12 + (10-12) \cdot 900} \right] = 1.600$$

Wenn eines dieser Umlageverfahren in der Praxis eingesetzt wird, sollte stets berücksichtigt werden, welcher potentielle Fehler damit verbunden ist.

8.5 Weiterführende Literatur

Friedl, B.: Controlling, UVK Verlagsgemeinschaft, Konstanz 2013

Horváth, P.: Controlling, Vahlen, München, 12. Aufl. 2012

Woratschek, H., Schröder, J., Eymann, T., Buck, M. (Hrsg.): Wertschöpfungsorientiertes Benchmarking, Springer Vieweg, Berlin/Heidelberg 2015

9 Informationsinstrumente I – Kennzahlen und Kennzahlensysteme

In Lehreinheit 1 wurde bereits die Bedeutung der *Informationsversorgung* für das Produktionscontrolling herausgearbeitet. Als Informationsversorgung bzw. -unterstützung bezeichnet man in diesem Zusammenhang die an den Controllingzielen ausgerichtete Beschaffung, Aufbereitung, Verwaltung und Bereitstellung von Daten insbesondere zur Unterstützung von Führungsentscheidungen. Damit ist die Informationsversorgung eine wichtige Grundlage für andere Controllingaufgaben. Die wichtigsten Informationsinstrumente des Produktionscontrollings sind die in dieser Lehreinheit behandelten Kennzahlen und Kennzahlensysteme sowie das in Lehreinheit 10 dargestellte Berichtswesen.

Leitfragen:
- Wodurch lassen sich Kennzahlen charakterisieren?
- Welche Arten von Kennzahlen gibt es?
- Wie lässt sich ein Kennzahlenvergleich durchführen?
- Wie entsteht aus verschiedenen Kennzahlen ein Kennzahlensystem?
- Wie lassen sich Kennzahlen visualisieren?

9.1 Bedeutung der Informationsversorgung

Aufgrund der zentralen Stellung von Informationen in der heutigen Informationsgesellschaft kommt einer zuverlässigen Informationsversorgung eine große Bedeutung zu, um die Controllingaufgaben der Planung, Steuerung und Kontrolle zu unterstützen. Informationen über betriebliche Sachverhalte und Abläufe richten sich an verschiedene inner- und außerbetriebliche Adressaten. Aus Sicht des Produktionscontrollings sind vor allem die internen Adressaten wie die Unternehmensführung, Abteilungs- und Sachbereichsleiter und andere Entscheidungsträger relevant.

Bei der Versorgung mit Informationen können verschiedene *Probleme* bzw. Konflikte auftreten:

- Von großer Bedeutung ist die *Verlässlichkeit* der Informationen. Nur auf der Basis umfassender, hinreichend detaillierter und korrekter Informationen können im Unternehmen über verschiedene Bereiche hinweg konsistente und zur Erreichung des Gesamtziels beitragende Entscheidungen getroffen werden.

- Sowohl bei der innerbetrieblichen als auch bei der außerbetrieblichen Beschaffung und Bereitstellung von Informationen ist auf die *Datensicherheit* bzw. den *Datenschutz* zu achten, damit vertrauliche Informationen nicht in unbefugte Hände gelangen. Dies betrifft jegliche Form der betriebsinternen Speicherung und Verarbeitung von Informationen, aber auch die immer wichtiger werdende Einbindung in unternehmensübergreifende Netzwerke z. B. im Rahmen von Industrie 4.0.

- Weiter sind eine Reihe von Informationen, z. B. personenbezogene Informationen, vertraulich zu behandeln. Die *Vertraulichkeit* der Informationen steht im Mittelpunkt eines Zielkonflikts. Auf der einen Seite steht der Anspruch z. B. der Mitarbeiter nach Wahrung ihrer Privatsphäre bei der Erfassung ihrer Arbeitsleistungen, auf der anderen Seite die Informationsbedürfnisse der Adressaten. Hier ist es die Aufgabe der Informationsversorgung, durch Aggregation und Anonymisierung der Daten dafür zu sorgen, dass die Interessen beider Seiten hinreichend gewahrt bleiben.

9.2 Kennzahlen

9.2.1 Merkmale von Kennzahlen

Kennzahlen sind definiert als quantitative Größen, durch die bestimmte, zahlenmäßig erfassbare betriebswirtschaftliche Sachverhalte abgebildet werden. Die englische Bezeichnung Performance Indicators weist darauf hin, dass sie zur Evaluation der Leistung betrieblicher Einheiten eingesetzt werden.

In der Regel erfolgt eine *Aggregation* von zahlreichen Einzeldaten zu einer überschaubaren Anzahl von besser handhabbaren Kenngrößen, die der Information von Entscheidungsträgern zum Zweck der Planung, Steuerung und Kontrolle des betrieblichen Geschehens dienen (vgl. z. B. Franz 1997, S. 291ff.). Auf den höheren hierarchischen Ebenen werden diese Kenngrößen dann als *Schlüsselkennzahlen* (Key Performance Indicators) bezeichnet.

Zur Ermittlung von Kennzahlen kann man auf unterschiedliche *Datenquellen* zurückgreifen. Neben Informationen aus dem internen und externen Rechnungswesen, d. h. der Kostenrechnung, der Buchhaltung und dem Jahresabschluss, kommen für den Produktionsbereich insbesondere empirische Erhebungen der relevanten Daten aus dem Produktionsgeschehen in Betracht. Diese Datenerhebungen können einzelfallbezogen oder automatisiert durchgeführt werden, z. B. im Rahmen von Betriebsdatenerfassungssystemen.

Der Nutzen von Kennzahlen für die Unternehmensführung lässt sich auf die einfache Formel bringen:

What you can't measure, you can't manage.

9.2 Kennzahlen

Kennzahlen sind durch die folgenden *Merkmale* charakterisiert:

- Eine Kennzahl bezieht sich auf ein bestimmtes *Objekt*, den Gegenstand der Kennzahl. Z. B. lässt sich für ein Produkt als Kennzahl die Produktionsmenge angeben.
- Weiter weist eine Kennzahl einen bestimmten *Zeitbezug* auf. Sie bezieht sich entweder auf einen Zeitpunkt, dann bildet sie eine Bestandsgröße ab, oder auf eine Periode, dann bildet sie eine Stromgröße ab. Ein Beispiel für eine zeitpunktbezogene Kennzahl ist der bei der Inventur festgestellte Lagerbestand eines Produkts am Inventurstichtag. Zeitraumbezogene Kennzahlen sind z. B. der Lagerabgang während eines Jahres oder die Kosten einer Kostenstelle in einem Abrechnungsmonat.
- Das dritte Merkmal einer Kennzahl ist, dass sie einen bestimmten *Zahlenwert* mit einer *Dimensionsangabe* aufweist. So werden Kosten- und Erlöskennzahlen in Geldeinheiten angegeben, Produktionskennzahlen in den Einheiten der entsprechenden Güter. Der Zahlenwert wird entweder direkt gemessen, aus bestimmten Merkmalsausprägungen der Kennzahlenobjekte ermittelt oder aus anderen Kennzahlen berechnet. Ein Beispiel für eine derart berechnete Kennzahl ist die Umsatzrendite eines Produkts, die sich als Quotient aus dem Erfolg und dem Umsatz ergibt.

Kennzahlen sind ein wichtiges Informationsinstrument. Sie werden im Rahmen des Produktionscontrollings auf sämtlichen Ebenen, d. h. bei der Planung, Steuerung und Kontrolle des betrieblichen Geschehens, eingesetzt:

- Im Bereich der *Planung* lassen sich Kennzahlen einsetzen, die Auskunft über die von einem Bereich in der Vergangenheit erzielten Ergebnisse geben, um Zielvorgaben für die künftige Leistungserstellung zu ermitteln. Damit dienen Kennzahlen als Instrument der sachlichen und organisatorischen Führung.
- In Bezug auf die *Koordination* dienen Kennzahlen insbesondere der laufenden Steuerung der einzelnen betrieblichen Prozesse sowie der Abstimmung von Prozessen, die in verschiedenen Teilbereichen durchgeführt werden.
- Auch für die *Kontrolle* sind Kennzahlen von großer Bedeutung. Mit ihrer Hilfe lässt sich überwachen, inwieweit die den Bereichen vorgegebenen Mengen- oder Wertziele erreicht worden sind.

Grundsätzlich gilt, dass der Einsatz von Kennzahlen zum Zweck der Steuerung und der Leistungsbeurteilung nur dann sinnvoll ist, wenn sie von den Betroffenen auch beeinflusst werden können (Prinzip der Controllability). An Kennzahlen als Controlling-Instrument wird eine Reihe von weiteren *Anforderungen* gestellt:

- Damit mit einer Kennzahl sinnvoll gearbeitet werden kann, muss sie *eindeutig definiert* sein und über einen längeren Zeitraum in unveränderter Form erhoben werden.
- Um die anstehenden Entscheidungen möglichst gut zu unterstützen, muss sie weiter *zeitnah* zur Verfügung stehen und auf Basis aktueller Daten ermittelt werden.

- Weiter muss die Ermittlung der Kennzahl *operationalisierbar* sein, d. h. sie muss über eine nachvollziehbare und im Tagesgeschäft hinreichend einfach durchführbare Rechenvorschrift erfolgen.

- Die Kennzahl muss den zugehörigen Sachverhalt *adäquat* beschreiben, d. h. sich auf die für das Controlling relevanten Eigenschaften beziehen.

- Schließlich muss, wie bei allen Controlling-Instrumenten, bei der Ermittlung und Nutzung von Kennzahlen der Grundsatz der *Wirtschaftlichkeit* beachtet werden.

9.2.2 Klassifikation von Kennzahlen

Zur weiteren Charakterisierung von Kennzahlen ist eine Klassifikation anhand der folgenden Aspekte möglich, die gleichzeitig einen guten Überblick über den Einsatzbereich dieses Controlling-Instruments geben. Abb. 9.1 fasst die Ausführungen übersichtlich zusammen (vgl. Bender/Steven 2015, S. 365).

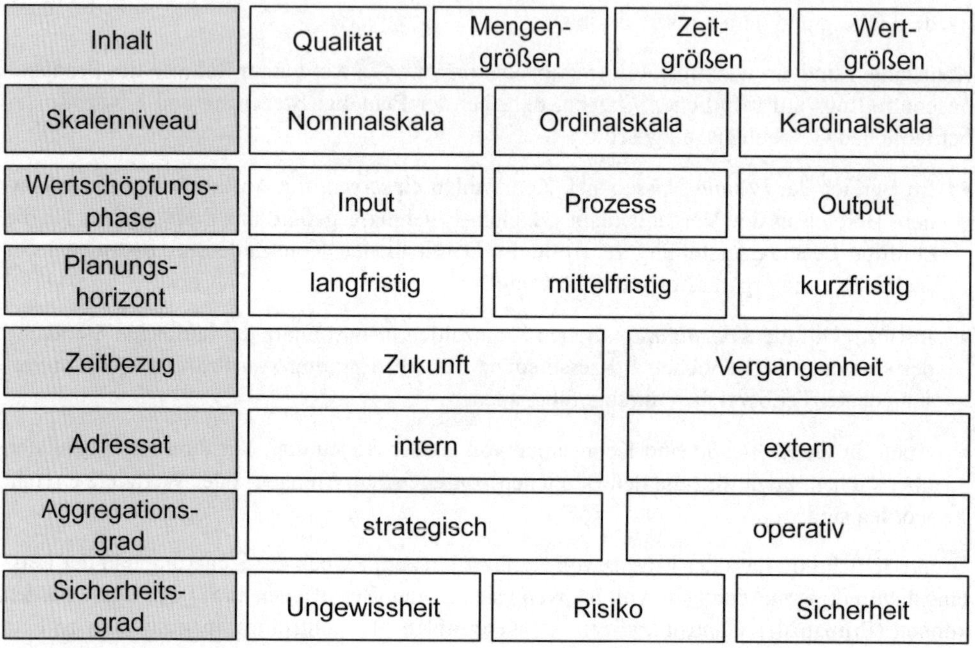

Inhalt	Qualität	Mengengrößen	Zeitgrößen	Wertgrößen
Skalenniveau	Nominalskala		Ordinalskala	Kardinalskala
Wertschöpfungsphase	Input		Prozess	Output
Planungshorizont	langfristig		mittelfristig	kurzfristig
Zeitbezug	Zukunft		Vergangenheit	
Adressat	intern		extern	
Aggregationsgrad	strategisch		operativ	
Sicherheitsgrad	Ungewissheit		Risiko	Sicherheit

Abb. 9.1 Überblick Kennzahlen

- Der *Inhalt* einer Kennzahl kann sich auf verschiedene Sachverhalte beziehen: Qualitätsbezogene Kennzahlen sind z. B. die Kundenzufriedenheit, die Konformität der Produkte mit den relevanten Normen oder der Grad der Erfüllung von zuvor definierten Anforderungen. Als Mengengrößen werden physikalische Messwerte oder abzählbare Bestände erfasst,

9.2 Kennzahlen

z. B. Produktions- oder Lagermengen. Zeitgrößen beziehen sich auf Zeitdauern, Fristen und Termine wie die Produktentwicklungszeit, die Durchlaufzeit der Produkte durch die Fertigung oder die Lieferzeit. Wertgrößen sind Kennzahlen, die in Geldbeträgen erfasst werden, z. B. Erlöse, Kosten, Budgetvorgaben. Während im strategischen Produktionscontrolling vorwiegend monetäre Kennzahlen zum Einsatz kommen, spielen im operativen Produktionscontrolling Zeit- und Mengengrößen eine größere Rolle.

- Zur quantitativen Abbildung des betrachteten Sachverhalts kommen unterschiedliche *Skalenniveaus* in Betracht: Nominal skalierte Kennzahlen haben lediglich einen klassifikatorischen Charakter, während ordinal skalierte Kennzahlen komparative Aussagen erlauben. Den höchsten Anforderungen genügen metrisch skalierte Kennzahlen, die kardinal auf einer Intervall- oder Absolutskala gemessen werden. Dies lässt sich am Beispiel der Produktqualität verdeutlichen: Misst man sie nominal, so ist lediglich die Aussage „Qualität ist in Ordnung" oder „Qualität ist nicht in Ordnung" möglich. Ordinal lässt sich die Qualität über die Einordnung in Qualitätsklassen oder über den Grad der Kundenzufriedenheit erfassen. Für eine kardinale Qualitätskennzahl kann man die Abweichung der Abmessungen eines Werkstücks von den Vorgaben messen.

- Nach der *Wertschöpfungsphase*, auf die sich eine Kennzahl bezieht, unterscheidet man Inputkennzahlen wie Materialmengen, Kosten oder Lieferantenkennzahlen, Prozesskennzahlen wie Auslastungsgrade, Durchlaufzeiten oder Work in Process und Outputkennzahlen wie Lieferbereitschaft, Produktionsmengen oder Kundenbestellungen.

- Kennzahlen können für einen lang-, mittel- oder kurzfristigen *Planungshorizont* formuliert werden. Beispiele sind langfristige Produktbudgets, die jährliche Planung von Absatz- und Produktionsmengen aufgrund mittelfristiger Nachfrageprognosen und Kennzahlen aus dem täglichen Produktionsgeschehen wie die Verfügbarkeit von Anlagen.

- Im Hinblick auf den *Zeitbezug* einer Kennzahl ergibt sich eine Einteilung in faktische Kennzahlen bzw. Ist-Kennzahlen, die der Dokumentation von in der Vergangenheit realisierten Werten dienen, und Prognosekennzahlen bzw. Plan-Kennzahlen, die Vorgaben für künftige Handlungen darstellen. Vergangenheitswerte lassen sich zwar gut und sehr exakt beschaffen, haben aber nur geringe Bedeutung für Planungszwecke. Umgekehrt sind zukunftsbezogene Kennzahlen zwar in hohem Maße planungsrelevant, sie lassen sich jedoch nur schwer und mit geringem Genauigkeitsgrad erheben.

- Der *Adressat* einer Kennzahl kann entweder ein interner Entscheidungsträger oder eine außerhalb des Unternehmens angesiedelte Instanz sein. Interne Kennzahlen wie Prozesskennzahlen oder Lagerbestände werden vorwiegend genutzt, um die Performance eines Bereichs im Zeitablauf oder im Vergleich mit anderen Bereichen zu beurteilen. Extern verfügbare Kennzahlen wie Marktanteile oder die Anzahl der Markteinführungen von neuen Produkten erlauben einen Vergleich des eigenen Unternehmens mit anderen z. B. im Rahmen des Benchmarkings (vgl. Abschnitt 8.3).

- In Abhängigkeit von den Informationsbedürfnissen des Adressaten können Kennzahlen einen unterschiedlichen *Aggregationsgrad* aufweisen. Detaillierte operative Kennzahlen werden auf der Ebene einzelner Produktionsstellen erhoben, mehr oder weniger stark aggregierte strategische Kennzahlen für Fertigungsbereiche, Sparten, Abteilungen oder das gesamte Unternehmen.

- Nach dem *Sicherheitsgrad* der in einer Kennzahl enthaltenen Informationen ergibt sich eine Unterscheidung in einwertige Kennzahlen, bei denen vollständige Sicherheit bezüglich der festgestellten Ausprägung besteht, mehrwertige Kennzahlen mit bekannten Wahrscheinlichkeiten, die eine Risikosituation abbilden, und mehrwertige Kennzahlen ohne Wahrscheinlichkeitsangabe, die dem Informationsstand der Ungewissheit entsprechen.

9.2.3 Typen von Kennzahlen

Die üblicherweise verwendeten Typen von Kennzahlen lassen sich wie in Abb. 9.2 dargestellt strukturieren:

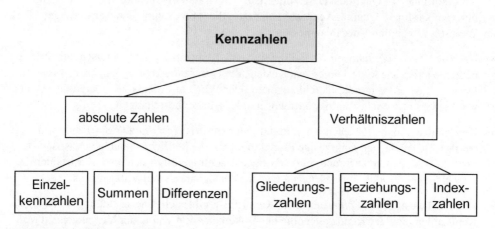

Abb. 9.2 Klassifikation von Kennzahlen

- Viele Kennzahlen werden in Form von *absoluten Zahlen* erhoben. Diese können als Einzelkennzahlen oder als Summen oder Differenzen anderer Kennzahlen auftreten. Beispiele für absolute Kennzahlen im Produktionsbereich sind die monatliche Produktionsmenge als Einzelkennzahl, die Jahresproduktionsmenge oder der Umsatz einer Produktgruppe als Summenkennzahl und der Deckungsbeitrag eines Produkts als Differenzkennzahl.

- Zum anderen sind Kennzahlen von großer Bedeutung, die in Form von *Verhältniszahlen* auftreten. Sie werden generiert, indem man zwei oder mehr absolute Zahlen, die in einem sinnvollen Sachzusammenhang stehen, zueinander ins Verhältnis gesetzt. Verhältniszahlen können als Gliederungszahlen, Beziehungszahlen oder Indexzahlen auftreten:

    - Bei einer *Gliederungszahl* werden Größen mit derselben Dimension betrachtet. Üblicherweise ist die Größe im Zähler des Quotienten eine Teilgröße des Nenners, die An-

9.2 Kennzahlen

gabe der Kennzahl erfolgt in der Regel als Prozentsatz. Ein Beispiel für eine produktionsbezogene Gliederungszahl ist die Ausschussquote eines Produkts, die als Anteil der fehlerhaften Teile an der Gesamtproduktionsmenge berechnet wird.

- Eine *Beziehungszahl* setzt sich aus Größen mit verschiedenen Dimensionen zusammen. In der Regel besteht eine Ursache-Wirkungs-Beziehung zwischen der Größe im Zähler und der Größe im Nenner. Ein Beispiel für eine Beziehungszahl im Produktionsbereich ist die Arbeitsproduktivität, die als Quotient aus Produktionsmenge (in Stück) und Arbeitseinsatz (in Stunden) ermittelt wird.

- Bei einer *Indexzahl* wird der aktuelle Wert einer Kennzahl auf die korrespondierende Größe eines Basisjahres bezogen, so dass sich eine Zeitreihe von relativen Werten ergibt. Wenn der aktuelle Wert größer als der Basiswert ist, ergibt sich ein Indexwert über 100 %. Als Beispiele lassen sich die Entwicklung des Umsatzes oder der Produktivität im Zeitablauf anführen.

Da die Fülle von produktionswirtschaftlichen Kennzahlen, die im betrieblichen Einsatz sind, hier nicht vollständig dargestellt werden kann, werden im Folgenden lediglich einige aussagekräftige *Beispiele* angegeben. Als Gliederungskriterium werden neben Mengengrößen die unternehmerischen Ziele Zeit, Qualität und Kosten herangezogen.

- Wichtige *Mengengrößen*, die sich in Kennzahlen abbilden lassen, sind z. B. Ausschussmengen oder -quoten, Materialverbrauchswerte, Durchschnitts- und Sicherheitsbestände im Eingangs-, Zwischen- und Ausgangslager, Koeffizienten bezüglich der Laufzeit oder der Auslastung der Anlagen, die Wertschöpfung je Mitarbeiter sowie die Produktivität.

- Häufig genutzte *Zeitgrößen* sind Kennzahlen für Lieferzeiten, Lieferterminabweichungen, Lagerdauern, Rüstzeiten, Auftragserfüllungsgrade, Durchlaufzeiten, Maschinenstillstandszeiten, Instandhaltungsintervalle oder die Reichweite des Lagerbestands.

- Relevante *Qualitätsgrößen* sind die Zuverlässigkeit der Produktion, Fehlerhäufigkeiten, Reklamationsquoten, die Produktlebensdauer oder der Lieferservicegrad.

- Als aussagekräftige *Kostengrößen* für den Produktionsbereich kommen z. B. Garantie- bzw. Gewährleistungskosten, Lohnkosten, Materialkosten oder Logistikkosten in Betracht.

- Neben Kostengrößen sind weitere *Wertgrößen* für das Produktionscontrolling von Bedeutung: Hierzu zählen die Fertigungstiefe, der Deckungsbeitrag, die Kapitalbindung im Umlauf- und Anlagevermögen, der Kapitalumschlag oder auch die Wertschöpfung je Mitarbeiter.

9.2.4 Kennzahlenvergleich

Bereits die isolierte Erhebung bestimmter Kennzahlen kann wichtige Aufschlüsse über die Erfolgswirkungen des betrieblichen Handelns liefern. Ihren vollständigen Wert als Controlling-Instrument erhalten Kennzahlen allerdings erst, wenn man sie als Vergleichsmaßstab einsetzt, um die Zielerreichung von betrieblichen Einheiten zu überprüfen.

Ein solcher *Kennzahlenvergleich* kann entweder auf Basis von internen oder mit externen Werten erfolgen. Er lässt sich als Zeitvergleich, bei dem gleichartige Kennzahlen zu verschiedenen Zeitpunkten erhoben werden, als Soll/Ist-Vergleich, bei dem den aktuellen Kennzahlen Vorgabewerte gegenübergestellt werden, oder als Betriebsvergleich, bei dem die gleichen Kennzahlen zum selben Zeitpunkt für verschiedene Betriebe ermittelt werden, durchführen.

Durch die Schaffung einer derartigen Vergleichsbasis lassen sich zum einen Prognosen und Planungen besser fundieren, zum anderen können problematische Entwicklungen schneller und leichter erkannt werden als bei der Betrachtung isolierter Kennzahlen. In Abb. 9.3 sind die verschiedenen Formen des Kennzahlenvergleichs systematisch zusammengestellt.

	Zeitvergleich	Soll/Ist-Vergleich	Betriebsvergleich
interner Vergleich	interne Zeitreihenanalyse	Kontrolle	internes Benchmarking
externer Vergleich	externe Zeitreihenanalyse	Legal Compliance	externes Benchmarking

Abb. 9.3 Formen des Kennzahlenvergleichs

- Der *Zeitvergleich* erfolgt in Form einer Zeitreihenanalyse, wobei entweder nur betriebsinterne oder auch externe Daten zum Vergleich herangezogen werden. Im Rahmen einer internen Zeitreihenanalyse lässt sich die Entwicklung der Ausschussquote oder der Produktivität des eigenen Unternehmens als Zeitreihe darstellen. Für eine externe Zeitreihenanalyse kann die eigene Produktivität im Vergleich zur Entwicklung der gesamtwirtschaftlichen Produktivität analysiert werden, um Rückschlüsse auf die relative Wettbewerbsposition des Unternehmens zu ziehen.

- Der interne *Soll/Ist-Vergleich* wird als Kontrollinstrument im Rahmen des Produktionscontrollings in fast allen Bereichen eingesetzt, um Abweichungen von den Vorgabewerten aus der Planung zu identifizieren und zu analysieren (vgl. Abschnitt 8.4). Beim externen Soll/Ist-Vergleich werden als Vorgabewerte z. B. gesetzlich vorgeschriebene Emissionsgrenzwerte herangezogen, so dass sich Aussagen über die Gesetzeskonformität (Legal Compliance) des Unternehmens im Umweltbereich ergeben.

- Der *zwischenbetriebliche Vergleich* von Kennzahlen führt zu verschiedenen Formen des Benchmarking (vgl. Abschnitt 8.3). Beim Vergleich der Kennzahlenausprägungen mit den Werten anderer Betriebseinheiten im selben Unternehmen liegt ein internes Benchmarking vor, beim Vergleich mit den Werten, die andere Unternehmen erzielt haben, handelt es sich um externes Benchmarking.

Die vor allem im operativen Produktionscontrolling verwendeten detaillierten Kennzahlen beziehen sich auf quantitativ erfassbare Teilgrößen der betrieblichen Prozesse bzw. der mit ihnen verbundenen Kosten und Leistungen, die durch die jeweiligen Entscheidungsträger beeinflusst werden können. Der aus einer Kennzahl resultierende Informationsgewinn ist umso größer, je aktueller diese bereitgestellt werden kann. Die zeitnahe Erhebung von Produktionskennzahlen stellt daher eine große Herausforderung für die betriebliche Informationswirtschaft dar.

9.3 Kennzahlensysteme

9.3.1 Anforderungen an Kennzahlensysteme

Die Auswahl der im Produktionscontrolling zu erhebenden Kennzahlen sollte so erfolgen, dass einerseits die Ergebnisse der relevanten betrieblichen Bereiche bzw. Vorgänge hinreichend genau abgebildet werden. Andererseits darf den Entscheidungsträgern nicht durch eine zu große Anzahl an Kennzahlen der Blick auf die wesentlichen Zusammenhänge verstellt werden. Ein Ausweg besteht darin, die Fülle der Einzelkennzahlen zu systematisieren, indem man sie im Rahmen eines möglichst konsistent aufgebauten *Kennzahlensystems* sinnvoll miteinander verknüpft. Folgende Anforderungen sind an ein solches Kennzahlensystem zu stellen:

- *Aussagekraft*: Die Ursache-Wirkungs-Zusammenhänge, die den Kennzahlen zugrunde liegen, müssen stichhaltig und gut nachvollziehbar sein.
- *Quantifizierbarkeit*: Die Mengen- und Wertgrößen, aus denen die Kennzahlen gebildet werden, müssen aus dem betrieblichen Geschehen eindeutig messbar bzw. feststellbar sein.
- *Vollständigkeit*: Durch das Kennzahlensystem müssen alle für die Entscheidungsfindung bzw. die Kontrolle relevanten betrieblichen Bereiche und Ziele hinreichend abgedeckt sein.
- *Praktikabilität*: Durch Beschränkung auf wenige, aussagekräftige Kennzahlen lassen sich die wesentlichen Sachverhalte abbilden, ohne die Wirtschaftlichkeit des Controllings aus den Augen zu verlieren.
- *Flexibilität*: Das Kennzahlensystem muss sich durch Hinzufügen oder Entfernen von einzelnen Kennzahlen an aktuelle Entwicklungen und veränderte Informationsbedürfnisse anpassen lassen.

Ein Kennzahlensystem entsteht durch die konsistente Verknüpfung von Einzelkennzahlen. Es kann insbesondere durch die Nutzung der folgenden *Elementaroperationen* gebildet werden:

- Durch die *Aufgliederung* wird eine Kennzahl in ihre Bestandteile aufgespalten. So kann man die Lagerhaltungskosten in ihre verschiedenen Komponenten zerlegen oder die Personalkosten für die Kostenrechnung in die Kategorien Lohneinzelkosten und Lohngemeinkosten aufteilen.

- Als *Substitution* bezeichnet man den Vorgang, bei dem eine Kennzahl auf Größen zurückgeführt wird, die sie erklären. Beispielsweise ergeben sich die Lohneinzelkosten, indem man die Anzahl der Mitarbeiter mit den jeweils gezahlten Lohnsätzen multipliziert.

- Bei der *Erweiterung* werden neue, aussagekräftige Kennzahlen dadurch gebildet, dass bei einer Verhältniszahl der Zähler und der Nenner mit derselben Größe multipliziert werden und der dadurch entstandene Ausdruck in zwei multiplikativ verknüpfte Verhältniszahlen aufgespalten wird. So erhält man, wenn man die Kennzahl „Energieverbrauch je Produkteinheit" mit der Anzahl der Anlagen erweitert, die beiden separat einsetzbaren Kennzahlen „Energieverbrauch je Anlage" und „Anlageneinsatz je Produkteinheit", d. h. einen Produktionskoeffizienten.

$$\frac{\text{Energieverbrauch}}{\text{Produkteinheit}} = \frac{\text{Energieverbrauch}}{\text{Anlage}} \cdot \frac{\text{Anlageneinsatz}}{\text{Produkteinheit}}$$

Ein Kennzahlensystem kann als Ordnungssystem oder als Rechensystem vorliegen. Die jeweilige Ausprägung eines Kennzahlensystems hängt davon ab, inwieweit es gelingt, die Kennzahlen mithilfe der oben genannten Operationen vollständig miteinander zu verknüpfen. Lassen sich derartige Verknüpfungen konsistent durchführen, so erhält man ein geschlossenes, hierarchisch gegliedertes *Rechensystem*, bei dem die Einzelkennzahlen über mehrere Ebenen hinweg aus einer Spitzenkennzahl abgeleitet werden. Im Idealfall ergibt sich ein geschlossenes, hierarchisch gegliedertes Kennzahlensystem. Andernfalls ist das Kennzahlensystem ein systematisch aufgebautes *Ordnungssystem*, bei dem verschiedene Gruppen von allenfalls untereinander verknüpften Kennzahlen gebildet werden, zwischen denen keine derartigen Beziehungen bestehen.

In den folgenden Abschnitten werden verschiedene Kennzahlensysteme dargestellt und ihr Bezug zum Produktionscontrolling herausgearbeitet.

9.3.2 DuPont-System

Eines der bekanntesten Kennzahlensysteme ist das *DuPont-System* für das Finanzcontrolling, das bereits 1919 von dem amerikanischen Chemieunternehmen DuPont entwickelt wurde. Es handelt sich um ein Ordnungssystem, bei dem über mehrere hierarchisch angeordnete Stufen hinweg Einzelkennzahlen bis zu der zentralen Steuerungsgröße *Return on Investment* (ROI) immer weiter verdichtet werden.

Auf der ersten Ebene wird der ROI durch eine Erweiterungsoperation auf die beiden multiplikativ verknüpften Kennzahlen „Kapitalumschlag" und „Umsatzrentabilität" zurückgeführt. Auf der nächsten Ebene wird der Kapitalumschlag, der die Umschlagshäufigkeit des Kapitals angibt, als Quotient aus dem Umsatz und dem investierten Kapital definiert und die Umsatzrentabilität als Quotient aus dem Gewinn und dem Umsatz. Das investierte Kapital setzt sich additiv aus dem Umlaufvermögen und dem Anlagevermögen zusammen, die beide nach zusätzlichen Kriterien weiter untergliedert werden können. Der Gewinn wird als Differenz aus dem Umsatz und den dafür angefallenen Kosten berechnet, auch die Kosten lassen sich bei

9.3 Kennzahlensysteme

Bedarf weiter aufgliedern. Während auf den unteren Ebenen des *DuPont*-Systems direkt erhobene absolute Zahlen verwendet werden, dominiert auf den oberen Ebenen die Nutzung von Verhältniszahlen, die auf Basis der absoluten Zahlen ermittelt werden. Der Aufbau des *DuPont*-Systems ist in Abb. 9.4 vereinfacht dargestellt.

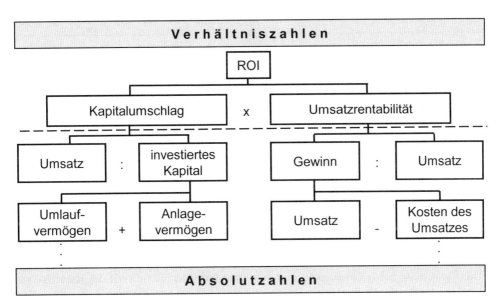

Abb. 9.4 *DuPont-System*

Auch produktionswirtschaftlich relevante Kennzahlen wie die Mengenanteile der verschiedenen Kunden oder Lieferanten, Absatzvolumina und Marktanteile, die Fertigungstiefe, Lagerbestände oder Durchlaufzeiten lassen sich in das DuPont-System integrieren. Sie kommen auf noch weiter detaillierten Ebenen zum Einsatz, wo sie zur Erklärung der finanzwirtschaftlich relevanten Größen dienen.

9.3.3 Balanced Scorecard

Ein auf der strategischen Ebene angesiedeltes Kennzahlensystem, das auch für den Produktionsbereich eine große Bedeutung aufweist, ist die von Kaplan und Norton entwickelte *Balanced Scorecard* (vgl. Kaplan/Norton 1996). Diese versucht, die Eindimensionalität von rein finanzwirtschaftlich ausgerichteten Kennzahlensystemen zu vermeiden, indem sie die dort üblichen, traditionellen finanzwirtschaftlichen Kennzahlen – wie die Kapitalrentabilität, den Cashflow und den Unternehmenswert – um drei weitere erfolgsrelevante Perspektiven erweitert und dadurch eine stärkere Ausrichtung aller Bereiche an der Unternehmensstrategie erreicht (vgl. Abb. 9.5).

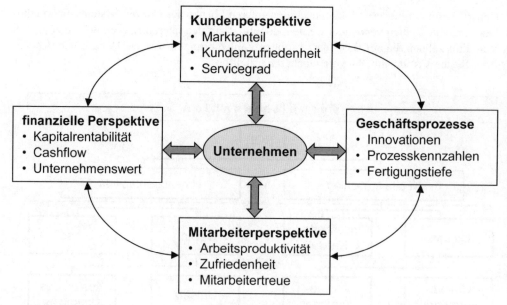

Abb. 9.5   Balanced Scorecard

- Die *Kundenperspektive* bzw. externe Perspektive konzentriert sich auf die Kunden- und Marktsegmente, an die das Unternehmen sein Angebot richtet. Wichtige Kennzahlen sind hier der Marktanteil, die Kundenzufriedenheit und die Servicequalität.

- Die *Geschäftsprozessperspektive* bzw. interne Perspektive erfasst die erfolgsrelevanten Prozesse, die das Unternehmen in die Lage versetzen, die in der finanzwirtschaftlichen Perspektive und der Kundenperspektive formulierten Ziele zu erreichen. Im Mittelpunkt steht hier die Ausgestaltung der Geschäftsprozesse. Ihre Beurteilung erfolgt insbesondere anhand von Kennzahlen zu Innovationen, prozessbezogenen Kennzahlen und der Fertigungstiefe.

- Die *Mitarbeiterperspektive*, die von Kaplan und Norton als Lern- und Entwicklungsperspektive bezeichnet wird, bezieht sich auf die personellen und organisatorischen Voraussetzungen, die zur Erfolgserzielung erforderlich sind. Als Schlüsselkennzahlen kommen z. B. die Arbeitsproduktivität, die Mitarbeiterzufriedenheit und die Mitarbeitertreue in Betracht.

Für jede dieser Perspektiven werden bereichsspezifische Ziele vorgegeben und darauf aufbauend die zugehörigen, unternehmensspezifischen *Schlüsselkennzahlen* (Key Performance Indicators, KPI) definiert. Produktionswirtschaftlich relevante Kennzahlen treten vor allem in der Geschäftsprozessperspektive auf, der unter anderem die Durchführung der Produktions- und Logistikprozesse zugeordnet ist. Um die Entscheidungsträger nicht zu überlasten, soll auf der strategischen Ebene eine Beschränkung auf drei bis fünf Schlüsselkennzahlen je Perspektive

9.3 Kennzahlensysteme

erfolgen, die im Zuge der Umsetzung der Ziele in operative Maßnahmen weiter aufgegliedert und konkretisiert werden.

Wesentlich für die Philosophie der Balanced Scorecard ist, dass sämtliche Perspektiven miteinander verknüpft sind und nur gemeinsam den Erfolg des Unternehmens bewirken können. Im Mittelpunkt der Darstellung stehen die Visionen und Strategien des Gesamtunternehmens, die es durch abgestimmte Maßnahmen der Bereiche umzusetzen gilt. Dadurch soll eine Konzentration auf Bereichsziele vermieden und letztlich ein integriertes erfolgsorientiertes Denken gefördert werden.

Abb. 9.6 zeigt an einem *Beispiel*, wie die verschiedenen Perspektiven der Balanced Scorecard über Ursache-Wirkungs-Ketten miteinander verknüpft sind.

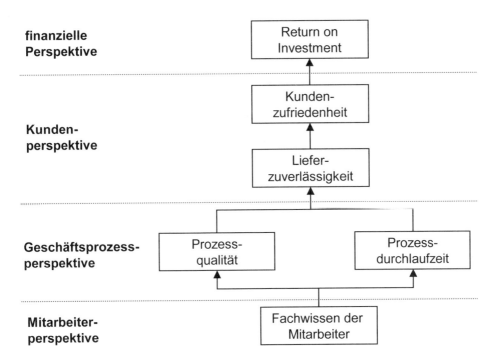

Abb. 9.6 *Wirkungskette in der Balanced Scorecard (in Anlehnung an Franz 1997, S. 314)*

Wenn es gelingt, durch geeignete Weiterbildungsmaßnahmen in der mitarbeiterbezogenen Lern- und Entwicklungsperspektive das Fachwissen der Mitarbeiter im Produktionsbereich zu verbessern, so wirkt sich dies positiv auf die Durchführung der Produktionsprozesse aus. Dadurch werden in der Geschäftsprozessperspektive die Prozessqualität erhöht und die Prozessdurchlaufzeiten verkürzt. Beides zusammen bewirkt, dass sich die Lieferzuverlässigkeit des Unternehmens, gemessen als Anteil der pünktlichen und fehlerfreien Lieferungen, verbessert. Dadurch wird die in der Kundenperspektive angesiedelte Kundenzufriedenheit positiv beeinflusst. Zufriedene Kunden schließlich wirken sich über höhere Umsatzzahlen positiv auf finanzwirtschaftliche Kennzahlen wie den Return on Investment (ROI) aus.

9.3.4 Overall Equipment Effectiveness

Die *Overall Equipment Effectiveness* (OEE) ist eine Kennzahl, die sich eignet, um Effizienz- und Effektivitätsverluste bei der Nutzung der Produktionsanlagen aufzudecken (vgl. Perlewitz 1999). Sie verknüpft die tatsächliche Nutzungszeit, die Nutzungseffizienz und die Produktqualität miteinander und wird daher auch als ganzheitliche Anlageneffektivität bezeichnet. Die OEE ergibt sich als Produkt der drei Kennzahlen Anlagenverfügbarkeit, Leistungsgrad und Qualitätsrate und spricht damit drei wesentliche Bereiche des Anlagencontrollings an. Abb. 9.7 veranschaulicht die Struktur dieser Kennzahl (vgl. Wasmuth/Steven 2012, S. 43).

Abb. 9.7 Struktur der Overall Equipment Effectiveness

- Die *Anlagenverfügbarkeit*, die sich als Anteil der tatsächlich verfügbaren Laufzeit an der potentiellen maximalen Laufzeit einer Anlage in einer Periode ergibt, ist umso höher, je weniger Zeitverluste aufgrund ungeplanter Anlagenstillstände auftreten bzw. je höher die Nettobetriebszeit ist. Die Kennzahl Anlagenverfügbarkeit nimmt den Idealwert Eins an, wenn keine ungeplanten Anlagenstillstände und -ausfälle auftreten. In der Realität liegt sie zwischen null und eins. Diese Kennzahl zeigt auf, inwiefern die Nettobetriebszeit aufgrund von ungeplanten Anlagenstillständen, z. B. aufgrund zu langer Reparatur- und Instandsetzungszeiten (Mean Time to Repair (MTTR)), im Vergleich zur ursprünglich geplanten Produktionszeit verkürzt wurde (vgl. auch Steven/Böning 1999).

9.3 Kennzahlensysteme

- Mit dem *Leistungsgrad* wird erfasst, welche Minderleistung eine Anlage während der Nettobetriebszeit aufgrund von Kurzstillständen oder verringerter Produktionsgeschwindigkeit hat. Diese Minderleistung führt zu einem Rückgang der Produktionsmenge und damit der Effizienz. Wird die Nettobetriebszeit vollständig ausgeschöpft, d. h. wird mit der optimalen Produktionsgeschwindigkeit bzw. Taktzeit produziert, nimmt der Leistungsgrad den Idealwert eins an, andernfalls liegt er zwischen null und eins. Diese Kennzahl erlaubt eine Aussage über die Anlagenproduktivität, da sie die Abweichung der tatsächlichen von der maximal möglichen Produktionsmenge aufzeigt.

- Die *Qualitätsrate* gibt Aufschluss über die Anteile der Gut-, Nacharbeits- und Ausschussteile am produzierten Output. Sofern Verluste aufgrund von fehlerhaften Produktionsleistungen auftreten, d. h. der Anteil der Gutteile an der Gesamtproduktion weniger als 100 % beträgt, nimmt die Qualitätsrate Werte zwischen null und eins an.

Das Produkt aus Anlagenverfügbarkeit, Leistungsgrad und Qualitätsrate entspricht der OEE, deren Wertebereich aufgrund der multiplikativen Verknüpfung der drei Einzelkennzahlen ebenfalls zwischen null und eins liegt. Der Bestandteil der Kennzahl OEE, der den geringsten Wert aufweist, zeigt den Bereich an, in dem die höchsten Effizienz- und Effektivitätsverluste auftreten. Er ist daher ein erster Ansatzpunkt für Verbesserungsmaßnahmen. Der theoretisch maximale OEE-Wert von eins steht für eine ideale Anlagennutzung, bei der die maximal zur Verfügung stehende Produktionszeit tatsächlich dazu genutzt wird, um mit der optimalen Taktzeit die maximal erzielbare Produktionsmenge entsprechend den Qualitätsvorgaben zu realisieren. Somit führen Defizite bereits in einem der Bereiche Anlagenverfügbarkeit, Leistungsgrad und Qualitätsrate zu einer Verschwendung von Ressourcen, die letztendlich in einem Wert der OEE von kleiner als eins zum Ausdruck kommt.

Abb. 9.8 zeigt detailliert auf, aufgrund welcher zeitlichen Verluste eine bestimmte Ausprägung der OEE zustande kommt. Ausgehend von der potentiellen maximalen Gesamtzeit von 365 Tagen im Jahr mit jeweils 24 Stunden Laufzeit ergibt sich die *Planbelegungszeit*, indem man die Anzahl der tatsächlich vorgesehenen Schichten mit der Schichtdauer von acht Stunden multipliziert. Die Differenz zwischen der potentiellen Gesamtzeit und der Planbelegungszeit wird als *Reservekapazität* vorgehalten und kann bei einem plötzlichen Nachfrageanstieg z. B. in Form von Sonderschichten genutzt werden.

Reduziert man die Planbelegungszeit um technisch und organisatorisch bedingte *Zeitverluste*, so erhält man die *tatsächliche Produktionszeit*, in der die geplante Soll-Ausbringungsmenge hergestellt werden kann. Technisch bedingte Zeitverluste treten z. B. aufgrund von Bedienungsfehlern, unvorhergesehenen Maschinenstillständen aufgrund von mangelhafter Wartung oder als Zeiten für Werkzeugwechsel aufgrund von Werkzeugbruch auf. Organisatorisch bedingte Zeitverluste sind z. B. Rüstzeiten aufgrund von geplanten Rüstvorgängen wegen eines Wechsels der Fertigungsaufgabe, Anlagenstillstand wegen fehlender Werkstücke oder Werkzeuge, Wartezeiten auf Ersatzteile oder Kundendienstmitarbeiter oder die Zeit eines Probelaufs nach der Störungsbeseitigung.

Um auf der Anlage tatsächlich die Soll-Ausbringung herzustellen, muss diese während der gesamten Fertigungszeit mit der optimalen Produktionsgeschwindigkeit laufen. Jede Reduktion der Produktionsgeschwindigkeit sowie jeder sich aus der Fertigungssituation ergebende Kurzstillstand der Anlage bedeutet einen *Leistungsverlust*, der sich negativ auf den Leistungsgrad auswirkt. Treten derartige Leistungsverluste auf, so erhält man eine Ist-Ausbringungsmenge, die dementsprechend unter der Soll-Ausbringung liegt.

In der Regel ist nur ein Teil der Ist-Ausbringung fehlerfrei. Je höher der Anteil der fehlerhaften Werkstücke ist, die entweder unter weiterem Einsatz von Fertigungszeit nachgearbeitet oder als Ausschuss entsorgt werden müssen, desto höher ist der *Qualitätsverlust* und desto geringer ist die Qualitätsrate.

Wie Abb. 9.8 zeigt, ist die Zeit, in der tatsächlich qualitativ einwandfreie Werkstücke produziert werden, nur ein Bruchteil der ursprünglichen Gesamtzeit. Dieser Anteil ist umso höher, je besser es gelingt, Qualitäts-, Leistungs- und Zeitverluste zu reduzieren und damit die OEE zu erhöhen.

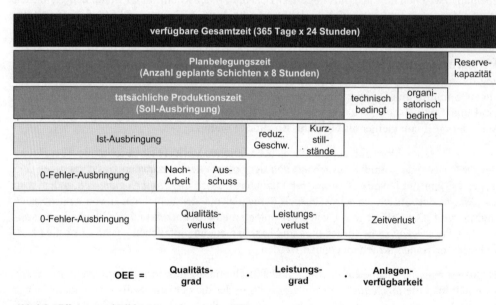

Abb. 9.8   Effizienz- und Effektivitätsverluste in der OEE

Die Vorgehensweise bei der Berechnung und Interpretation der OEE wird an einem einfachen *Beispiel* veranschaulicht. In einer Produktionsabteilung stehen laut Schichtplan 200 Arbeitsstunden zur Verfügung, von denen jedoch aufgrund von Reparaturmaßnahmen nur 150 für die Produktion genutzt werden. In den 150 Stunden ließen sich bei konstanter Produktionsgeschwindigkeit 1.200 Einheiten produzieren. Da die vorgesehene Produktionsgeschwindigkeit deutlich unterschritten wird, werden lediglich 1.000 Einheiten hergestellt, von denen 50 Qualitätsmängel aufweisen. Aus diesen Angaben ergeben sich die folgenden Werte:

$$\text{Verfügbarkeitsgrad} = \frac{150}{200} = 0{,}75$$

$$\text{Leistungsgrad} = \frac{1.000}{1.200} = 0{,}8\overline{3}$$

$$\text{Qualitätsgrad} = \frac{950}{1.000} = 0{,}95$$

$$\text{OEE} = 0{,}75 \cdot 0{,}8\overline{3} \cdot 0{,}95 = 0{,}59$$

Zu der als unzureichend angesehenen OEE von 59 % trägt vor allem der geringe Verfügbarkeitsgrad von 75 % bei, so dass hier auf jeden Fall Verbesserungen erforderlich sind, aber auch der Leistungsgrad von 83 % erfordert Verbesserungsmaßnahmen. Der Qualitätsgrad von 95 % wird als akzeptabel angesehen, daher werden in diesem Bereich keine Maßnahmen ergriffen. Nach Durchführung der Maßnahmen hat sich die tatsächliche Produktionszeit auf 180 Stunden erhöht, so dass der Verfügbarkeitsgrad auf 90 % steigt. Die Produktionsmenge beträgt nunmehr 1.300 Einheiten, das entspricht angesichts einer auf 1.400 angestiegenen Soll-Ausbringung einem Leistungsgrad von 93 %. Auch die Menge der Gutteile ist von 950 auf 1.100 angestiegen. Da die Produktionsmenge deutlich stärker gestiegen ist, reduziert sich der Qualitätsgrad auf 85 %. Der neue Wert für die OEE beträgt:

$$\text{OEE} = 0{,}90 \cdot 0{,}93 \cdot 0{,}85 = 0{,}71$$

Obwohl die OEE, die Anzahl der Gutteile, der Verfügbarkeitsgrad und der Leistungsgrad gestiegen sind, ist die neue Situation nicht uneingeschränkt als positiv zu beurteilen, da offensichtlich durch die Konzentration auf die beiden ursprünglichen Problembereiche die Qualität nicht gehalten werden konnte. Damit ist dieser Bereich der Ansatzpunkt für die nächsten Verbesserungsmaßnahmen.

9.4 Visualisierung von Kennzahlen

Es gibt verschiedene Möglichkeiten zur *Visualisierung* von Kennzahlen, durch die der tägliche Umgang mit ihnen erleichtert werden soll.

- Bei Betrachtung einer einzelnen Kennzahl bietet es sich an, diese im Zeitablauf in einem Diagramm darzustellen, das sich – wie bei der aus dem Qualitätsmanagement bekannten statistischen Qualitätskontrolle – um Zonen für erwünschte, kritische und unzulässige Wertebereiche für die Kennzahl ergänzen lässt (vgl. Steven 2014, S. 58f.). Eine solche *Ampellogik* erlaubt es, während des Fertigungsablaufs jederzeit einen Prozess daraufhin zu kontrollieren, ob er ordnungsgemäß (im „grünen Bereich") abläuft, besonderer Aufmerksamkeit bedarf (gelb) oder sofort unterbrochen werden muss, um die Einstellungen der Maschinen zu überprüfen oder aber eine erneute Planung vorzunehmen (rot).

- Eine zum Zweck der Überwachung und Steuerung zusammengestellte Gruppe mehrerer im Zeitablauf erhobener und mittels Ampellogik kontrollierter Kennzahlen wird als *Cockpit-Chart* bezeichnet. Es erlaubt dem Entscheidungsträger – ähnlich wie die Instrumente im Cockpit eines Flugzeugs – einen raschen Überblick über den Zustand seines Bereichs. Er kann bei jeder Anzeige erkennen, ob sich die Kennzahl im grünen, gelben oder roten Bereich befindet, und bei Bedarf entsprechende Gegenmaßnahmen ergreifen. Auch diese Darstellung kann als Momentaufnahme oder im Zeitablauf erfolgen. Abb. 9.9 zeigt ein Beispiel für ein Cockpit-Chart mit den Kennzahlen Durchlaufzeit, Liefertreue, Ausschussquote und Prozessgeschwindigkeit. Während sich zu Beginn der Betrachtung sämtliche Kennzahlen außer der Liefertreue im grünen Bereich (hier hellgrau dargestellt) befinden, liegen zum letzten Zeitpunkt alle Werte mit Ausnahme der Ausschussquote im roten Bereich (hier dunkelgrau dargestellt), so dass ein Eingriff dringend erforderlich ist.

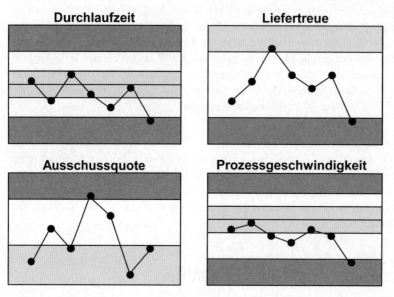

Abb. 9.9 Cockpit-Chart

- Die Darstellungsform des *Radar-Charts* ermöglicht es, eine Reihe von für einen Sachverhalt relevanten Kennzahlen für mehrere Zeitpunkte, mehrere Bereiche oder mehrere Entscheidungsalternativen gemeinsam darzustellen und zu beurteilen. Dazu werden, wie in Abb. 9.10 dargestellt, ausgehend von einem Mittelpunkt Achsen für jede Kennzahl eingezeichnet und die jeweiligen Ausprägungen der Kennzahlen dort eingetragen. Da die einzelnen Kennzahlen in der Regel in verschiedenen Einheiten gemessen werden, ist eine unterschiedliche Skalierung der Achsen erforderlich. Soll lediglich die Größenordnung der Kennzahlen veranschaulicht werden, so kann eine Normierung erfolgen, bei der z. B. ein Idealwert oder der größte auftretende Wert als 100 % angesetzt und die restlichen Werte in Beziehung zu diesem gesetzt werden.

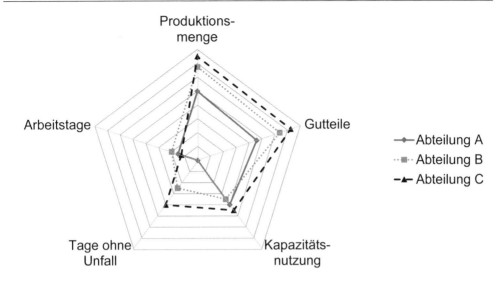

Abb. 9.10 Radar-Chart

Mithilfe eines Radar-Charts lassen sich auch Dominanzbeziehungen zwischen den dargestellten Alternativen leicht erkennen und damit Auswahlentscheidungen unterstützen. Beim Beispiel in Abb. 9.10 wird allerdings keine der drei Abteilungen von einer andern eindeutig dominiert, denn jede weist bei mindestens einem Kriterium den höchsten Wert auf. Da beim Radar-Chart Kennzahlen verschiedener Entscheidungseinheiten miteinander verglichen werden können, lässt es sich auch als Visualisierungsinstrument im Rahmen des Benchmarking einsetzen.

9.5 Weiterführende Literatur

Franz, K.-P.: Kennzahlensysteme für das Produktionsmanagement, in: Corsten, H., Friedl, B. (Hrsg.), Einführung in das Produktionscontrolling, Vahlen, München 1999, S. 291-317

May, C., Koch, A.: Overall Equipment Effectiveness – Werkzeug zur Produktivitätssteigerung, in: Zeitschrift der Unternehmensberatung, Heft 6, 2008, S. 245-250

Kaplan, R. S., Norton, D. P.: The Balanced Scorecard, Translating Strategies into Action, Boston 1996

Wasmuth, K., Steven, M.: TCO-Management bei ergebnisorientierten hybriden Leistungsbündeln, in: Controlling 24, 2012, Heft 1, S. 40-46

10 Informationsinstrumente II – Berichtswesen

Das Berichtswesen hat im Rahmen des Produktionscontrollings die Aufgabe, aussagekräftige Informationen über den Zustand und die Ergebnisse des Produktionsbereichs zu erzeugen und in strukturierter Form schriftlich oder elektronisch bereitzustellen. Die rechtzeitige Verfügbarkeit der für eine anstehende Entscheidung relevanten Informationen gilt als ein wesentlicher Erfolgsfaktor. Daher kommt dem Aufbau eines geeigneten Berichtswesens, d. h. eines adäquaten Informationssystems für den Produktionsbereich, eine große Bedeutung zu.

Leitfragen: Wodurch sind Informationen charakterisiert?

Welche Berichtsarten gibt es und wodurch unterscheiden sie sich?

Wie lässt sich ein Berichtssystem ausgestalten?

Welche Störungen können im Berichtswesen auftreten?

10.1 Informationen

In Abhängigkeit vom jeweiligen Informationsbedarf werden durch das Berichtswesen spezifische, auf den Produktionsbereich bezogene Informationen einerseits als interne Berichte für die Mitarbeiter und Führungskräfte des Unternehmens (Management Reporting) und andererseits für externe Empfänger im Rahmen der Publizitätsvorschriften (Financial Reporting) bereitgestellt. Im Folgenden liegt der Schwerpunkt auf den internen Berichten.

Informationen sind zweckgerichtetes Wissen. Um dieses zu erzeugen, werden zunächst Daten aus den Produktionsprozessen entweder manuell oder automatisch erfasst. Die Fülle der Daten wird in Datenbanken oder in Form von Data Warehouses gespeichert. Anschließend werden die Daten als Informationen für den jeweiligen Empfänger adäquat aufbereitet, um diesen bei seinen Entscheidungen zu unterstützen.

Dabei findet eine Transformation von Daten in Wissen statt. *Daten* bestehen aus Zeichen, sie werden isoliert und kontextunabhängig sowie eher unstrukturiert erfasst. Sie dienen in erster Linie der Identifizierung bzw. Unterscheidung von Sachverhalten und eignen sich nur wenig, um das Verhalten von Entscheidungsträgern zu steuern. *Wissen* hingegen ist stark strukturiert und manifestiert sich in kognitiven Handlungsmustern von Entscheidungsträgern. Es entsteht durch die kontextabhängige Integration von Daten und dient dazu, durch den Aufbau zusätzlicher Kompetenzen die Entscheidungsfindung zu unterstützen.

Ein *Informationsprozess* durchläuft typischerweise die folgenden Phasen, die am Beispiel des Condition Monitoring eines Fertigungssystems veranschaulicht werden:

- Am Beginn des Informationsprozesses steht die *Datenbeschaffung und -verwaltung*. Beim Condition Monitoring liegen die Basisdaten des Fertigungssystems, z. B. hinsichtlich der vorgesehenen Standzeiten der Werkzeuge und des Sollzustands der einzelnen Komponenten, in einer Datenbank vor. Darüber hinaus erfassen eingebaute Sensoren in regelmäßigen Zeitabständen die relevanten Daten des Fertigungssystems, die ebenfalls gespeichert werden.

- Bei der *Informationserzeugung* werden aus diesen Daten Informationen über den Zustand des Fertigungssystems generiert, indem z. B. die tatsächliche Standzeit eines Werkzeugs mit dem maximal zulässigen Wert verglichen wird.

- Ausgewählte Informationen werden an zuvor festgelegte Informationsempfänger *übermittelt*. Nähert sich die Standzeit eines Werkzeugs dem Vorgabewert, so wird der Wartungsdienst benachrichtigt.

- Die letzte Phase des Informationsprozesses ist die *Nutzung* der Informationen. Der Wartungsdienst plant anhand der Informationen, die er aus den verschiedenen Fertigungssystemen erhält, welche Werkzeuge er in welcher Reihenfolge austauschen wird.

Von großer Bedeutung für sämtliche Stufen des Informationsprozesses ist die *Informationskongruenz*, d. h. die Abstimmung von Informationsbedarf und Informationsangebot. Da die Bereitstellung von Informationen grundsätzlich mit Kosten verbunden ist, muss bei der Ausgestaltung des Berichtswesens eine Abwägung zwischen den dadurch entstehenden zusätzlichen Kosten und dem erwarteten Nutzen eines bestimmten Grades an Informationsverfügbarkeit erfolgen.

10.2 Berichte

Ein Bericht soll den Informationsbedarf der Berichtsempfänger abdecken und dadurch Hilfestellung bei der Vorbereitung, aber auch der Kontrolle von Entscheidungen leisten. Bei der Erstellung von Berichten sind die folgenden *Grundanforderungen* zu berücksichtigen (vgl. Becker et al. 2014, S. 158):

- Die *Handhabung* der Berichte sollte möglichst einfach sein. Dies wird unterstützt durch einen übersichtlichen Aufbau.

- Der Bericht wird nicht um seiner selbst erstellt, sondern muss bei dem Empfänger einen erkennbaren *Nutzen* stiften.

- Der Berichtsinhalt muss den Anforderungen der *Datenwahrheit* und *Datenklarheit* genügen.

- Der Bericht bzw. seine Inhalte müssen so aktuell wie möglich sein, um eine gute Entscheidungsgrundlage zu bieten.

Die Erstellung und Nutzung von Berichten entspricht einem *Kommunikationsprozess*, der vom Berichtspflichtigen zum Berichtsempfänger verläuft. Er orientiert sich an den Berichtszielen und umfasst die Schritte Berichtserstellung, Berichtsbereitstellung und Berichtsverwendung. Der Ablauf dieses Prozesses ist in Abb. 10.1 dargestellt.

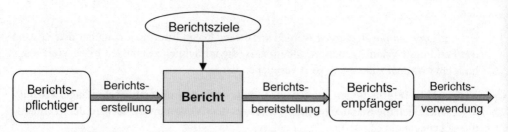

Abb. 10.1 *Berichtswesen als Kommunikationsprozess (in Anlehnung an Becker et al. 2014, S. 159)*

So vielfältig wie die möglichen Inhalte und Zwecke von Berichten sind auch ihre Erscheinungsformen. Nach dem *Berichtsgegenstand* unterscheidet man Leistungsberichte, die Informationen über die in einem Bereich während des Berichtszeitraums erbrachten Leistungen enthalten, Kostenberichte, in denen festgehalten wird, welche Kostenarten im Berichtszeitraum in welchem Umfang angefallen sind, und Marktberichte, die Informationen über den Zustand bzw. die Entwicklung der für das Unternehmen relevanten Märkte enthalten.

Inhalt eines Berichts können grundsätzlich sämtliche Informationen sein, die bei der Durchführung von Produktions- und Logistikprozessen, in anderen Controllingbereichen oder auch in der relevanten Umwelt des Unternehmens anfallen. Dazu zählen insbesondere Erlös- und Kostengrößen, monetäre und nichtmonetäre Kennzahlen auf verschiedenem Aggregationsniveau, Performancemaße sowie qualitative, verbale Informationen hinsichtlich der erbrachten Leistungen.

Berichte werden im Rahmen des Produktionscontrollings zu verschiedenen *Zwecken* angefertigt, die sich wie folgt gliedern lassen:

- *Planung*: Die in Berichten enthaltenen Informationen werden als Grundlage für zukunftsorientierte Entscheidungen genutzt. Berichte können den betrieblichen Entscheidungsprozess von der Entscheidungsfindung über die Durchsetzung der Entscheidungen bis hin zur Ergebniskontrolle begleiten. Daher sollte das Berichtswesen über entsprechende Schnittstellen zu den im Unternehmen eingesetzten Entscheidungsunterstützungssystemen (Decision Support Systems, DSS bzw. Management Information Systems, MIS) verfügen.

10.2 Berichte

- *Dokumentation*: Berichte dienen der pflichtgemäßen oder freiwilligen Dokumentation von als wichtig angesehenen Tatbeständen und Ereignissen. Dokumentationspflichten bestehen insbesondere aufgrund gesetzlicher Vorgaben, z. B. aus dem Handelsrecht, dem Steuerrecht, dem Aktienrecht oder dem Umweltrecht. Die daraus resultierenden Berichte liegen unter anderem in Form von Jahresabschlüssen, Steuererklärungen, Abfallwirtschaftsnachweisen, Umweltberichten oder Nachhaltigkeitsberichten vor. Eine freiwillige Dokumentation von Sachverhalten bzw. Entwicklungen im Produktionsbereich erfolgt vor allem zur Verbesserung von Entscheidungsgrundlagen sowie zur Schaffung und Erhaltung von Vertrauen.

- *Kontrolle von Entscheidungen*: Über den Vergleich von realisierten Werten mit Planwerten lässt sich die Umsetzung von betrieblichen Entscheidungen kontrollieren (vgl. Lehreinheit 8). Werden mithilfe von Berichten Soll/Ist-Abweichungen festgestellt, so sind entsprechende Anpassungen der laufenden Aktivitäten bzw. Planrevisionen erforderlich.

- *Zertifizierung*: Im Prozess der Qualitätszertifizierung nach DIN ISO 9000 und der Umweltzertifizierung nach DIN ISO 14001 sind bestimmte Berichte vorgeschrieben, die einmalig oder regelmäßig erstellt werden müssen.

In Abb. 10.2 sind die wichtigsten *Merkmale* von Berichten übersichtlich zusammengestellt.

Berichts-gegenstand	Gesamt-konzern	Tochter-gesellschaften	Geschäfts-einheiten	Funktions-bereiche
auslösendes Ereignis	Zeitablauf	Verletzung von Toleranzwerten		individueller Informationsbedarf
Erscheinungs-weise	regelmäßig	ereignisabhängig, unregelmäßig		nach Bedarf
Erscheinungs-rhythmus	mehrjährige Berichte	Jahresberichte		unterjährige Berichte
Informations-art	Prognosewerte	Vorgabewerte		Istwerte
Informations-träger	Schriftstücke	Datenträger		Datenbanken
Verdichtungs-grad	Ursprungswerte		Kennzahlen	

Abb. 10.2 Berichtsmerkmale

- Nach dem *Berichtsgegenstand* unterscheidet man Berichte auf der Ebene eines gesamten Konzerns, Berichte für ein bestimmtes Unternehmen bzw. eine Tochtergesellschaft und Berichte für einzelne Geschäftseinheiten oder Funktionsbereiche. Je weiter oben in der betrieblichen Hierarchie der Berichtsgegenstand angesiedelt ist, desto stärker sind die enthaltenen Informationen aggregiert. Berichte für das Produktionscontrolling beziehen sich in erster Linie auf den Produktionsbereich, den sie recht detailliert abbilden.

- Weiter lassen sich Berichte danach klassifizieren, durch welche Art von *Ereignis* sie ausgelöst werden (vgl. auch Abschnitt 10.3). Sehr häufig sind Berichte, die turnusmäßig zu bestimmten Zeitpunkten bzw. nach Ablauf einer bestimmten Zeitspanne erstellt werden, z. B. monatliche Berichte oder Quartalsberichte über die Entwicklung der Produktionsmengen und der Verbrauchsmengen im Berichtszeitraum. Weiter gibt es Berichte, deren Erstellung durch die Über- bzw. Unterschreitung eines als kritisch angesehenen Toleranzwerts angestoßen wird, z. B. kann die Unterschreitung eines bestimmten Servicegrads oder Qualitätsniveaus einen entsprechenden Bericht auslösen. Schließlich gibt es Berichte, die einmalig zur Deckung des individuellen Informationsbedarfs eines Entscheidungsträgers angefertigt werden, z. B. zur Unterstützung einer Investitions- oder Stilllegungsentscheidung.

- In engem Zusammenhang mit dem auslösenden Ereignis steht die *Erscheinungsweise* von Berichten: Regelmäßige Berichte werden in Abhängigkeit vom Zeitablauf erstellt, unregelmäßige Berichte beim Eintreten von bestimmten Ereignissen und Bedarfsberichte auf individuelle Anforderung.

- Nach dem *Erscheinungsrhythmus* eines Berichts lassen sich mehrjährige Berichte, die z. B. zur Vor- oder Nachbereitung von langfristigen Entscheidungen eingesetzt werden, jährliche Berichte und unterjährige Berichte unterscheiden. Zu den jährlichen Berichten zählen sämtliche Berichte, die im Zusammenhang mit im Jahresrhythmus anfallenden Berichtspflichten aus dem Handels- und Steuerrecht aufgestellt werden. Viele im Produktionscontrolling relevante Berichte werden aufgrund des operativen Charakters der Entscheidungen unterjährig angefertigt.

- In Abhängigkeit von der Art der in einem Bericht verarbeiteten *Informationen* können Berichte Prognosewerte, Vorgabewerte oder Istwerte enthalten. Während sich Berichte mit Prognose- oder Vorgabewerten zumindest teilweise auf die Zukunft beziehen, dominiert bei Berichten mit Istwerten der Bezug zur Gegenwart bzw. nahen Vergangenheit. Soll ein Soll/Ist-Vergleich vorgenommen werden, so muss der Bericht sowohl Vorgabe- als auch Istwerte enthalten.

- Nach dem verwendeten *Informationsträger* unterscheidet man Berichte in Schriftform, Berichte, die auf Datenträgern wie Disketten oder CDs gespeichert werden und damit elektronisch ausgewertet werden können, und Berichte, die innerhalb einer Datenbank abgelegt sind.

- Die in Berichten enthaltenen Informationen können einen unterschiedlichen *Verdichtungsgrad* aufweisen. Neben den ursprünglichen, direkt aus dem betrieblichen Geschehen entnommenen Werten treten häufig zu Kennzahlen verdichtete Informationen auf (vgl. Lehreinheit 9).

10.3 Berichtsarten

Durch die Kombination der in Abb. 10.1 genannten Merkmalsausprägungen ist prinzipiell eine unüberschaubare Vielfalt an Berichtsarten möglich. Im Folgenden wird auf die Berichtsarten näher eingegangen, die durch unterschiedliche Ereignisse ausgelöst werden, da sich an ihnen die Bandbreite real auftretender Berichte am besten darstellen lässt (vgl. hierzu z. B. Göpfert 2002, Sp. 148f.; Jung 2007, S. 141ff.).

10.3.1 Standardbericht

Der regelmäßig erstellte *Standardbericht* ist der Kern des klassischen Berichtswesens. Er hat in vielen Unternehmen nach wie vor einen hohen Stellenwert. Ein Standardbericht wird routinemäßig zu festen Terminen nach einem bestimmten Schema angefertigt und deckt den größten Teil des regelmäßig auftretenden Informationsbedarfs der Führungskräfte ab. Standardberichte werden in der Regel für einen breiten und damit heterogenen Empfängerkreis angefertigt, so dass sich jeder Einzelne aus der Fülle der im Bericht enthaltenen Informationen die jeweils benötigten Informationen selbst herausziehen muss.

Solange keine durchgreifenden Änderungen bei den betrieblichen Sachverhalten und Abläufen auftreten, bleibt der Standardbericht in Gliederung, Layout und Inhalten weitgehend identisch. Auch der Berichtszeitraum ist gleichbleibend, z. B. ein Tag, eine Woche, ein Monat, ein Quartal oder ein Geschäftsjahr. Nach Ablauf des jeweiligen Berichtszeitraums werden die relevanten Informationen von der Datenverarbeitung automatisch nach einem festgelegten Schema zusammengestellt und zu einem bestimmten Termin an den Empfängerkreis übermittelt.

Standardberichte sind in der Regel vergangenheitsorientiert. Sie kommen für zahlreiche Zwecke zum Einsatz. Häufig auftretende *Erscheinungsformen* sind Leistungsberichte, Absatzberichte, Marktberichte, Kosten- und Erlösrechnungen, Bestandsrechnungen, Projektstatusberichte sowie Kostenstellenberichte. Auch der Betriebsabrechnungsbogen zählt zu den Standardberichten. Beispiele für produktionswirtschaftlich relevante Inhalte von Standardberichten sind anlagenbezogene Informationen wie Laufzeitstunden und Kapazitätsnutzungsgrade oder Zusammenstellungen von Materialverbrauchs-, Produktions- und Verkaufsmengen.

Der wesentliche *Vorteil* dieser Berichtsform besteht darin, dass mit geringer zeitlicher Verzögerung ein recht vollständiger Überblick über die vom Bericht abgedeckten Sachverhalte gegeben wird, so dass sämtliche Informationsempfänger auf einen einheitlichen Informationsstand zugreifen können. Aufgrund der automatisierten Datenbereitstellung und -verarbeitung ist die Erstellung des Standardberichts mit großer Effizienz durchführbar. Daher entstehen für den Standardbericht nur geringe Kosten.

Dem steht als *Nachteil* die Gefahr gegenüber, dass die Entscheidungsträger durch zu viele, teilweise irrelevante Informationen überlastet werden. Häufig ist bei einigen Informationen der Aggregationsgrad für einzelne Berichtsempfänger zu hoch, für andere hingegen zu niedrig. Andererseits können bestimmte Informationen komplett fehlen. Der Standardbericht ist sowohl für kurzfristig auftretenden Informationsbedarf als auch bei individuellen Informationswünschen ungeeignet.

10.3.2 Abweichungsbericht

Im Gegensatz zum Standardbericht wird der *Abweichungsbericht* nicht zu festgelegten Terminen erstellt, sondern dadurch ausgelöst, dass beim Soll/Ist-Vergleich festgestellt wird, dass vorgegebene Toleranzwerte über- oder unterschritten werden. Damit ist er ein Instrument des Management by Exception, das Eingriffe in das betriebliche Geschehen nur bei gravierenden Abweichungen von den Vorgaben vorsieht.

Durch einen Abweichungsbericht wird ein Bereichsleiter rechtzeitig auf Vorgänge hingewiesen, die sich außerhalb der Vorgaben entwickeln und daher sein Eingreifen erfordern können. In Abhängigkeit von der Richtung und dem Ausmaß der Abweichung muss für jeden Fall individuell entschieden werden, welche Maßnahmen erforderlich sind. So kann z. B. ein Abweichungsbericht auf erhebliche Diskrepanzen zwischen der tatsächlichen Kosten- oder Umsatzentwicklung und den geplanten Werten aufmerksam machen. Abweichungsberichte lassen sich gut in betriebliche Frühwarnsysteme integrieren.

Der Zeitpunkt der Erstellung eines Abweichungsberichts ist nicht vorgegeben, sondern stark von den Gegebenheiten des jeweiligen Einzelfalls abhängig. Solange keine Abweichungen auftreten, wird auch kein Abweichungsbericht erstellt. Berichtsinhalt und Form sind wie beim Standardbericht weitgehend vorgegeben.

Die wichtigste Voraussetzung für das Arbeiten mit Abweichungsberichten ist, dass zunächst definiert wird, in welchem Umfang Abweichungen zulässig sind. Anschließend müssen die relevanten Daten im Tagesgeschäft regelmäßig einem automatischen Soll/Ist-Vergleich unterzogen werden. Die Festlegung der Toleranzschwellen ist von großer Bedeutung, damit der Bericht nicht zu häufig, aber auch nicht zu selten ausgelöst wird. Abweichungsberichte sind nur dann ein effektives Controlling-Instrument, wenn ihre Sinnhaftigkeit von den Empfängern nicht in Zweifel gezogen wird, d. h. jeder Bericht erfordert zumindest eine Überprüfung des zugrunde liegenden Sachverhalts.

Ein großer *Vorteil* des Abweichungsberichts ist, dass er keine irrelevanten Informationen enthält, denn er wird nur dann generiert, wenn tatsächlich ein Problem vorliegt, das ein Eingreifen erfordert. Damit kommt es zu keiner Informationsüberlastung der Berichtsempfänger. Da er automatisch und relativ selten aus vorstrukturierten Daten erzeugt wird, verursacht der Abweichungsbericht nur geringe Kosten.

Ein *Nachteil* der alleinigen Nutzung von Abweichungsberichten ist die Gefahr, dass solche Gefahren, die nicht zuvor mithilfe von Toleranzgrenzen hinterlegt wurden, nicht erkannt werden können, da in diesem Fall überhaupt keine Berichterstattung erfolgt. Weiter können Interdependenzen zwischen problematischen Entwicklungen übersehen werden, wenn sie nicht gleichzeitig zu relevanten Abweichungen führen.

10.3.3 Bedarfsbericht

Der *Bedarfsbericht*, der manchmal auch als Sonderbericht bezeichnet wird, weist von allen Berichtsarten den geringsten Standardisierungsgrad auf. Er wird nicht regelmäßig, sondern fallweise erstellt. Auslöser ist in der Regel ein zusätzlicher, sporadisch auftretender, weder zeitlich noch inhaltlich vorhersehbarer Informationsbedarf eines Entscheidungsträgers, der z. B. zusätzliche Informationen benötigt, um in einer bestimmten Entscheidungssituation eine tiefergehende Analyse vornehmen zu können. Diese Informationen werden besonders aktuell und mit dem passenden Aggregationsgrad bereitgestellt.

Der Entscheidungsträger muss die von ihm benötigten Informationen gezielt aus dem Informationssystem anfordern. Dadurch liegen beim Bedarfsbericht eine konsequente Empfängerorientierung und ein besonders hoher Deckungsgrad zwischen Informationsbedarf und Informationsangebot vor. Zum Beispiel wird ein Produktionsleiter bei absehbaren Kapazitätsengpässen Informationen über die voraussichtliche Auslastung der Fertigungskapazitäten durch die bereits angenommenen Aufträge anfordern, um gegebenenfalls zur Abdeckung von Bedarfsspitzen frühzeitig Entscheidungen über eine kostengünstige Verlagerung von Produktionsmengen in andere Perioden oder auf Zulieferer treffen zu können.

Aufgrund der benutzerindividuellen Erstellung ist der Bedarfsbericht mit hohen Kosten verbunden. Um jedem Berichtsempfänger zeitnah die gewünschten Informationen liefern zu können, müssen die Kapazitäten des Berichtssystems entsprechend groß dimensioniert werden. Dies führt zu einer Unterauslastung zu Zeitpunkten, in denen keine Berichte angefordert werden.

Im Zuge der Einführung von benutzerfreundlichen Informationssystemen gewinnt der Bedarfsbericht in der betrieblichen Praxis zunehmend an Bedeutung, da ein Entscheidungsträger diesen in der Regel durch Nutzung einer Dialogkomponente in kurzer Zeit und zu geringen Kosten selbst generieren kann. Die damit verbundene stärkere Aktivierung des Informationsempfängers führt dazu, dass er seine Informationsbedürfnisse noch exakter spezifizieren kann. Voraussetzung für dieses Vorgehen ist der Zugriff auf eine zentrale Datenbank, in der sämtliche relevanten Informationen mit hohem Detaillierungsgrad abgespeichert sind.

10.4 Aufbau eines Berichtssystems

Als *Berichtssystem* bezeichnet man die auf den im Betrieb auftretenden Informationsbedarf ausgerichtete, geordnete Strukturierung aller auftretenden Berichte. Seine Ausgestaltung muss bestimmten Anforderungen genügen. Die hauptsächliche Anforderung an ein Berichtssystem besteht darin, dass es in der Lage sein muss, zu jedem Zeitpunkt den im Unternehmen auftretenden Informationsbedarf zu befriedigen. Dadurch erhöht sich der Nutzen der Informationsempfänger, die in der Folge bessere Entscheidungen treffen.

Ein Berichtssystem soll gleichzeitig ein großes Maß an Integration bieten, indem es die Berichte bzw. die Informationen aus verschiedenen Bereichen logisch konsistent miteinander verknüpft, und eine hohe Flexibilität aufweisen, indem es Anpassungen an unterschiedliche Informationsbedarfe sowie an Veränderungen der Unternehmensorganisation erlaubt. Weiter ist aus wirtschaftlicher Sicht die Bereitstellung der erforderlichen Informationen zu möglichst geringen Kosten eine wichtige Anforderung.

Beim Aufbau eines Berichtssystems sind Entscheidungen hinsichtlich der Anzahl der potentiellen Berichtsarten und der Bündelung des Informationsbedarfs zu treffen. Vorteilhaft ist es, wenn sich die Ordnungsprinzipien der Berichte an der Struktur des Planungssystems orientieren.

Bei der Konzeption von Berichtssystemen für das Produktionscontrolling dient in der Regel die Datenbasis, auf der das Produktionsplanungs- und -steuerungssystem aufsetzt, als Ausgangspunkt. Mithilfe von Betriebsdatenerfassungssystemen (BDE) lassen sich zeitnah Ist-Daten über den Produktionsfortschritt bereitstellen, indem der Produktionsablauf sowohl anlagen- als auch auftragsbezogen dokumentiert wird. Weiter können auch Störungen im Prozessablauf in Echtzeit erfasst und die entsprechenden Informationen in Standard- oder Abweichungsberichte integriert werden.

Zur Erstellung von *Kostenberichten* sind die vorhandenen Kostenrechnungssysteme so zu modifizieren, dass die gewünschten Informationen bereitgestellt werden. So kann ausgehend von einer Betriebsplankostenrechnung ein umfassendes Kostenplanungs- und -kontrollsystem aufgebaut werden (vgl. Hahn/Laßmann 1999). Dies ist vor allem für moderne Formen der Fertigungsorganisation wie die flexible Fertigung, das Supply Chain Management oder Industrie 4.0 von Bedeutung.

Als weiterer Bestandteil von Berichtssystemen für das Produktionscontrolling bieten sich *Simulationsmodelle* an, die den Auftrags- und Materialfluss durch die Fertigung abbilden. Mit ihrer Hilfe können verschiedene Analysen durchgeführt und so die Auswirkungen alternativer Produktionspläne auf verschiedene Zeit-, Mengen- und Wertgrößen ermittelt werden. Auf diese Weise lassen sich z. B. in der Planungsphase die Kostenwirkungen oder die Kapazitätsinanspruchnahme von unterschiedlichen Auftragszusammensetzungen oder verschiedenen Fertigungsreihenfolgen bestimmen.

10.5 Störungen im Berichtswesen

Auch bei einer gut durchdachten Konzeption des Berichtswesens kann es im Tagesgeschäft zu Störungen unterschiedlicher Art kommen. Die Folge von Störungen sind Informationsverluste, die den Nutzen des Berichtswesens reduzieren. Daher ist es sinnvoll, sich mit den verschiede-

10.5 Störungen im Berichtswesen

nen *Störungsarten* auseinander zu setzen, um diesen entgegenwirken oder zumindest ihre Auswirkungen begrenzen zu können. Die Störungen können auf unterschiedlichen Ebenen auftreten (vgl. Koch 1994, S. 72ff.):

- *Syntaktische Fehler* sind Fehler in der Zeichenfolge der Informationen, die als Schreib-, Druck- oder Sprechfehler auftreten können. Ihre Ursache kann einerseits aufseiten der beteiligten Personen, andererseits auf der technischen Ebene liegen. Beispiele für durch Menschen verursachte syntaktische Fehler sind Zahlen- oder Buchstabendreher, Tippfehler, akustische Missverständnisse aufgrund von Akzenten oder Dialekten oder auch die falsche Wiedergabe der Tonhöhen im Chinesischen, die zu anderen Wortbedeutungen führt. Technisch bedingte syntaktische Fehler können ihre Ursache im Sendegerät, im Übertragungskanal oder im Empfangsgerät haben. Beispiele sind hakende Tasten, ein undeutliches Druckbild, eine schlechte Übertragungsrate oder ein zeitweiser Stromausfall. Diese Fehler führen zu Verzerrungen bzw. Abweichungen zwischen der ursprünglichen und der beim Empfänger ankommenden Information. Grundsätzlich weisen auf Menschen ausgerichtete Informationssysteme eine größere Toleranz gegenüber syntaktischen Fehlern auf als rein technische Systeme, denn das menschliche Gehirn ist häufig in der Lage, fehlende Informationsbausteine zu ergänzen.

- Ein *semantischer Fehler* liegt vor, wenn die beim Informationsaustausch übermittelten Begriffe und Sachverhalte für den Sender und den Empfänger eine unterschiedliche Bedeutung haben. Dabei unterscheidet man nochmals in derivative semantische Fehler, deren Ursache in einer Störung auf der syntaktischen Ebene liegt, und originäre semantische Fehler, die trotz syntaktischer Korrektheit auftreten. Ein Beispiel für originäre semantische Fehler ist die falsche Verwendung (vonseiten des Senders) bzw. Interpretation (aufseiten des Empfängers) von Fremdworten oder Fachausdrücken. Auch Übersetzungsfehler bei der Verwendung von Fremdsprachen, z. B. die sogenannten „False Friends" zwischen dem Englischen und dem Deutschen, gehören zu dieser Kategorie.

- Darüber hinaus können Störungen auf der *pragmatischen Ebene*, d. h. bei der Umsetzung der Informationen in Handlungen, auftreten. Hier lassen sich nochmals zwei Ausprägungen unterscheiden: Eine zweckorientierte bzw. pragmatisch funktionale Störung liegt vor, wenn die bereitgestellten Informationen nicht hinreichend auf ihren Zweck abgestimmt sind oder wenn zweckorientierte Informationen verspätet bereitgestellt werden. Ein Beispiel ist die Verwendung zu kleiner Schriftgrößen. Bei einer pragmatisch motivationalen Störung läuft der Informationsaustausch formal und inhaltlich korrekt ab, jedoch weigert sich der Empfänger, die Informationen bzw. den Bericht in der vorliegenden Form zu akzeptieren.

Die in der Praxis auftretenden Störungen im Berichtswesen können aus jeder dieser Ebenen stammen. Häufig wirken Effekte der verschiedenen Ebenen bei der Entwicklung einer Störung zusammen. Dies wird in Abb. 10.3 anhand eines *Phasenschemas* der Entstehung von Störungen bei der Erstellung eines Berichts veranschaulicht.

Der erste Schritt im Informationsprozess ist die Planung, eine bestimmte Information abzugeben. Hierbei kann es zu einer semantischen Störung kommen, wenn z. B. in falschen Begrifflichkeiten gedacht wird. Anschließend wird der Bericht erstellt, d. h. die eigentliche Informationsabgabe erfolgt. Bei diesem Schritt kann eine syntaktische Störung in Form von sinnentstellenden Schreibfehlern auftreten. Bei der Übermittlung des Berichts kann zunächst eine pragmatisch funktionale Störung in Form einer Verspätung und anschließend eine pragmatisch motivationale Störung bei der Akzeptanz des Berichts als solchem durch den Empfänger auftreten.

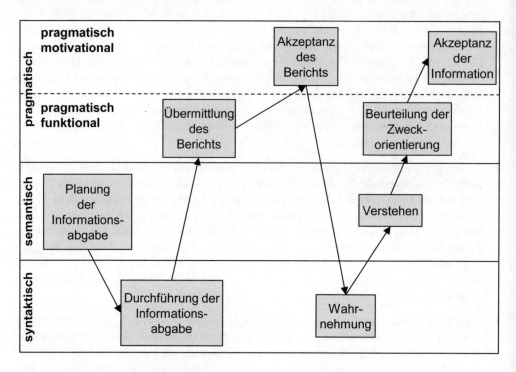

Abb. 10.3 *Phasenschema der Störungen (in Anlehnung an Koch 1994, S. 99)*

Auch bei der anschließenden Rezeption des Berichts durch den Empfänger können sämtliche Störungsarten auftreten: Die (falsche) Wahrnehmung des Berichtsinhalts ist der syntaktischen Ebene zuzuordnen, das Verständnis des Berichts findet auf der semantischen Ebene statt. Wird der Bericht als nicht zweckmäßig eingeschätzt, so liegt eine pragmatisch funktionale Störung vor; und weigert sich der Berichtsempfänger, die im Bericht enthaltenen Informationen zu akzeptieren, ist dies eine pragmatisch motivationale Störung.

Es ist eine große Herausforderung für die Mitarbeiter im Berichtswesen, sich alle diese Störungen und ihr Zusammenspiel bewusst zu machen. Nur dann lassen sich gezielte Maßnahmen ergreifen, um ihr Auftreten bzw. ihre negativen Auswirkungen soweit wie möglich zu reduzieren.

10.6 Weiterführende Literatur

Göpfert, I.: Berichtswesen, in: Küpper, H.-U., Wagenhofer, A. (Hrsg.), Handwörterbuch Unternehmensrechnung und Controlling, Schäffer-Poeschel, Stuttgart, 4. Aufl. 2002, Sp. 143-156

Horvárth, P.: Controlling, Vahlen, München, 12. Aufl. 2012

Jung, H.: Controlling, Oldenbourg, München, 2. Aufl. 2007

Koch, R.: Betriebliches Berichtswesen als Informations- und Steuerungsinstrument, Peter Lang, Frankfurt, 1994

11 Logistikcontrolling

Die Ausgestaltung des Logistikbereichs ist als strategischer Erfolgsfaktor von großer Bedeutung für die Wettbewerbsfähigkeit eines Unternehmens. Das Logistikcontrolling hilft bei der wirtschaftlichen Gestaltung und Abwicklung von Logistikprozessen und damit bei der Erreichung der Logistikziele. Dabei werden auf der Ebene des strategischen bzw. des operativen Logistikcontrollings unterschiedliche Instrumente eingesetzt. Für beide Bereiche von großer Bedeutung sind Logistikkennzahlen.

Leitfragen: Womit befasst sich das Logistikcontrolling?

Welche Instrumente werden im strategischen Logistikcontrolling eingesetzt?

Welche Instrumente werden im operativen Logistikcontrolling eingesetzt?

11.1 Aufgaben des Logistikcontrollings

Das *Logistikcontrolling* dient zur Erfüllung von Controllingaufgaben im Logistikbereich. Der Begriffsinhalt des Logistikcontrollings hängt daher einerseits vom zugrunde gelegten Logistikverständnis und andererseits von der Controllingkonzeption ab. Sowohl die Logistik als auch das Controlling sind Bereiche der Betriebswirtschaft, die sich über mehrere Stufen entwickelt haben.

Die Entwicklung der *Controllingkonzeptionen* im Zeitablauf wurde bereits in Abschnitt 1.2 dargestellt. Ausgehend von den Informationsversorgungsaufgaben des Controllings wurde der Fokus nacheinander auf die Planung und Kontrolle der betrieblichen Vorgänge, auf die Koordination von Prozessen und Unternehmensbereichen sowie auf die umfassende Unterstützung der Unternehmensführung ausgeweitet (vgl. nochmals Abb. 1.3).

Eine ähnliche Entwicklung hat im Bereich der *Logistik* stattgefunden. Zunächst stand die Durchführung der logistischen Kernprozesse Transport, Lagerung und Umschlag im Vordergrund (TUL-Logistik). Schwerpunkt der flussorientierten Logistikauffassung, die diese Kernprozesse integriert, ist die Durchführung von raum-zeitlichen Gütertransformationen (vgl. z. B. Pfohl 2010; Weber/Kummer 1998, S. 9ff.). Die darauf aufbauende Koordinationssicht der Logistik konzentriert sich auf die Abstimmung und Integration der an verschiedenen Stellen im betrieblichen Wertschöpfungsprozess auftretenden Material- und Informationsflüsse. Schließlich erweitert sich im Supply Chain Management die Perspektive vom einzelnen Unternehmen auf die gesamte Wertschöpfungskette bzw. auf Logistiknetzwerke. Dabei wurden der Einflussbereich und die Aufgaben der Logistik immer umfassender (vgl. Steven 2015).

11.1 Aufgaben des Logistikcontrollings

Abb. 11.1 zeigt, welche Ausprägungen des Logistikcontrollings sich durch die Kombination dieser beiden Dimensionen ergeben und inwieweit diese Bereiche theoretisch durchdrungen und praktisch umgesetzt worden sind (vgl. Weber 2002a, Sp. 1223ff.). Je dunkler das jeweilige Feld in der Matrix eingefärbt ist, desto stärker wurde es bereits bearbeitet.

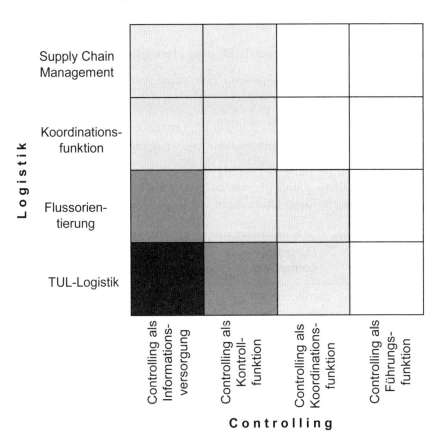

Abb. 11.1 Ausprägungen des Logistikcontrollings (in Anlehnung an Weber 2002a, Sp. 1226)

Am besten durchdrungen ist die Informationsversorgungsfunktion des Logistikcontrollings, die auf die Bereitstellung von Mengen- und Kosteninformationen vor allem auf der operativen Ebene der TUL-Logistik abzielt. Auch die Kontrollfunktion, die einen Abgleich zwischen Sollvorgaben und Istwerten vornimmt, weist einen hohen Bearbeitungsstand auf. Die Koordinationsfunktion des Controllings muss hingegen noch auf die koordinationsorientierte Logistik und das Supply Chain Management ausgedehnt werden, und die Konzeption, die das Controlling als eine umfassende Führungslehre auffasst, weist bislang noch keinen starken Bezug zur Logistik oder zum Supply Chain Management auf.

Auf den verschiedenen Stufen werden die folgenden *Aufgaben* des Logistikcontrollings mit unterschiedlicher Intensität verfolgt.

- Planung, Steuerung und Kontrolle der Logistikleistungen und der Logistikkosten
- Koordination sowohl der verschiedenen Teilbereiche als auch der verschiedenen Logistikpartner
- Entwicklung und laufende Anpassung von logistischen Planungsverfahren
- Bereitstellung von Informationen für Transport-, Umschlag- und Lagerprozesse, z. B. in Form von Logistikkennzahlen
- Vor- und Nachkalkulation der Logistikleistungen
- ergebnisorientierte Koordination und Informationsversorgung auf der Führungsebene des Logistikmanagements
- Unterstützung der Gestaltung sowohl von unternehmensinternen als auch von unternehmensexternen flussorientierten Logistikstrukturen

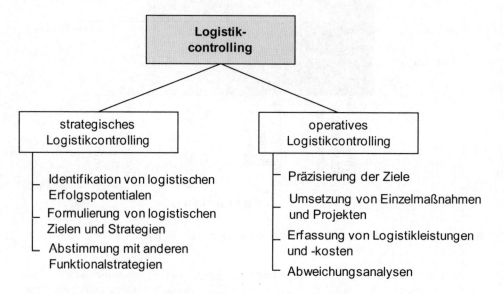

Abb. 11.2 *Strategisches und operatives Logistikcontrolling*

Abb. 11.2 zeigt, welche Aufgabenverteilung zwischen dem strategischen und dem operativen Logistikcontrolling besteht. Auf der *strategischen Ebene* dominieren langfristig ausgerichtete systembildende Führungsentscheidungen und die Abstimmung zwischen den Strategien der verschiedenen betrieblichen Funktionalbereiche. Hier stehen die Identifikation von logistischen Erfolgspotentialen und die Formulierung von logistischen Strategien und Zielen im Vordergrund. Das *operative Logistikcontrolling* hingegen konzentriert sich auf die Systemkopplung, d. h. auf die Koordination der Subsysteme innerhalb des Logistikbereichs. Dazu leitet es aus den strategischen Zielen kurzfristige Einzelmaßnahmen und Projekte ab, erfasst regelmäßig die Logistikleistungen und die zugehörigen Kosten und nimmt bei Bedarf Abweichungsanalysen vor.

Für das Logistikcontrolling sind zahlreiche Instrumente entwickelt worden. Die wichtigsten für die Bereiche des strategischen bzw. operativen Logistikcontrollings werden in den folgenden Abschnitten vorgestellt.

11.2 Strategisches Logistikcontrolling

Das *strategische Logistikcontrolling* leitet die mit der Logistik verfolgten Zielsetzungen aus den allgemeinen Unternehmenszielen sowie aus der strategischen Gesamtplanung ab. Es schafft die Voraussetzungen für eine effiziente Durchführung der Logistikprozesse auf der operativen Ebene. Im Folgenden werden mit dem Logistikportfolio und der Supply Chain Balanced Scorecard zwei typische Instrumente des strategischen Logistikcontrollings vorgestellt.

11.2.1 Logistikportfolio

Unter einem *Portfolio* versteht man im strategischen Management eine zweidimensionale Matrix, in der der Zusammenhang zwischen einer vom Unternehmen direkt beeinflussbaren Größe (interne Dimension) und einer nicht direkt beeinflussbaren Größe (externe Dimension) dargestellt wird. Durch Einordnung der jeweils betrachteten Objekte in die Matrix kann man erkennen, in welchen Feldern das Unternehmen gut bzw. schlecht positioniert ist, und Strategien hinsichtlich der weiteren Entwicklung ableiten.

Im *Logistikportfolio* (vgl. Weber/Kummer 1998, S. 133ff.) bildet die interne Dimension die im Unternehmen vorhandene Logistikkompetenz ab, der durch die externe Dimension die Logistikattraktivität gegenübergestellt wird. Die *Logistikkompetenz* ist umso höher, je besser das Unternehmen in der Lage ist, Logistikprozesse zu gestalten und durchzuführen. Die *Logistikattraktivität* resultiert aus den mit der Umsetzung einer Logistikstrategie verbundenen Erfolgspotentialen, die sich am Markt einerseits aus möglichen Kostensenkungen und andererseits aus Leistungssteigerungen ergeben. Teilt man diese beiden Achsen jeweils in die Ausprägungen „hoch" und „gering" ein, so ergeben sich vier strategisch relevante Handlungsfelder. Abb. 11.3 zeigt, welche Strategien sich den einzelnen Feldern zuordnen lassen.

- Sind sowohl die Logistikattraktivität als auch die Logistikkompetenz gering, so lohnt es sich nicht, eine explizite Logistikstrategie zu entwerfen. Die hierfür erforderliche Managementkapazität sollte besser für andere Aktivitäten genutzt werden.

- Bei geringer Logistikattraktivität, aber hoher Logistikkompetenz gibt es nur wenig Potential zur strategischen Nutzung dieser Kompetenz im eigenen Unternehmen. Daher sollte das Unternehmen seine eigenen Logistikaktivitäten reduzieren oder seine Logistikleistungen am Markt anbieten.

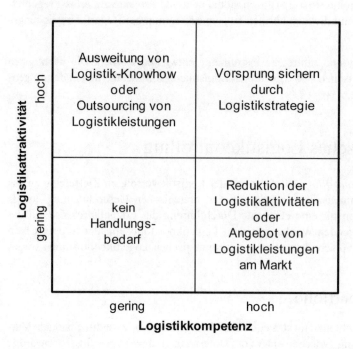

Abb. 11.3 *Logistikportfolio*

- Im umgekehrten Fall, d. h. bei hoher Logistikattraktivität und geringer Logistikkompetenz, lautet die strategische Empfehlung, entweder das eigene Logistik-Knowhow auszubauen oder die benötigten Logistikleistungen am Markt einzukaufen.

- Die strategisch beste Position liegt im oberen rechten Feld, in dem die Logistikattraktivität und die Logistikkompetenz hoch sind. Diesen Vorsprung gilt es, durch eine explizite Logistikstrategie zu sichern oder sogar auszubauen.

Grundsätzlich ist es vorteilhaft, wenn die Positionierung möglichst nah an der Diagonalen von unten links nach oben rechts liegt, denn dort befinden sich die Logistikattraktivität und die Logistikkompetenz in einem ausgewogenen Verhältnis. Bei Positionen unterhalb der Diagonalen sollten die Logistikaktivitäten tendenziell reduziert werden, oberhalb ist eine Ausweitung der Logistikkompetenzen erforderlich.

11.2.2 Supply Chain Balanced Scorecard

Angesichts der räumlichen, zeitlichen und kulturellen Entfernungen, die bei der Zusammenarbeit von Unternehmen in einer Supply Chain überbrückt werden müssen, ist die Einführung

11.2 Strategisches Logistikcontrolling

eines *Supply Chain Controllings* unverzichtbar, um die verschiedenen Produktions- und Logistikaktivitäten und den daraus resultierenden Fluss von Waren und Informationen zwischen den Supply Chain-Partnern planen, steuern und kontrollieren zu können. Dabei stellt die Implementierung einheitlicher Controlling-Instrumente in sämtlichen, räumlich oft weit verteilten Partnerunternehmen große Herausforderungen an deren Kooperationsbereitschaft.

Ein geeignetes Instrument zur Unterstützung der strategischen Steuerung einer Supply Chain ist die *Balanced Scorecard* (vgl. Abschnitt 9.3.3). Dabei handelt es sich um ein strategisches Kennzahlensystem, das versucht, die Eindimensionalität von rein finanzwirtschaftlichen Kennzahlensystemen zu vermeiden, indem die dort üblichen traditionellen finanzwirtschaftlichen Kennzahlen – wie die Kapitalrentabilität, der Cashflow und der Unternehmenswert – um weitere erfolgsrelevante Perspektiven erweitert werden. Für jede dieser Perspektiven werden bereichsspezifische Ziele vorgegeben und darauf aufbauend die zugehörigen, unternehmensspezifischen *Schlüsselkennzahlen* (Key Performance Indicators, KPI) definiert. Um die Entscheidungsträger nicht zu überlasten, soll auf der strategischen Ebene eine Beschränkung auf drei bis fünf Schlüsselkennzahlen je Perspektive erfolgen, die im Zuge der Umsetzung der Ziele in operative Maßnahmen weiter aufgegliedert und konkretisiert werden.

Abb. 11.4 zeigt eine *Supply Chain Balanced Scorecard*, die neben der klassischen Finanzperspektive vier zusätzliche Perspektiven aufweist (vgl. Pollmeier 2008, S. 265ff.). Für jede Perspektive sind Ziele zu formulieren und in Kennzahlen umzusetzen, für die dann Vorgabewerte formuliert und aus denen Maßnahmen abgeleitet werden.

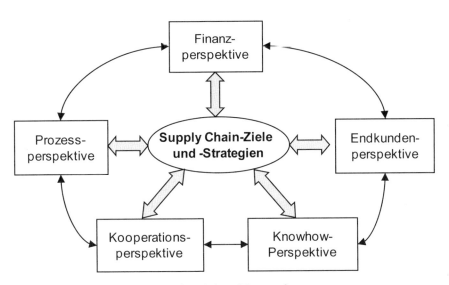

Abb. 11.4 Perspektiven einer Supply Chain Balanced Scorecard

- Die (End-)*Kundenperspektive* konzentriert sich auf die Kunden- und Marktsegmente, an die die Supply Chain ihr Angebot richtet. Hier steht die Frage im Vordergrund, wie die Befriedigung der Kundenwünsche innerhalb der Supply Chain verbessert werden kann.

Wichtige Kennzahlen sind der Marktanteil, die Kundenzufriedenheit und die Servicequalität.

- Die *Prozessperspektive* umfasst die logistischen Prozesse, die den interorganisationalen Material- und Informationsfluss sicherstellen. Im Mittelpunkt steht die Ausgestaltung der Prozesse innerhalb der Supply Chain, um letztlich die Kundenwünsche zu befriedigen. Die Beurteilung erfolgt insbesondere anhand von Durchlauf- und Lieferzeiten sowie Servicegraden.

- Die *Knowhow-Perspektive* fokussiert sich auf die personellen und organisatorischen Voraussetzungen, die zur Erfolgserzielung erforderlich sind. Im Mittelpunkt stehen das Wissen der Mitarbeiter und die vorhandenen Entwicklungs- und Innovationspotentiale zur Steigerung der Wettbewerbsfähigkeit der Supply Chain. Die zugehörigen Schlüsselkennzahlen beziehen sich insbesondere auf den Informationsaustausch, die Arbeitsproduktivität und die Innovationsrate.

- Eine für Supply Chains spezifische Perspektive ist die *Kooperationsperspektive*, in der die Beziehungen zwischen den Supply Chain-Partnern abgebildet werden. Es gilt, durch geeignete Kennzahlen die Intensität und die Qualität der Kooperation innerhalb der Supply Chain zu verbessern. Mögliche Kennzahlen sind die Dauer der Zugehörigkeit zur Supply Chain, die Fluktuationsrate und die Vertragsbruchrate.

- In der *Finanzperspektive* steht die Beurteilung und Steigerung der finanziellen Leistungsfähigkeit der Supply Chain im Vordergrund. Als Kennzahlen kommen hier Logistik-, Bestands- und Fehlmengenkosten, die Umsatzrentabilität und die Budgeteinhaltungsquote in Betracht.

Wesentlich für die Philosophie der Balanced Scorecard ist, dass sämtliche Perspektiven miteinander verknüpft sind und nur gemeinsam den Erfolg der Supply Chain bewirken können. Im Mittelpunkt der Darstellung stehen die gemeinsamen Ziele und Strategien, die es durch abgestimmte Maßnahmen der Supply Chain-Partner umzusetzen gilt. Dadurch soll eine Konzentration auf Einzelziele vermieden und letztlich ein integriertes erfolgsorientiertes Denken gefördert werden.

Wird z. B. durch die Mitarbeiter in einem der an der Supply Chain beteiligten Unternehmen eine Verbesserung in einem Logistikprozess angeregt (Knowhow-Perspektive), die die Zusammenarbeit mit einem anderen Supply Chain-Partner erfordert (Kooperationsperspektive), so erfordert dies eine Veränderung des betroffenen Prozesses in der Prozessperspektive, die sich über höhere Kosten negativ auf die Finanzperspektive auswirken kann. Auf der anderen Seite kann der veränderte Prozess die Kundenzufriedenheit erhöhen (Endkundenperspektive), was sich wiederum positiv auf den in der Finanzperspektive gemessenen Erfolg auswirkt.

11.3 Operatives Logistikcontrolling

Das operative Logistikcontrolling setzt die zuvor erarbeiteten Strategien in operative Maßnahmen um. Besonders wichtig sind dabei die Nutzung operativer Logistikkennzahlen, z. B. im Rahmen der Abweichungsanalyse, und die Aufstellung und Einhaltung von Logistikbudgets mithilfe der Logistikkosten- und -leistungsrechnung.

11.3.1 Operative Logistikkennzahlen

Der Einsatz von Kennzahlen auf der operativen Ebene des Logistikcontrollings dient dazu, Informationen über die Nutzung von logistischen Ressourcen, den Ablauf von Logistikprozessen und die erzeugten Logistikleistungen den Entscheidungsträgern in adäquater Form zur Verfügung zu stellen. Die *operativen Logistikkennzahlen* sollten aus den logistischen Zielen abgeleitet werden. So ist es z. B. sinnvoll, regelmäßig die Lieferzeit und die Termintreue zu analysieren, wenn das Ziel verfolgt wird, den Lieferservice zu verbessern.

Weiter muss bei der Gestaltung eines operativen Kennzahlensystems berücksichtigt werden, welche Empfänger welche Kennzahlen tatsächlich benötigen und zu welchen Zeitpunkten bzw. in welcher Frequenz diese Kennzahlen erhoben werden sollen. Es ist sicherzustellen, dass die den Kennzahlen zugrunde liegenden Informationen zeitnah zur Verfügung stehen. Verantwortlichkeiten für die Datenbereitstellung bzw. Berichtspflichten müssen definiert werden. Nach der Erhebung müssen die Daten so aufbereitet und dargestellt werden, dass die daraus resultierenden Kennzahlen eine möglichst große Entscheidungsrelevanz aufweisen.

Operative Kennzahlen lassen sich für die folgenden Zwecke nutzen (vgl. auch Abschnitt 9.2.4):

- *Soll/Ist-Vergleich*: Beim Soll/Ist-Vergleich wird der ermittelte Wert einer Kennzahl (Ist-Wert) einer zuvor geplanten Vorgabegröße (Soll-Wert) gegenübergestellt. In Abhängigkeit vom Ausmaß der Soll/Ist-Abweichung werden mehr oder weniger umfangreiche Maßnahmen ergriffen. So kann z. B. der Soll-Wert für den Lagerbestand eines Artikels so bestimmt worden sein, dass weder Lieferverzögerungen zu erwarten sind noch zu hohe Kapitalbindungskosten auftreten. Weicht der Ist-Wert nach unten ab, erhöht sich die Gefahr von Lieferverzögerungen und das Lager sollte daraufhin aufgefüllt werden. Bei einer Abweichung nach oben steigt die Kapitalbindung an und man kann z. B. die nächste Bestellung reduzieren oder zeitlich nach hinten verschieben.

- *Zeitvergleich*: Der Zeitvergleich erlaubt es, die zu verschiedenen Zeitpunkten erhobenen Werte der Kennzahl gegenüberzustellen und z. B. in Form einer Zeitreihe zu analysieren. Werden dabei unerwünschte Tendenzen erkannt, so muss mit geeigneten Maßnahmen reagiert werden. In vielen Unternehmen wird regelmäßig die Ausschussquote erhoben. Eine sinkende Ausschussquote lässt sich als erfolgreiche Umsetzung von Qualitätssicherungsmaßnahmen interpretieren und erfordert keine weiteren Eingriffe. Steigt die Ausschussquote jedoch an, so sind die Ursachen zu analysieren und abzustellen.

- *Betriebsvergleich*: Ein Betriebsvergleich stellt Kennzahlen aus vergleichbaren Einheiten des Unternehmens gegenüber. Dabei handelt es sich um ein innerbetriebliches Benchmarking, denn die Performance jeder Einheit wird anhand der jeweils besten im Unternehmen erreichten Werte beurteilt. Bei dezentraler Lagerhaltung kann man z. B. die Umschlaghäufigkeit der Lagerbestände, die als Quotient aus dem Lagerabgang einer Periode und dem durchschnittlichen Lagerbestand definiert ist, untersuchen. Für diejenigen Einheiten, deren Umschlaghäufigkeit geringer ist als der höchste erzielte Wert, der die Benchmark bildet, können gezielte Maßnahmen zur Erhöhung des Lagerumschlags geplant werden, indem z. B. der Vorgabewert für den Lagerbestand und damit der Nenner des Quotienten reduziert wird.

Logistikkennzahlen lassen sich nach unterschiedlichen Kriterien strukturieren. Diese können sich auf den Güterfluss, die Zielsetzungen oder den Verdichtungsgrad beziehen. Einen Überblick gibt Abb. 11.5.

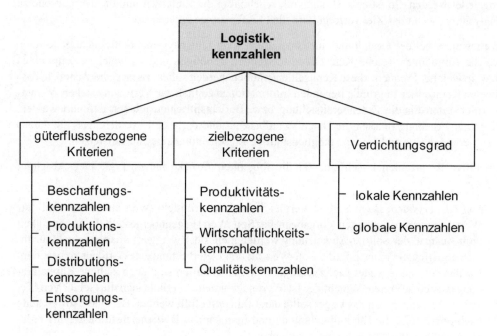

Abb. 11.5 Strukturierung von Logistikkennzahlen

- Nach dem *Güterfluss* lassen sich Logistikkennzahlen einteilen in Beschaffungskennzahlen wie die Anzahl der Lieferanten oder die Beschaffungskosten je Bestellung, in Produktionskennzahlen wie den Auslastungsgrad der Maschinen bzw. Fahrzeuge, die Umschlaghäufigkeit des Lagerbestands oder die Wertschöpfungstiefe, in Distributionskennzahlen wie die Anzahl der Kunden oder die Liefertreue und schließlich in Entsorgungskennzahlen wie den Grad der Abfalltrennung.

11.3 Operatives Logistikcontrolling

- Bei einer Strukturierung der Logistikkennzahlen nach den unterstützten *Zielen* unterscheidet man Produktivitätskennzahlen wie die Transportzeit je Auftrag, den Lagernutzungsgrad oder die Anzahl abgewickelter Sendungen je Arbeitsstunde, Wirtschaftlichkeitskennzahlen wie die Bearbeitungskosten je Auftrag, die Beschaffungskosten je Bestellung oder den Anteil der Logistikkosten am Umsatz und Qualitätskennzahlen wie die Fehllieferungsquote, die Servicegrade oder die Kundenzufriedenheit.

- Eine Einteilung nach dem *Verdichtungsgrad* führt zu lokalen Kennzahlen, die in den einzelnen operativen Einheiten erhoben werden, und globalen Kennzahlen, die für das Unternehmen insgesamt von Bedeutung sind.

Anhand einiger Beispiele soll gezeigt werden, wie sich Logistikkennzahlen aus strategischen Logistikzielen ableiten lassen:

- Ein wichtiges Logistikziel ist die Verbesserung des *Lieferservice*, der sich aus der Lieferzeit, der Termintreue und der Lieferflexibilität zusammensetzt. Die Lieferzeit lässt sich direkt messen, ein Ziel könnte hier sein, sie auf einen bestimmten Prozentsatz im Vergleich zu den Wettbewerbern zu reduzieren. Für die Termintreue kommen die Servicegrade als Kennzahlen in Betracht. Um die Lieferflexibilität zu verbessern, kann man vorgeben, um wie viele Tage die Vorlaufzeit für Kundenaufträge reduziert werden soll.

- Um die *Logistikkosten* zu senken, sollte man an den Kostenpositionen ansetzen, die den größten Anteil haben, denn hier ist die Auswirkung einer bestimmten prozentualen Reduktion auf die Gesamtkosten am größten. Mögliche Bereiche sind die Kosten der Wareneingangsprüfung, die auf einen bestimmten Prozentsatz der Materialkosten beschränkt werden können, die Handlingkosten, die sich analog an den Kosten der Anlieferung orientieren können, oder die Obsoleszenzkosten.

- Ansatzpunkte für die Reduktion der *Kapitalbindung* sind die Durchlaufzeit, für die man einen Maximalwert vorgeben kann, oder die unproduktiven Liegezeiten der Aufträge, die einen bestimmten Anteil an der Durchlaufzeit nicht überschreiten soll.

- Um die *Mitarbeitermotivation* zu steigern, können Weiterbildungsangebote genutzt werden. Die zugehörige Kennzahl ist die Anzahl der Arbeitstage, an denen Mitarbeiter solche Angebote besuchen.

- Ein immer wichtigeres Ziel ist der Beitrag des Unternehmens zum *Umweltschutz*. Der Logistikbereich kann hierzu einen Beitrag leisten, indem er versucht, die Anzahl der Leerfahrten um einen bestimmten Prozentsatz zu reduzieren.

In Tab. 11.1 sind typische operative Logistikkennzahlen für die verschiedenen Logistikbereiche angegeben.

- In der *Beschaffungslogistik* beziehen sich die meisten Kennzahlen auf die Bestände und auf die Lieferanten. Das Controlling der Bestände unterstützt das Kostenziel, die Pflege die Lieferantenbeziehungen trägt zur Sicherung der Materialversorgung bei.

Tab. 11.1 Operative Logistikkennzahlen

Logistikbereich	typische Kennzahlen
Beschaffungslogistik	Ø Bestandshöhe Bestandskosten Umschlaghäufigkeit des Lagers genutzte Lagerkapazität Anteil Sicherheitsbestand Ø Reichweite des Materials Lieferbereitschaft Ø Lieferantenumsatz Stammlieferantenquote Anteil Eilbestellungen Kosten je Bestellung Ø Beschaffungszeit
Fertigungslogistik	Auslastungsgrad der Anlagen Bereitschaftsgrad der Anlagen Anlagenproduktivität Anzahl Anlagenausfälle Ø Anlagenalter Durchlaufzeit der Aufträge Anteil Eilaufträge Anteil Transportzeit je Auftrag Kapitalbindung durch ruhende Bestände innerbetriebliche Transportkosten Kosten je Materialbewegung
Distributionslogistik	Lieferservicegrade Lieferzeit Termintreue Anteil Sondertransporte durchschnittliche Abweichung Soll-/Ist-Liefertermin Fehlmengenkosten Kommissionierungen je Mitarbeiter Kosten je Kommissioniereinheit Artikelzahl je Packeinheit Anteil der durch Dienstleister abgewickelten Lieferungen Anteil der Logistikkosten an den Gesamtkosten Fuhrparkkosten Anteil Leerkilometer Beladungsquote/Auslastungsgrad der Fahrzeuge Transportkosten je Auftrag
Entsorgungslogistik	Recyclingquote Reinheitsgrad der Aufbereitung Auslastungsgrad von Sammelfahrzeugen Anteil besonders überwachungsbedürftiger Reststoffe Entsorgungskosten

11.3 Operatives Logistikcontrolling

- Die Kennzahlen der *Fertigungslogistik* beziehen sich auf die Anlagen sowie auf die innerbetrieblichen Aufträge und Transporte. Es ist wichtig, den Zustand der Anlagen unter Kontrolle zu behalten, da diese die Basis für die Abwicklung von Aufträgen sind. Die Konzentration auf Aufträge und deren Durchlauf durch die Fertigung trägt zum Serviceziel bei.

- Das Serviceziel steht bei der *Distributionslogistik* im Vordergrund, in der Kennzahlen zur Lieferung, zur Kommissionierung und zu der Durchführung der Transporte erhoben werden.

- Die *entsorgungslogistischen Kennzahlen* beziehen sich auf die Sammel- sowie auf die Aufbereitungsprozesse.

In sämtlichen Logistikbereichen werden neben rein quantitativen Kennzahlen auch Kostengrößen genutzt. Die in Tab. 11.1 genannten Kennzahlen stellen lediglich ausgewählte Beispiele dar, letztlich muss jedes Unternehmen entsprechend seinen Zielsetzungen die geeigneten Kennzahlen zusammenstellen. Die wichtigsten Kennzahlen können mithilfe der in Abschnitt 9.4 dargestellten Methoden visualisiert und z. B. über Cockpit Charts überwacht werden.

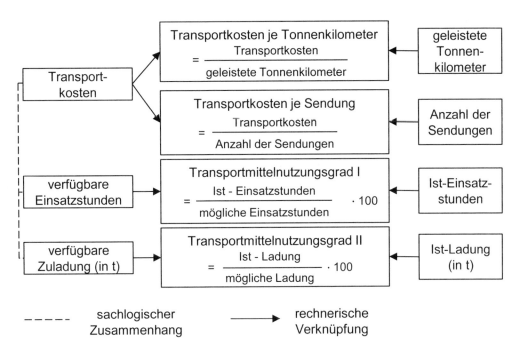

Abb. 11.6 *Kennzahlensystem für den Transportbereich (in Anlehnung an Pfohl/Zöllner 1991, S. 239)*

Zusätzlich lassen sich die Kennzahlen teilweise rechnerisch bzw. sachlogisch zu einem *operativen Kennzahlensystem* verknüpfen. Bei der Entwicklung eines Kennzahlensystems sind die folgenden Aspekte zu beachten: Zunächst ist festzulegen, welche logistischen Ziele im Vordergrund stehen und mit welcher Gewichtung diese verfolgt werden sollen. Zu jedem Ziel muss mindestens eine Kennzahl formuliert werden, anhand derer sich die Zielerreichung überprüfen lässt. Weiter sind die Mitarbeiter, die die Kennzahlen erheben sollen, sowie die Kennzahlenempfänger und die zu nutzenden Informationsquellen zu bestimmen. Für die einzelnen Kennzahlen müssen Vergleichswerte vorgegeben werden. Auch die zeitliche Struktur der Kennzahlen, d. h. zu welchen Zeitpunkten sie über welche Zeiträume erhoben werden sollen, ist von Bedeutung. Schließlich erfolgt die Erhebung der Kennzahlen im Tagesgeschäft, an die sich eine adäquate Aufbereitung und Darstellung anschließt.

Ein Beispiel für ein Kennzahlensystem für den Transportbereich ist in Abb. 11.6 angegeben. Aus den sachlogisch miteinander verknüpften Kennzahlen Transportkosten, verfügbare Einsatzstunden und verfügbare Zuladung sowie den gemessenen Kenngrößen geleistete Tonnenkilometer, Anzahl der Sendungen, Ist-Einsatzstunden und Ist-Ladung werden verschiedene, für die Beurteilung des Transportbereichs relevante Kennzahlen gebildet.

Der aus operativen Logistikkennzahlen resultierende Informationsgewinn ist umso höher, je aktueller diese bereitgestellt werden können. Die zeitnahe Erhebung von Logistikkennzahlen stellt daher eine große Herausforderung für die betriebliche Informationswirtschaft dar.

11.3.2 Logistikkosten- und -leistungsrechnung

Die Aufgabe der *Logistikkosten- und -leistungsrechnung* besteht darin, die in einer Periode erbrachten Logistikleistungen mit den dafür entstandenen Kosten mengen- und wertmäßig zu verknüpfen, um die Wirtschaftlichkeit der Prozesse beurteilen zu können. Abb. 11.7 zeigt, in welchem Zusammenhang logistische Leistungen und Kosten stehen.

Ein Logistikprozess, z. B. die Kundenauftragsabwicklung, lässt sich in Logistikteilprozesse wie die Warenauslieferung und diese wiederum in einzelne Logistikaktivitäten wie die Teile-Kommissionierung zerlegen. Diese Logistikprozesse, -teilprozesse und -aktivitäten erzeugen die logistischen Leistungen. In diesem Fall führen sie zur Einhaltung vorgegebener Pickzeiten, die sich als Messgröße der logistischen Aktivitäten quantifizieren lassen. Gleichzeitig führen die Logistikprozesse, -teilprozesse und -aktivitäten zu den Logistikkosten, in diesem Fall unter anderem durch den Stromverbrauch im Lager, der sich ebenfalls durch Messungen ermitteln lässt.

Aufgrund des hohen Gemeinkostenanteils in der Logistik sollte die Logistikkostenrechnung als *Prozesskostenrechnung* ausgestaltet werden (vgl. Abschnitt 4.3). Ihr Grundgedanke besteht darin, die Kosten nicht mithilfe eines Zuschlags zu den Einzelkosten auf die Produkte bzw. Leistungen zu verrechnen, sondern anhand der Inanspruchnahme der betrieblichen Aktivitäten bzw. Prozesse, durch die diese Produkte bzw. Leistungen hergestellt werden. Dadurch eignet sie sich insbesondere für Dienstleistungen, wie sie auch im Logistikbereich erbracht werden, da diese typischerweise durch einen großen Anteil an Gemeinkosten charakterisiert sind.

11.3 Operatives Logistikcontrolling

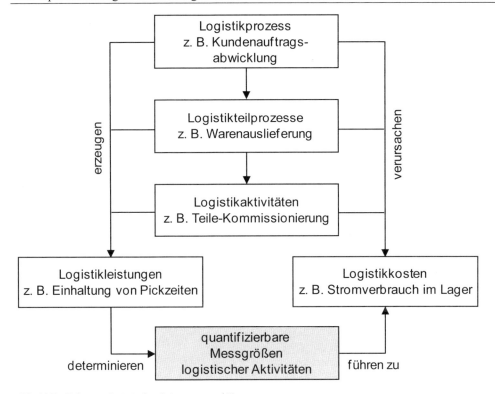

Abb. 11.7 Erfassung logistischer Leistungen und Kosten

In der *Kostenartenrechnung* wird der Einsatz von Produktionsfaktoren für die Erstellung von Logistikleistungen differenziert erfasst. Dabei ist zu unterscheiden zwischen den Kosten selbsterstellter Logistikleistungen, die zunächst in Form von Löhnen und Gehältern, Abschreibungen auf Gebäude und Fahrzeuge, Kosten für Strom, Treibstoff usw. anfallen, und Kosten für extern bezogene Logistikleistungen wie Transporte, angemietete Lagerhäuser oder die Nutzung von Umschlageinrichtungen, für die der Dienstleister Rechnungen ausstellt.

In der *Kostenstellenrechnung* werden die Kosten zunächst auf die Kostenstellen und innerhalb jeder Kostenstelle auf die dort durchgeführten Prozesse verteilt. Dabei erfolgt eine Kostenspaltung in direkt von der Leistungsmenge abhängige Leistungskosten, beschäftigungsabhängige sprungfixe Bereitschaftskosten und beschäftigungsunabhängige Bereitschaftskosten. Die ersten beiden Kostenkategorien werden als leistungsmengeninduzierte (lmi-)Kosten auf Basis der jeweiligen Kostentreiber über die Prozessmengen abgerechnet, die beschäftigungsunabhängigen Bereitschaftskosten werden als leistungsmengenneutrale (lmn-)Kosten anhand der lmi-Kosten geschlüsselt.

In der *Kostenträgerrechnung* erfolgt schließlich die Kalkulation der Gesamtkosten für eine logistische Leistung anhand der für die Erstellung dieser Leistung in Anspruch genommenen

Aktivitäten und Teilprozesse. Diese Art der Abrechnung entsprechend der tatsächlichen Inanspruchnahme führt bei logistischen Dienstleistungen zu einer wesentlich verursachungsgerechteren Abrechnung als die pauschale Verteilung von Gemeinkosten in der Zuschlagskalkulation.

11.4 Weiterführende Literatur

Göpfert, I.: Logistik, Vahlen, München, 3. Aufl. 2013

Pollmeier, I.: Strategisches Supply Chain Controlling in der Automobilwirtschaft, Dr. Kovač, Hamburg 2008

Steven, M.: Produktionslogistik, Kohlhammer, Stuttgart 2015

Vahrenkamp, R.: Logistik, Oldenbourg, München/Wien, 7. Aufl. 2012

Weber, J.: Logistik- und Supply Chain Controlling, Schäffer Poeschel, Stuttgart, 5. Aufl. 2002b

12 Controlling hybrider Leistungsbündel

Unter hybriden Leistungsbündeln versteht man flexible Kombinationen von Sachleistungen und begleitenden Dienstleistungen, deren Ausgestaltung sich am Kundennutzen orientiert. Sie bieten für den deutschen Maschinen- und Anlagenbau die Chance, im Rahmen langfristiger Geschäftsbeziehungen neue Wettbewerbspotentiale zu erschließen. Im Laufe des Lebenszyklus eines hybriden Leistungsbündels kann bei Auftreten neuartiger Anforderungen ein Wechsel des Geschäftsmodells erfolgen. Da sich das operative Controlling hybrider Leistungsbündel kaum von den entsprechenden Aufgaben in reinen Produktions- oder Dienstleistungsunternehmen unterscheidet, konzentriert sich diese Lehreinheit auf die Anpassung bekannter Controlling-Instrumente auf der strategischen Ebene.

Leitfragen: Durch welche Merkmale lassen sich hybride Leistungsbündel charakterisieren?

Welche Entscheidungen sind in den einzelnen Phasen des Lebenszyklus von hybriden Leistungsbündeln zu treffen?

Welche Geschäftsmodelle kommen für hybride Leistungsbündel in Betracht?

Wie lässt sich die Planung für hybride Leistungsbündel hierarchisch strukturieren?

Worauf konzentriert sich das Kostenmanagement für hybride Leistungsbündel?

Wie werden die Perspektiven einer Balanced Scorecard für hybride Leistungsbündel ausgestaltet?

12.1 Entwicklungen im Maschinen- und Anlagenbau

Der Ursprung hybrider Leistungsbündel liegt im *Maschinen- und Anlagenbau*. Die Unternehmen des deutschen Maschinen- und Anlagenbaus konnten sich über lange Zeit durch ihr Angebot von technisch und qualitativ hochwertigen Produkten gegenüber der Konkurrenz im inner- und außereuropäischen Ausland profilieren. Im Zuge der Globalisierung der Märkte und der schnellen Verbreitung technischen Fachwissens ist es Anbietern insbesondere aus dem asiatischen Raum inzwischen möglich, zumindest standardisierte Produkte zeitnah zu imitieren und in großen Stückzahlen auf den Markt zu bringen. Der dadurch entstehende Wettbewerbsdruck führt dazu, dass ein Angebot hochwertiger Sachleistungen allein kein Garant für langfristige Wettbewerbsvorteile mehr ist. Gleichzeitig sehen sich die deutschen Anbieter aufgrund der Lohnkostenvorteile bei ihren asiatischen Konkurrenten einem Preisverfall mit der Folge sinkender Gewinnmargen ausgesetzt.

Daher sind die meisten Anbieter dazu übergegangen, zusätzlich zu ihren Anlagen *industrielle Dienstleistungen* anzubieten. Darunter versteht man Dienstleistungen, die für Industriekunden begleitend zu einem materiellen Kernprodukt angeboten werden, z. B. Beratung, Engineering, Installation der Anlagen, Schulungen des Bedienpersonals, Kundendienste in Form von Wartung, Reparatur, Ersatzteilservice, Notdiensten usw. (vgl. Steven/Schade 2004; Steven 2007, S. 107ff.). Die Motivation zum Angebot von industriellen Dienstleistungen liegt vor allem in den folgenden Potentialen (vgl. Hildenbrand 2006, S. 35ff.):

- *Differenzierung*: Industrielle Dienstleistungen erlauben es einem Anlagenbauer, sein Angebot von dem der Konkurrenten abzuheben. Da industrielle Dienstleistungen aufgrund der Immaterialität und der Individualität des Dienstleistungsergebnisses schwerer zu imitieren sind als die Kernprodukte, wird auf diese Weise ein neues Differenzierungspotential eröffnet.

- *Erlösgenerierung*: Durch industrielle Dienstleistungen lassen sich zusätzlich zum Verkauf des Kernprodukts Erlöse erzielen. In vielen Fällen ist die Umsatzrendite aus den Dienstleistungen deutlich höher als die aus dem Anlagenverkauf.

- *Risikostreuung*: Industrielle Dienstleistungen sind geringeren Nachfrageschwankungen ausgesetzt als die Kernprodukte. Dadurch liefern sie gleichmäßigere Erlösströme und tragen zu einem Ausgleich der Risiken aus dem Anlagengeschäft bei.

- *Kundenbindung*: Durch das Angebot industrieller Dienstleistungen werden die Kunden langfristig an das Unternehmen gebunden. Mithilfe des regelmäßigen, teilweise recht intensiven Kundenkontakts wird eine langfristige Geschäftsbeziehung aufgebaut, die gleichzeitig als Markteintrittsbarriere für Konkurrenten fungiert. Darüber hinaus erhält der Anlagenbauer aktuelle Informationen hinsichtlich der Kundenanforderungen, die er bei der Weiterentwicklung seines Leistungsangebots nutzen kann.

Jedoch besteht bei vielen Anlagenbauern das Problem, dass die produktbegleitenden industriellen Dienstleistungen unsystematisch und stark differenziert angeboten werden, so dass mögliche Synergieeffekte aus ihrer Erstellung verloren gehen. Als Folge sind die Kostenstrukturen so heterogen, dass *keine Kostentransparenz* darüber besteht, zu welchem Preis eine industrielle Dienstleistung angeboten werden müsste. Erschwerend kommt hinzu, dass auf Seiten der Kunden oft nur eine *geringe Zahlungsbereitschaft* für Dienstleistungen besteht. Es wird vielmehr erwartet, dass die Dienstleistungen vom Anlagenbauer zusätzlich als kostenfreies Serviceangebot erbracht werden. Diese Probleme lassen sich durch das Angebot von hybriden Leistungsbündeln, die sich stark an den individuellen Kundenbedürfnissen orientieren, beseitigen.

Abb. 12.1 zeigt, welche *Entwicklungsstufen* ein Anlagenbauer durchläuft, wenn er in seinem B2B-Geschäft die von industriellen Dienstleistungen ausgehenden Potentiale immer stärker ausnutzt: Die Entwicklung geht von einem reinen Sachleistungsproduzenten (Stufe I), dessen

12.2 Elemente hybrider Leistungsbündel

Leistungsangebot sich auf die Konstruktion, die Herstellung und den Absatz von Industrieanlagen beschränkt, über den dienstleistenden Produzenten (Stufe II), der sein Leistungsangebot um produktbegleitende Dienstleistungen erweitert, zum produzierenden Dienstleister (Stufe III), der ganzheitliche Problemlösungen in Form von hybriden Leistungsbündeln anbietet.

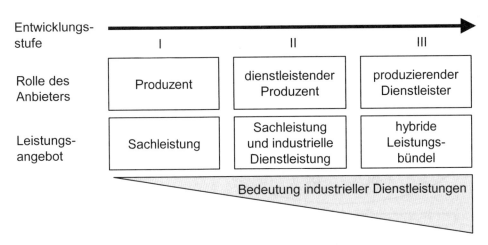

Abb. 12.1 Entwicklungsstufen im Maschinen- und Anlagenbau (in Anlehnung an Alevifard 2014, S. 16)

12.2 Elemente hybrider Leistungsbündel

12.2.1 Aufbau hybrider Leistungsbündel

Hybride Leistungsbündel sind individuell auf einen industriellen Kunden zugeschnittene, auf dessen Kundennutzen ausgerichtete Problemlösungen, die aus aufeinander abgestimmten Sachleistungs- und Dienstleistungskomponenten bestehen, welche sich aufgrund ihrer integrierten und systematischen Planung, Entwicklung und Erbringung gegenseitig beeinflussen (vgl. Meier et al. 2005). Ihr wesentlicher Anwendungsbereich ist der Maschinen- und Anlagenbau. Im englischen Sprachraum wird die Bezeichnung Industrial Product-Service Systems (IPSS) verwendet. Bei der Analyse hybrider Leistungsbündel lassen sich zwei Perspektiven unterscheiden:

- Aus der externen Perspektive bzw. der *Kundensicht* stellt ein hybrides Leistungsbündel eine stark auf die individuelle Situation zugeschnittene Lösung eines bestimmten Kundenproblems dar, die durch eine spezifische Kombination von Sach- und Dienstleistungen erreicht wird.

- Aus der internen Perspektive bzw. der *Anbietersicht* wird diese kundenindividuelle Kombination von Sach- und Dienstleistungen entweder vom Anlagenbauer selbst oder unter Einbeziehung von geeigneten Partnern in einem Unternehmensnetzwerk sowie in enger

Abstimmung mit dem Kunden integriert und systematisch geplant, entwickelt und erbracht, um einen möglichst großen Kundennutzen zu erzeugen. Aus der Individualisierung des Angebots ergibt sich für den Anbieter das Potential, hohe Margen zu erzielen.

Ein hybrides Leistungsbündel ist ein *sozio-technisches System*, das aus den technischen Anlagen und aus Menschen als Bediener der Anlagen sowie als Erbringer von Dienstleistungen besteht (vgl. Laurischkat 2012). Dabei bestehen vielfältige Interdependenzen. Grundsätzlich ist ein hybrides Leistungsbündel, wie in Abb. 12.2 dargestellt, über mehrere Stufen hinweg aus modularen Komponenten aufgebaut.

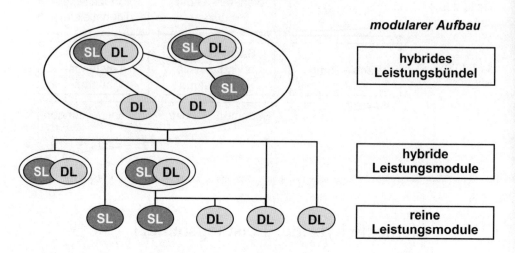

Abb. 12.2 *Aufbau eines hybriden Leistungsbündels (in Anlehnung an Meier et al. 2006, S. 25)*

- Auf der untersten Ebene stehen *reine Sachleistungs- bzw. Dienstleistungsmodule*. Beispiele für Sachleistungsmodule sind die Anlage selbst, Werkzeuge oder Ersatzteile. Zugehörige Dienstleistungen sind z. B. die Lieferung der Anlage oder die Finanzierung des Kaufs.

- Durch die kundenorientierte Kombination von Sachleistungs- und Dienstleistungsmodulen entstehen auf der nächsten Ebene *hybride Leistungsmodule*. Diese können je nach der Konfiguration des hybriden Leistungsbündels unterschiedlich ausgestaltet werden. So kann die Reinigung der Anlage im Rahmen einer Wartung vollautomatisch (hoher Sachleistungsanteil) oder manuell von einem Servicemitarbeiter (hoher Dienstleistungsanteil) durchgeführt werden, d. h. Sach- und Dienstleistungen können sich gegenseitig substituieren.

- Das *hybride Leistungsbündel* schließlich besteht aus der kundenindividuellen Kombination von hybriden Leistungsmodulen sowie Sachleistungs- und Dienstleistungsmodulen, um das spezifische Kundenproblem möglichst gut zu lösen. Diese Lösung kann sich im Zeitablauf mit den Kundenbedürfnissen, aber auch mit den technologischen Möglichkeiten des Anbieterunternehmens verändern. Um eine solche Anpassung schnell und zu geringen

Kosten durchführen zu können, empfiehlt es sich, bereits bei der Planung und Entwicklung eines hybriden Leistungsbündels auf die Flexibilität der Ausgangskonfiguration zu achten.

Die Ausrichtung der hybriden Leistungsbündel am Kundennutzen kommt vor allem darin zum Ausdruck, dass nicht mehr die Industrieanlage selbst als die Kernleistung des Anbieters verstanden wird, sondern – in Abhängigkeit vom Geschäftsmodell (vgl. Abschnitt 12.4) – die Verfügbarkeit der Anlage oder die Qualität der darauf erstellten Produkte, die vom Anbieter vertraglich und für einen bestimmten Zeitraum garantiert wird. Um dies zu gewährleisten, ist im Anbieterunternehmen bzw. -netzwerk eine enge Verzahnung zwischen der Fertigung und den Servicemitarbeitern erforderlich.

12.2.2 Lebenszyklus hybrider Leistungsbündel

Der *Lebenszyklus* eines hybriden Leistungsbündels beschreibt die verschiedenen Phasen des zugehörigen Wertschöpfungsprozesses. Er umfasst die in Abb. 12.3 dargestellten fünf Phasen (vgl. Meier/Uhlmann 2012). Während des gesamten Lebenszyklus müssen die Kundenanforderungen erfüllt werden. Da diese sich im Laufe des Lebenszyklus – auch mehrfach – ändern können, ist die Anpassungsfähigkeit des hybriden Leistungsbündels von großer Bedeutung. Weiter ist zu beachten, dass zwischen den einzelnen Lebenszyklusphasen Wechselbeziehungen bestehen, die eine enge Abstimmung erfordern.

- *Planung*: Während der Planungsphase werden zunächst die Kundenbedürfnisse identifiziert. Aus diesen werden die Anforderungen an die Ausgestaltung des hybriden Leistungsbündels abgeleitet und vertraglich fixiert.

- *Entwicklung*: Gegenstand der Entwicklungsphase ist die Umsetzung der in der Planungsphase identifizierten Kundenanforderungen in ein kundenspezifisches hybrides Leistungsbündel. Dabei wird die konkrete Ausgestaltung der passenden Sachleistungs- und Dienstleistungskomponenten vorgenommen.

- *Implementierung*: In der Implementierungsphase wird das Leistungspotential des hybriden Leistungsbündels für den Abnehmer bereitgestellt. Dazu muss der Anbieter die erforderlichen Sachleistungskomponenten, d. h. die Anlagen entweder selbst herstellen oder am Markt beschaffen. Weiter muss das für die Erbringung der Dienstleistungsanteile des hybriden Leistungsbündels erforderliche Personal bereitgestellt werden.

- *Betrieb*: Die Betriebsphase ist die zeitlich längste Phase eines hybriden Leistungsbündels. In ihr findet die regelmäßige Nutzung der zuvor bereitgestellten Sach- und Dienstleistungskomponenten durch den Abnehmer statt. Ändern sich dessen Anforderungen, so ist eine dynamische Anpassung des hybriden Leistungsbündels erforderlich. Diese kann durch den Austausch von bisher genutzten Sach- oder Dienstleistungskomponenten oder durch das Hinzufügen neuer Komponenten erfolgen. Da ein Großteil der in der Betriebsphase anfallenden Kosten durch die Konfigurationsentscheidungen in den vorhergehenden Phasen determiniert wird, sind diese Interdependenzen explizit zu berücksichtigen.

- *Auflösung*: Mit dem Ende der anfangs vereinbarten Vertragsdauer ist eine Entscheidung hinsichtlich der Auflösung oder Weiterführung der Geschäftsbeziehung zu treffen. Falls die Geschäftsbeziehung endet, baut der Anbieter das für den Abnehmer bereitgestellte Leistungspotential ab und überführt es gegebenenfalls in andere hybride Leistungsbündel. Soll die Geschäftsbeziehung weitergeführt werden, so erfährt das hybride Leistungsbündel meist eine grundlegende Neuausrichtung oder eine völlige Neugestaltung, so dass ein neuer Lebenszyklus beginnt.

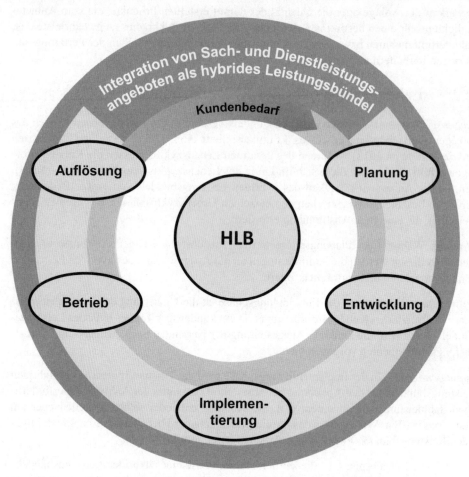

Abb. 12.3 *Lebenszyklus hybrider Leistungsbündel (in Anlehnung an Meier/Uhlmann 2012, S. 11)*

12.2.3 Geschäftsmodelle für hybride Leistungsbündel

Hybride Leistungsbündel im Maschinen- und Anlagenbau lassen sich auf zwei Vorläufer zurückführen: Zum einen gab es bereits seit langem das *Systemgeschäft*, bei dem Industrieanlagen zusammen mit Engineering- und anderen Dienstleistungen dem Kunden als schlüsselfertige Lösung (Turn Key-Modelle) verkauft wurden. Zum anderen wurden in den 1980er Jahren

12.2 Elemente hybrider Leistungsbündel

vor allem für Abnehmer im öffentlichen Bereich *Betreibermodelle* entwickelt, bei denen der Anbieter teilweise den Anlagenbetrieb sowie die Finanzierung übernommen hat.

Im *Geschäftsmodell* wird festgelegt, welche spezifischen Wertschöpfungsprozesse vom Anbieter bzw. vom Abnehmer übernommen werden. In Abhängigkeit von der Ausgestaltung der Beziehungen zwischen Anbieter und Abnehmer sowie von der damit eng zusammenhängenden Verteilung von Risiken lassen sich drei Geschäftsmodelle für hybride Leistungsbündel unterscheiden (vgl. Meier et al. 2010; Steven/Richter 2010). Abb. 12.4 gibt einen Überblick über die Ausprägungen der wichtigsten Charakteristika bei den verschiedenen Geschäftsmodellen.

Geschäftsmodell	funktionsorientiert	verfügbarkeitsorientiert	ergebnisorientiert
Gestaltungsobjekt	Potentiale	Prozesse	Produkte
Abrechnungsgrundlage	Maschine	Betriebsstunden	fehlerfreie Produkte
charakteristische Dienstleistungen	Wartung Ersatzteilservice	Monitoring vorbeugende Instandhaltung	Lösung von Kundenproblemen
Eigentum an Sachleistung	Kunde	Kunde oder Anbieter	Anbieter
Verantwortung des Anbieters	Maschinenqualität	Prozessqualität	Produktqualität
Risiko des Anbieters	niedrig	mittel	hoch

Abb. 12.4 Geschäftsmodelle für hybride Leistungsbündel (Quelle: Steven/Richter 2010, S. 153)

- Das *funktionsorientierte Geschäftsmodell* entspricht noch weitgehend dem um industrielle Dienstleistungen erweiterten klassischen Anlagengeschäft. Bei den in Abb. 12.1 dargestellten Entwicklungsstufen ist es zwischen Stufe II und Stufe III anzusiedeln. Im Mittelpunkt stehen hier die Industrieanlage und ihre Funktionsfähigkeit, d. h. die Kernkompetenzen eines Anlagenbauers. Der Anbieter konzentriert sich auf die Gestaltung der Potentiale zur Erbringung der Sach- und Dienstleistungskomponenten des hybriden Leistungsbündels. Typische Dienstleistungen sind ein Wartungsvertrag für die Maschine oder die Sicherstellung eines Ersatzteilservices. Da der Abnehmer das Eigentum an der Maschine erwirbt, dienen in diesem Geschäftsmodell die verkauften Maschinen als Abrechnungsgrundlage.

Die Verantwortung des Anbieters beschränkt sich auf die Gewährleistung der zugesagten Qualität der Maschine bzw. auf die Potentialebene, so dass das funktionsorientierte Geschäftsmodell mit relativ geringen Risiken verbunden ist.

- Beim *verfügbarkeitsorientierten Geschäftsmodell* gestaltet der Anbieter zusätzlich die auf der Anlage ablaufenden Prozesse und übernimmt die Verantwortung für die Prozessqualität. Er garantiert dem Abnehmer einen vertraglich vereinbarten Verfügbarkeitsgrad der Maschine. Um diesen einzuhalten, setzt der Anbieter Dienstleistungen wie ein ständiges online-Monitoring des Maschinenzustands oder eine vorbeugende Instandhaltung ein. Abrechnungsgrundlage sind hier die fehlerfreien Betriebsstunden, die die Maschine gelaufen ist. Das Eigentum an der Maschine kann je nach Vertragsgestaltung beim Kunden oder beim Anbieter liegen. Durch die Ausweitung der Verantwortung auf die Prozessqualität und damit auf die Prozessebene übernimmt der Anbieter das technische Produktionsrisiko, so dass die von ihm zu tragenden Risiken beim verfügbarkeitsorientierten Geschäftsmodell deutlich ansteigen.

- Noch weiter geht die Verantwortung des Anbieters beim *ergebnisorientierten Geschäftsmodell*. Er behält das Eigentum an der Maschine, übernimmt den vollständigen Anlagenbetrieb und rechnet mit dem Abnehmer anhand von fehlerfrei produzierten Produkten ab. Der Anbieter ist für die Produktqualität verantwortlich. Damit treten hier die Produkte und somit die Ergebnisebene als Gestaltungsobjekt hinzu. Dieses Geschäftsmodell ist mit den höchsten Risiken behaftet, da auch das Marktrisiko der auf der Anlage hergestellten Produkte vom Anbieter zu tragen ist.

Selbstverständlich können hybride Leistungsbündel auch als Zwischenformen der genannten Geschäftsmodelle ausgestaltet werden, so dass sich ein Kontinuum potentieller Geschäftsmodelle ergibt (vgl. Rese et al. 2013).

12.3 Controlling-Instrumente für hybride Leistungsbündel

In den folgenden Abschnitten werden mit der hierarchischen Planung, dem Kostenmanagement und der Balanced Scorecard drei Instrumente behandelt, die einen Beitrag zum Controlling hybrider Leistungsbündel liefern können.

12.3.1 Hierarchische Planung

Die *hierarchische Planung* dient dazu, die Komplexität von umfassenden Planungsproblemen zu verringern. Die Ursache der Komplexität kann aus der Länge des Planungshorizonts, aus der Anzahl unterschiedlicher Planungsobjekte oder aus über mehrere Entscheidungsträger verteilten Zuständigkeiten resultieren. Anstatt das gesamte Planungsproblem mithilfe eines monolithischen Modells zu lösen, wird es in mindestens zwei hierarchisch angeordnete Teilprobleme mit geringerer Komplexität zerlegt, deren separat ermittelte Lösungen über

12.3 Controlling-Instrumente für hybride Leistungsbündel

wohldefinierte Schnittstellen aufeinander abgestimmt werden (vgl. Steven 1994; Schneeweiß 1999, S. 29f.; Steven/Richter 2010, S. 153ff.; Steven 2014, S. 168ff.).

Typischerweise deckt die *obere Planungsebene* (Top-Ebene) einen längeren Planungshorizont ab und arbeitet auf einem höheren Aggregationsniveau als die *untere Ebene* (Basis-Ebene). Die Top-Ebene ermittelt eine Lösung für das Gesamtsystem, indem sie geeignete Annahmen hinsichtlich des Verhaltens der Basis-Ebene setzt. Die Lösung der stärker detaillierten Planungsprobleme auf der Basis-Ebene erfolgt im Rahmen der von der Top-Ebene gesetzten Vorgaben; im vorliegenden Fall ist dies die spezifische Ausprägung des hybriden Leistungsbündels. Je flexibler diese Vorgaben sind, desto mehr Freiheitsgrade bestehen auf der Basis-Ebene.

Anschließend meldet die Basis-Ebene ihre Entscheidungen und die damit erzielten Ergebnisse an die Top-Ebene. Da üblicherweise die Entlohnung der Top-Ebene von den Ergebnissen des Gesamtsystems abhängt, versucht diese, im Laufe der Zeit über die Rückkopplungen hinsichtlich der Performance auf der Basis-Ebene ihre Entscheidungen und damit die Vorgaben an letztere zu verbessern. Abb. 12.5 zeigt, wie die beiden Planungsebenen durch die hierarchische Planung aufeinander abgestimmt werden.

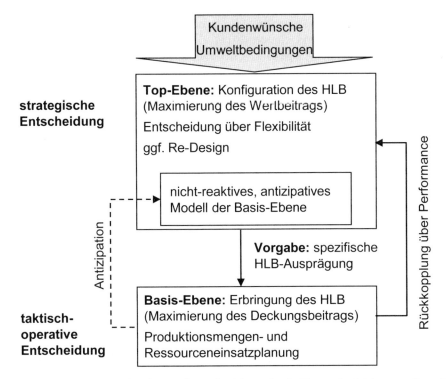

Abb. 12.5 *Koordination der Planungsebenen durch hierarchische Planung (in Anlehnung an Steven/Richter 2010, S. 156)*

Bei hybriden Leistungsbündeln lassen sich die folgenden interdependenten *Teilprobleme* für die beiden Planungsebenen identifizieren:

Die *Top-Ebene* löst die Aufgaben der *Planung und Entwicklung* des hybriden Leistungsbündels. Der Planungshorizont dieser Ebene ist langfristig, die Entscheidungen sind von großer strategischer Relevanz und werden unter erheblicher Unsicherheit sowohl hinsichtlich des Kundenverhaltens als auch von Umwelteinflüssen getroffen. Zielsetzung ist die Maximierung des Wertbeitrags eines hybriden Leistungsbündels über den gesamten Lebenszyklus.

Auf der Top-Ebene wird das hybride Leistungsbündel konfiguriert, es fallen Entscheidungen über das Geschäftsmodell, über die Art und den Umfang von kundenspezifischen Investitionen in die Sachanlage, über die Erfüllung der vom Kunden gewünschten Funktionalitäten mithilfe von Sach- und Dienstleistungsmodulen und über die spätere Flexibilität des hybriden Leistungsbündels. Mit der Konfiguration des hybriden Leistungsbündels werden die Erlös- und Kostenparameter der ausgewählten Leistungskomponenten festgelegt. Durch Investitionen in die strategische Flexibilität, d. h. den Aufbau von flexiblen Ressourcen, lässt sich der unteren Ebene die Möglichkeit zu einem späteren Wechsel des Geschäftsmodells eröffnen.

Das Planungsproblem der Top-Ebene ist typischerweise schlecht-strukturiert. Daher kommen vor allem vertragstheoretische Ansätze, die dynamische, optionstheoretische Modellierung oder die flexible Investitionsplanung zum Einsatz, die das spätere Verhalten der Basis-Ebene in geeigneter Weise antizipieren (vgl. Richter 2011). Der Fokus der Planung auf der Top-Ebene liegt auf der *Effektivität* der Ausgestaltung des hybriden Leistungsbündels.

Die *Basis-Ebene* befasst sich mit der anschließenden *Erbringung* des hybriden Leistungsbündels, die die Implementierung und den Betrieb der kundenspezifisch konfigurierten Anlagen sowie die Bereitstellung der vertraglich vereinbarten Dienstleistungen umfasst. Der Planungshorizont dieser taktisch-operativen Entscheidungen ist kurz- bis mittelfristig. Zielsetzung ist die Maximierung der Deckungsbeiträge aus dem Betrieb des hybriden Leistungsbündels.

Die Kostenparameter der einzelnen Komponenten sind aufgrund der Installation bestimmter Sach- und Dienstleistungsmodule bekannt. Es werden laufend Leistungen im Rahmen des zuvor gewählten Geschäftsmodells erbracht. Dabei sind regelmäßige Entscheidungen über die Nutzung bzw. Anpassung der kundenspezifischen sowie der allgemeinen Ressourcen erforderlich. Eine Anpassung des Geschäftsmodells oder der Art und Menge der erbrachten Leistungen ist nur dann möglich, wenn zuvor auf der strategischen Ebene die entsprechende Flexibilität implementiert wurde. Das Planungsproblem auf der Basis-Ebene ist üblicherweise gut strukturiert, es lässt sich z. B. als lineares Programm zur Produktionsprogrammplanung oder Ressourceneinsatzplanung abbilden. Der Fokus der Planung auf dieser Ebene liegt auf der *Effizienz* der Leistungserstellung.

Aus der Basis-Ebene erfolgt regelmäßig eine *Rückkopplung* in die Top-Ebene hinsichtlich der mit den strategischen Vorgaben erzielten Ergebnisse. Dies dient zum einen der Anpassung der zuvor getroffenen strategischen Entscheidungen an die aktuelle Planungssituation. Zum anderen hilft es der Top-Ebene, bei der Planung zukünftiger hybrider Leistungsbündel bessere Entscheidungen zu treffen.

12.3.2 Kostenmanagement

Der Schwerpunkt des *Kostenmanagements* für hybride Leistungsbündel liegt auf der Sicherstellung der Effizienz und Effektivität ihrer Entwicklung und Erbringung. Es besteht aus dem integrierten Zusammenspiel von drei bereits aus Lehreinheit 4 bekannten Controlling-Instrumenten, die sich mit der Kostenplanung, -steuerung und -kontrolle befassen. Abb. 12.6 zeigt, welche Beziehungen zwischen den Instrumenten bestehen.

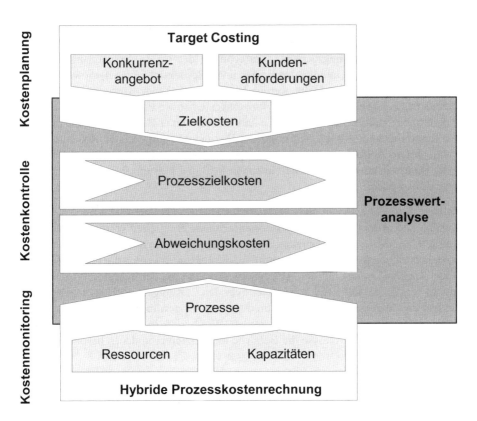

Abb. 12.6 Kostenmanagementsystem für hybride Leistungsbündel (in Anlehnung an Wasmuth 2009, S. 133)

- Das *Target Costing* wird als strategisches Instrument zur Kostenplanung eingesetzt. Es ist in der Entwicklungsphase eines hybriden Leistungsbündels angesiedelt. Seine Aufgabe besteht darin, Kundenanforderungen und Konkurrenzangebote mit den Marktbedingungen und den Möglichkeiten des Anbieterunternehmens abzugleichen. Dadurch sollen einerseits die Zielkosten als Kostenvorgaben für neue hybride Leistungsbündel generiert werden. Andererseits kann das Target Costing dafür sorgen, dass die Funktionen eines bereits vorhandenen hybriden Leistungsbündels möglichst marktgerecht erfüllt werden. Somit wird der gesamte Kundenprozess vom Erstkontakt bis zur Beendigung der Geschäftsbeziehung auf den am Markt zulässigen Preis ausrichtet. Durch Überwachung einzelner Prozesse und deren realer Kostenwirkungen lassen sich Prozesszielkosten bestimmen, durch die sich die Kostentransparenz weiter erhöht. Im Anbieterunternehmen erfolgt dadurch eine Kostensensibilisierung, die dabei hilft, das im Maschinen- und Anlagenbau oft auftretende Over-Engineering, d. h. eine technisch aufwendige Lösung, für die beim Kunden keine Zahlungsbereitschaft vorliegt, zu verhindern.

- Während der Betriebsphase eines hybriden Leistungsbündels kommt die *hybride Prozesskostenrechnung* als Instrument zum Kostenmonitoring zum Einsatz. Dabei handelt es sich um eine auf dem Time-Driven Acitvity-Based Costing aufbauende Zusammenführung von Methoden zur Kalkulation von Sach- und Dienstleistungen (vgl. Soth 2011). Das Ziel ist eine möglichst verursachungsgerechte Verrechnung der im Zusammenhang mit einem hybriden Leistungsbündel anfallenden Kosten unter Berücksichtigung der jeweils kundenindividuellen Konfiguration. Dafür werden langfristig wirkende Kostentreiber bestimmt, die bereits frühzeitig eine Prognose der Prozesskosten sowie der Abweichungskosten bei veränderter Durchführung der Aktivitäten und Prozesse unter Berücksichtigung der eingesetzten Ressourcen und Kapazitäten erlauben. Die dadurch aufgezeigten Kostensenkungspotentiale liefern Ansatzpunkte für eine kostenorientierte Steuerung sowohl der Sach- als auch der Dienstleistungskomponenten in einem hybriden Leistungsbündel über sämtliche Lebenszyklusphasen.

- Im Rahmen der *Prozesswertanalyse* als Instrument zur Kostenkontrolle werden die im Target Costing und in der hybriden Prozesskostenrechnung ermittelten Werte einander gegenübergestellt, um die Leistungsfähigkeit der vorliegenden Konfiguration des hybriden Leistungsbündels sicherzustellen. Zur Überprüfung der Effizienz werden die Prozesszielkosten (aus dem Target Costing) mit den Abweichungskosten (aus der hybriden Prozesskostenrechnung) verglichen. Die Effektivität eines hybriden Leistungsbündels lässt sich überprüfen, indem die Prozesse zusätzlich auf ihren Beitrag zur gewünschten Funktionserfüllung und damit ihren Wertbeitrag überprüft werden. Wie bereits in Abschnitt 4.5 dargestellt, lassen sich mittels dieser Analyse die Bereiche identifizieren, in denen besonderer Handlungsbedarf besteht.

Die Integration dieser drei Instrumente erlaubt es, die Kosten eines hybriden Leistungsbündels in sämtlichen Lebenszyklusphasen proaktiv, konsequent und nachvollziehbar zu planen, zu steuern und zu kontrollieren.

12.3.3 Balanced Scorecard

Auch die Balanced Scorecard (vgl. Abschnitt 9.3.3) verspricht ein großes Potential zur Anpassung an die spezifischen Bedürfnisse hybrider Leistungsbündel (vgl. Richter/Steven 2009). Ihre Aufgabe ist im Wesentlichen die Koordination der an der Entwicklung und Erbringung eines hybriden Leistungsbündels beteiligten Funktionen und deren Abstimmung auf der Zielebene. Im Mittelpunkt der Balanced Scorecard stehen die *strategischen Ziele* des Anbieters von hybriden Leistungsbündeln, die im Hinblick auf den Kunden und die Ressourcen zu operationalisieren sind. Diese umfassen insbesondere:

12.3 Controlling-Instrumente für hybride Leistungsbündel

- Entwicklung kundengerechter, individueller Angebote
- langfristige Kundenbindung durch Kundenintegration
- Erzielung von wettbewerbsfähigen Margen
- effektive und effiziente Erbringung der Leistungen

Ausgehend von diesen Zielen wird sowohl eine strukturelle Modifikation als auch eine inhaltliche Erweiterung der klassischen Balanced Scorecard vorgenommen. Dabei werden drei Perspektiven – die Finanz-, die Kunden- und die Prozessperspektive – aus der in Abschnitt 9.3.3 dargestellten Grundform der Balanced Scorecard strukturell übernommen und lediglich inhaltlich modifiziert. Die Mitarbeiterperspektive wird zur *Potentialperspektive* erweitert, da im Maschinen- und Anlagenbau neben den Fähigkeiten der Mitarbeiter auch technologische und anlagenbezogene Potentiale eine große Rolle spielen. Als für hybride Leistungsbündel spezifische fünfte Perspektive tritt die *Beziehungsperspektive* hinzu, mit der die für die langfristige Zusammenarbeit erforderlichen Interaktionen und Interdependenzen zwischen dem Anbieter und seinen Kunden abgebildet werden.

Die Struktur dieser spezifischen *Balanced Scorecard für hybride Leistungsbündel* ist in Abb. 12.7 dargestellt. Dabei stehen die strategischen Ziele des Unternehmens im Mittelpunkt und zu jeder Perspektive wird zunächst lediglich eine zentrale Leitfrage angegeben, eine detaillierte Betrachtung der einzelnen Perspektiven findet nachfolgend statt.

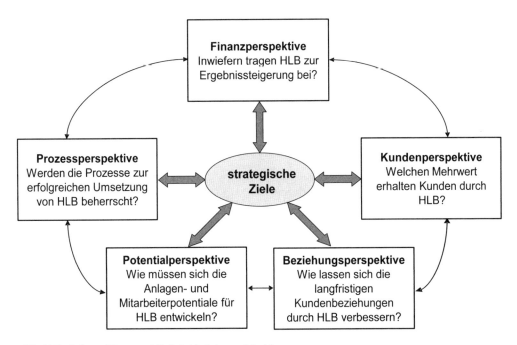

Abb. 12.7 Balanced Scorecard für hybride Leistungsbündel

Zunächst werden die Potentiale betrachtet, die zur Entwicklung und Erbringung von hybriden Leistungsbündeln zur Verfügung stehen bzw. benötigt werden. Die *Potentialperspektive* beschreibt die Infrastruktur des Anbieterunternehmens, die aus den vorhandenen Anlagen und der damit verbundenen Technologie sowie den Mitarbeitern und ihren Qualifikationen besteht und zur Sicherung eines langfristigen Unternehmenswachstums eingesetzt werden soll. Aus den Potentialen resultieren die Leistungsbereitschaft des Unternehmens und seine Fähigkeit, bestimmte Ausprägungen von hybriden Leistungsbündeln zu erstellen. Mögliche Kennzahlen zur Konkretisierung der Potentialperspektive, aus denen die drei bis fünf mit der größten strategischen Relevanz ausgewählt werden sollten, sind:

- Standardisierungsgrad der Prozesse
- Flexibilität
- Anlagenproduktivität
- Kennzahlen der Anlagenwirtschaft, wie Werkzeugstandzeiten, Abschreibungsquoten
- Mitarbeiterzufriedenheit und -treue
- Anzahl der Verbesserungsvorschläge je Mitarbeiter
- Substitutionsmöglichkeiten zwischen Sachleistungen und Dienstleistungen

Die *Prozessperspektive* fokussiert die Durchführung der zur Entwicklung und Erbringung eines hybriden Leistungsbündels erforderlichen Geschäftsprozesse; sie wird durch die Potentialperspektive wesentlich beeinflusst. Der Schwerpunkt der Betrachtung liegt auf den kritischen internen Geschäftsprozessen, die einen wesentlichen Einfluss auf den Kundennutzen und den geschäftlichen Erfolg haben. Diese lassen sich durch die folgenden Kennzahlen beschreiben:

- Prozessfähigkeit und Prozesssicherheit
- Ausschussquote
- Fehlerquote (Six Sigma)
- Kostenabweichungen (Standardkosten vs. Target Costs)
- Automatisierungsgrad
- Notwendigkeit der persönlichen Erbringung

In der *Kundenperspektive* werden die Kundenerwartungen mit den durch die internen Prozesse erbrachten Leistungen in Einklang gebracht. Damit das Anbieterunternehmen mit seinen hybriden Leistungsbündeln erfolgreich sein kann, müssen diese aus Kundensicht einen Mehrwert gegenüber der traditionellen Form der Leistungserbringung haben. Hier sind folgende Kennzahlen relevant:

- Kundenzufriedenheit
- Reklamationsquote
- Marktanteil / Marktdurchdringung / Marktabdeckung
- Verfügbarkeit als Servicegrad oder Leistungsergebnis

- Akquisitionsquote / Kundenzuwachs

Aufgabe der *Beziehungsperspektive* ist die gezielte Steuerung des Aufbaus bzw. der Weiterentwicklung von vertrauensvollen, spezifischen Beziehungen zwischen dem Anbieter von hybriden Leistungsbündeln und seinen Kunden. Dabei ist zu berücksichtigen, dass die Kunden eine heterogene Gruppe sind, deren Anforderungen stark voneinander abweichen können. Hier kommen die folgenden Kennzahlen in Betracht:

- Dauer der Kundenbeziehung
- Abhängigkeit des Unternehmenserfolgs von der Performance beim Kunden
- Vertrauensaufbau
- Informationsaustausch

Die *finanzielle Perspektive* bündelt sämtliche Aktivitäten der vorgelagerten Perspektiven in traditionellen finanzwirtschaftlichen Kennzahlen sowie in spezifisch auf hybride Leistungsbündel ausgerichteten Kennzahlen. Damit erlaubt sie eine Beurteilung des wirtschaftlichen Erfolgs der hybriden Leistungsbündel z. B. anhand der folgenden Kennzahlen:

- Umsatz
- Cash-Flow
- Erfolgsbeitrag der hybriden Leistungsbündel
- Return on Investment

Für jede dieser Perspektiven werden aus der Gesamtzielsetzung abgeleitete bereichsspezifische Ziele vorgegeben und darauf aufbauend die zugehörigen, unternehmensspezifischen Schlüsselkennzahlen definiert. In dem hier geschilderten Top-Down-Vorgehen bei der Formulierung von Kennzahlen kommt zum Ausdruck, dass die Balanced Scorecard ein Instrument zur vertikalen Zielkoordination ist, wobei die für hybride Leistungsbündel ebenso bedeutende horizontale Koordination lediglich implizit Beachtung findet.

12.4 Weiterführende Literatur

Grandjean, L., Alevifard, S., Steven, M.: Strategic Adaptability of Industrial Product-Service-Systems – Dynamic Effective IPS², in: Procedia CIRP, Vol. 16, 2014, S. 314-319

Meier, H., Uhlmann, E.: Hybride Leistungsbündel – Ein neues Produktverständnis, in: Meier, H., Uhlmann, E. (Hrsg.), Integrierte Industrielle Sach- und Dienstleistungen, Springer, Berlin usw. 2012, S. 1-21

Steven, M., Alevifard, S.: Strategisches Controlling hybrider Leistungsbündel – Planung, Steuerung und Kontrolle anpassungsfähiger HLB, in: wt werkstattstechnik online, 103. Jg., 2013, Heft 7/8, S. 577-582

13 Umweltcontrolling

Seit den 1990er Jahren ist die Bedeutung von Umwelt- und Nachhaltigkeitszielen in den Unternehmen immer weiter angestiegen, inzwischen sind sie in den Zielsystemen zahlreicher Unternehmen fest verankert. Parallel haben sich verschiedene Ansätze des Umweltcontrollings entwickelt. Ausgehend von den Aufgaben des Umweltcontrollings werden dessen Ausgestaltungsmöglichkeiten und die wichtigsten operativen Controlling-Instrumente dargestellt.

Leitfragen: Warum etablieren Unternehmen ein Umweltcontrolling?

Welche Daten benötigt das Umweltcontrolling?

Welche Aufgaben umfasst das Umweltcontrolling?

Wie lässt sich das Umweltcontrolling organisatorisch verankern?

Welche Controlling-Instrumente lassen sich im Umweltcontrolling einsetzen?

13.1 Entwicklung des Umweltcontrollings

Das traditionelle betriebswirtschaftliche Oberziel ist die *Maximierung des Gewinns* bzw. der Rentabilität. In einer langfristigen Perspektive dominieren Zielsetzungen wie die Sicherung der Existenz des Unternehmens, die Aufrechterhaltung oder Verbesserung der Wettbewerbsfähigkeit oder das Anstreben von gesellschaftlicher Akzeptanz. Diese Ziele werden kurzfristig operationalisiert durch Ziele wie die Maximierung von Umsatz oder Marktanteil bzw. die Minimierung der Kosten.

Daneben werden eine Reihe von weiteren Zielen verfolgt: Bereits in den 1960er und 1970er Jahren traten *Sozialziele* wie die Sicherung von Arbeitsplätzen, die Gesundheitsvorsorge und die Weiterbildung der Mitarbeiter in einigen Unternehmen auf. *Umweltziele* werden erst seit den 1990er Jahren, als die immer deutlicheren Umweltprobleme zu einer öffentlichen Nachhaltigkeitsdebatte führten, verstärkt verfolgt. Inzwischen sind mehr oder weniger ausführlich formulierte Umweltziele im Zielsystem sämtlicher Großunternehmen und bei großen Teilen des Mittelstands fest verankert.

Das heutige Verständnis der *Nachhaltigkeit* wurde durch die Ergebnisse einer 1983 von den Vereinten Nationen eingesetzten Kommission für Umwelt und Entwicklung, der Brundtland-Kommission, geprägt. Demnach basiert eine nachhaltige Entwicklung (Sustainable Development), wie in Abb. 13.1 dargestellt, auf den drei Säulen bzw. Bereichen Ökonomie, Ökologie und Gesellschaft, die in gegenseitiger Abhängigkeit stehen (vgl. WECD 1987). Eine nachhal-

13.1 Entwicklung des Umweltcontrollings

tige Entwicklung impliziert, dass wirtschaftliche, umweltbezogene und soziale Ziele gleichzeitig und gleichberechtigt verfolgt und realisiert werden. Nach dem Konzept der Triple Bottom Line (vgl. Elkington 1997) sollte jeweils der Bereich im Vordergrund stehen, in dem aktuell die gravierendsten Probleme auftreten, um zu einer ausgewogenen Entwicklung zu gelangen. Es handelt sich um ein international akzeptiertes, ganzheitliches Zukunftskonzept. Auf Unternehmensebene wird die Orientierung am Nachhaltigkeitsziel als *Corporate Social Responsibility* (CSR) bezeichnet.

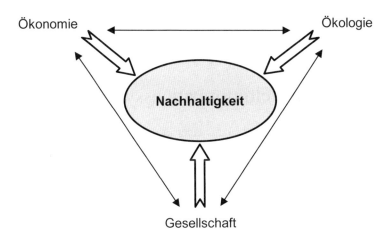

Abb. 13.1 *Dimensionen der Nachhaltigkeit*

Die Entwicklung des Umweltcontrollings hat Ende der 1980er Jahren begonnen. Sie wurde zu dem Zeitpunkt nicht aus einem Bedürfnis der Praxis heraus, sondern durch die Wissenschaft vorangetrieben. Es lassen sich folgende *Entwicklungsrichtungen* identifizieren (vgl. Corsten/Corsten 2011), die sich einerseits im Controllingverständnis, andererseits in der Herangehensweise an das Umweltschutzproblem unterscheiden:

- Bei den *ökonomisch ausgerichteten Ansätzen* stehen vor allem die finanziellen Auswirkungen von Umweltschutzmaßnahmen im Vordergrund. Es werden die aus dem finanzwirtschaftlichen Controlling bekannten Methoden angewendet.

- Die *ökologisch ausgerichteten Ansätze* fokussieren sich auf ein additives Öko-Controlling, das an den vom Unternehmen ausgehenden Emissionen, Immissionen und anderen Umweltwirkungen anknüpft. Dabei werden zusätzliche, spezifische Controlling-Instrumente entwickelt.

- *Integrative Ansätze* des Umweltcontrollings nehmen eine Verknüpfung von ökonomischen und ökologischen Aspekten vor und verwenden daher Instrumente aus beiden Bereichen.

- Beim *Nachhaltigkeitscontrolling* findet zusätzlich eine Integration von sozialen Aspekten bzw. der gesellschaftlichen Säule der Nachhaltigkeit statt. Hierbei handelt es sich um den umfassendsten Ansatz, der für viele Aufgaben neue Methoden erfordert.

Die Ziele und Aufgaben des Umweltcontrollings ergeben sich aus den Anforderungen des Umweltmanagements, für das es ein Subsystem darstellt. Ein wichtiger Aspekt ist die Harmonisierung von ökonomischen und ökologischen Zielsetzungen, auch wenn diese häufig als konfliktär angesehen werden. Ein erster Schritt besteht darin, die zwischen diesen Bereichen bestehenden Interdependenzen herauszuarbeiten, d. h. sowohl die ökologische Relevanz ökonomischer Entscheidungen als auch die ökonomische Relevanz ökologischer Entscheidungen aufzuzeigen. Die Integration dieser Aspekte erlaubt es, Entscheidungen aus einer ganzheitlichen Perspektive zu treffen.

13.2 Betriebliche Umweltinformationssysteme

Um ökonomische und ökologische Entscheidungen aus einer integrierten Perspektive treffen zu können, ist eine einheitliche Datenbasis erforderlich. *Betriebliche Umweltinformationssysteme* unterstützen die umfassende Informationsbeschaffung, -aufbereitung und -bereitstellung sowohl auf der Mengen- als auch auf der Wertebene (vgl. Steven 1995; Rautenstrauch 1999). Kern des betrieblichen Umweltinformationssystems ist eine Datenbank, die umweltrelevante Stamm- und Bewegungsdaten umfasst.

- Wichtige *Stammdaten* sind insbesondere die betrieblichen Stücklisten und Rezepturen, gegebenenfalls auch Demontagestücklisten, Abfall- und Altlastenkataster sowie Gefahrstoffdatenbanken, der aktuelle Stand von Grenzwerten, Verwaltungsvorschriften usw., Anbieterverzeichnisse oder auch umweltrelevante Förderungs- und Finanzierungsprogramme.

- Zu den *Bewegungsdaten* zählen die regelmäßig erhobenen Daten aus der internen Mess- und Prüfdatenerfassung sowie aus Emissionsüberwachungssystemen, die Stoff- und Energiebilanzen, die Prozess- und Produktbilanzen und schließlich Umweltkennzahlen, die zur Dokumentation und Steuerung von umweltrelevanten Sachverhalten durch das Umweltcontrolling erhoben werden.

- Neben der Bereitstellung von internen umweltrelevanten Daten verfügt ein betriebliches Umweltinformationssystem über Schnittstellen zu *externen Datenbanken* wie Recyclingbörsen, Umwelttechnologiedatenbanken und Datenbanken zur Umweltforschungsdokumentation.

Diese Daten können an verschiedenen Stellen genutzt werden. Über die Verwendung im Umweltcontrolling hinaus kommen sie z. B. bei der Produktionsplanung und -steuerung oder im Abfallmanagement zum Einsatz. Schließlich können sie auch in Expertensystemen genutzt werden, die den Ist-Zustand von Umweltbelastungen und Umwelteinwirkungen erheben.

13.3 Aufgaben des Umweltcontrollings

Auch im Umweltcontrolling lassen sich Planungs-, Steuerungs-, Kontroll- und Informationsaufgaben identifizieren.

Zu den *Planungsaufgaben* zählt zunächst die Formulierung von periodenbezogenen Umweltzielen. Hierauf aufbauend wird ein Umweltprogramm aufgestellt, aus dem die vom Unternehmen mittelfristig geplanten umweltrelevanten Maßnahmen abgeleitet werden. Weiter sind die Zuständigkeiten für umweltrelevante Sachverhalte festzulegen. Dies kann z. B. in einem Umwelthandbuch erfolgen. In jedem Fall sind bei der Planung die jeweils aktuellen internen und externen Rahmenbedingungen und die sich daraus ergebenden Handlungsspielräume zu berücksichtigen.

Auf der Ebene der *Steuerung* steht die Umsetzung der zuvor geplanten umweltbezogenen Maßnahmen im Vordergrund. Für den Produktionsbereich bedeutet das, dass die Durchführung der umweltrelevanten Produktions- und Logistikprozesse unter Berücksichtigung der Vorgaben gesteuert werden muss. Gleichzeitig sind sowohl die unternehmensinternen als auch die unternehmensübergreifenden, aus diesen Prozessen resultierenden Stoff- und Energieströme zu erfassen.

Bei der *Kontrolle* wird regelmäßig der Umwelt-Ist-Zustand mit dem vorgegebenen Soll-Zustand verglichen. Dabei können sinnvoll definierte Umweltkennzahlen zum Einsatz kommen. Werden Schwachstellen identifiziert, so müssen geeignete Kontrollmaßnahmen eingeleitet werden. So wird z. B. überwacht, ob im Produktionsbereich die geplanten Recyclingquoten erreicht werden. Ist dies nicht der Fall, wird nach den Ursachen gesucht und die Prozesse werden so angepasst, dass die Zielvorgaben in Zukunft eingehalten werden können.

Die *Informationsaufgaben* des Umweltcontrollings beziehen sich auf die Dokumentation umweltrelevanter Sachverhalte. Im Rahmen eines Umweltmonitoring werden Daten über Wechselwirkungen von Prozessen und Produkten sowie über die Umweltwirkungen der Produkte während ihres gesamten Produktlebenszyklus erhoben und für verschiedene Einsatzzwecke bereitgestellt. Derartige Informationen werden z. B. für die ökologische Buchhaltung und die Umwelt- bzw. Nachhaltigkeitsberichterstattung benötigt. Auch der Aufbau eines betrieblichen Umweltinformationssystems (vgl. Abschnitt 13.2) gehört zu den Informationsaufgaben des Umweltcontrollings. Ein großes Problem bei der Datenbereitstellung ist, dass zahlreiche Umweltinformationen kein kardinales Skalenniveau aufweisen, sondern lediglich qualitativ erhoben werden können, und zusätzlich mit Unsicherheit bzw. Unschärfe behaftet sind.

13.4 Ausgestaltung des Umweltcontrollings

Bei der Ausgestaltung des Umweltcontrollings lassen sich zwei Ebenen unterscheiden. Die funktionale Ausgestaltung stellt darauf ab, welche konkreten Aufgaben dem Umweltcontrolling zugeordnet werden, während sich die institutionelle Ausgestaltung auf die Organisation des Umweltcontrollings bezieht (vgl. Corsten/Corsten 2011, S. 613ff.).

13.4.1 Funktionale Ausgestaltung

Aus der *funktionalen Perspektive* hat das Umweltcontrolling in erster Linie die Aufgabe, das Umweltmanagement als einen Teil des betrieblichen Führungssystems bei der Erfüllung seiner Aufgaben zu unterstützen. Die Einhaltung der vom Umweltmanagement formulierten strategischen, taktischen und operativen Umweltziele muss durch geeignete – sowohl prozessbegleitende und nachlaufende – Kontrollmaßnahmen überwacht werden. Dies lässt sich am effizientesten erreichen, indem man das gesamte Planungs-, Steuerungs- und Kontrollsystem des Unternehmens um ökologische Aspekte erweitert.

Das Umweltcontrolling hat einerseits eine *Querschnittsfunktion*, denn es muss über sämtliche betrieblichen Funktionsbereiche hinweg konsistent und durchgängig eingesetzt werden. Ein Beispiel ist die Materialauswahl in der Beschaffung. Hierbei sind nicht nur die direkten Umweltwirkungen der verschiedenen, in Betracht kommenden Materialien zu berücksichtigen, sondern auch ihre Auswirkungen auf die Durchführung der Produktionsprozesse und die dabei entstehenden Abfälle und Emissionen sowie auf die Qualität und die Recyclingfähigkeit der Endprodukte. So kann der Einsatz von Recyclingpapier in einer Druckerei auf den ersten Blick als umweltschonende Maßnahme erscheinen. Kommt es jedoch aufgrund höheren Abriebs zu häufigeren Maschinenstillständen oder werden die damit hergestellten Druckerzeugnisse wegen höherer Lichtempfindlichkeit von den Kunden abgelehnt, so sind diese Vorteile gegen die ökologischen und ökonomischen Nachteile auf den nachfolgenden Wertschöpfungsstufen zu abzuwägen.

Zum anderen weist das Umweltcontrolling eine *Integrationsfunktion* auf, indem es bei seinen Aktivitäten auch die dem Unternehmen vor- und nachgelagerten Wertschöpfungsstufen einbezieht. So sind z. B. die direkten Umweltwirkungen eines Elektroautos, insbesondere die Emissionen in die Luft, geringer als die eines Fahrzeugs mit Verbrennungsmotor. Betrachtet man jedoch die gesamte Wertschöpfungskette, so fallen die Emissionen stattdessen im Kraftwerk an und aufgrund von Umwandlungsverlusten ist insgesamt ein höherer Primärenergieeinsatz erforderlich. Außerdem bringen die Herstellung und die spätere Entsorgung der Batterien negative Umweltwirkungen mit sich, so dass sich die auf den ersten Blick umweltverträglichere Alternative bei integrierter Betrachtung als deutlich weniger vorteilhaft erweist.

Durch die Integration ökologischer Kriterien in den Führungsprozess leistet das Umweltcontrolling nicht nur einen Beitrag zur Entlastung der natürlichen Umwelt, sondern auch zur langfristigen Existenzsicherung des Unternehmens.

13.4.2 Institutionale Ausgestaltung

Bei der *institutionalen Ausgestaltung* des Umweltcontrollings steht die Verteilung der anstehenden Aufgaben und der zugehörigen Kompetenzen im Vordergrund. Diese wird in deutlicher Abhängigkeit sowohl von der Unternehmensgröße als auch von der Branche vorgenommen. Bei kleinen Unternehmen besteht die Tendenz, die Aufgaben des Umweltcontrollings zusätzliche auf bereits vorhandene Mitarbeiter, die eine fachliche Nähe aufweisen, zu übertragen. Große und mittelgroße Unternehmen hingegen bevorzugen es, für diese Aufgaben zusätzliche Stellen zu schaffen oder sogar neue Organisationseinheiten einzurichten.

Grundsätzlich besteht die Möglichkeit, das Umweltcontrolling eher dezentral oder zentral in die Unternehmensorganisation einzubinden:

- Bei der dezentralen Lösung wird das Umweltcontrolling in die bestehenden *Linien* integriert, d. h. bei jeder betrieblichen Funktion bzw. jeder Sparte wird eine Stelle für das Umweltcontrolling eingerichtet. Dies führt zwar zu einer hohen Sichtbarkeit des Umweltcontrollings, ist jedoch auch mit hohen Kosten verbunden. Ein weiterer Nachteil besteht darin, dass die Abstimmung zwischen so vielen mit dem Umweltcontrolling befassten Mitarbeitern umständlich ist.

- Eine andere Möglichkeit ist die zentrale Ansiedlung des Umweltcontrollings, bei der eine *Stabstelle* geschaffen wird, die an besonders wichtige Funktionen bzw. Sparten angebunden ist. Ein solcher Stabsmitarbeiter führt häufig die Bezeichnung „Umweltbeauftragter". Damit sind die umweltbezogenen Kompetenzen zwar an einer Stelle gebündelt, jedoch wird die Stabsposition als zu schwach angesehen, um ein so wichtiges Thema nachhaltig im Unternehmen zu verankern.

- Einen Kompromiss zwischen der dezentralen und der zentralen Organisation stellt die Lösung nach dem *Dotted-Line-Prinzip* dar: Dabei erfolgt die fachliche Zuordnung der Mitarbeiter zu einer Zentralstelle Umweltcontrolling, disziplinarisch sind sie jedoch wie bei einer Matrixorganisation in die Linien eingeordnet. Dies erlaubt eine sehr flexible und an die Besonderheiten des jeweiligen Unternehmens angepasste Zuordnung von umweltbezogenen Aufgaben und Kompetenzen.

13.5 Instrumente des Umweltcontrollings

Für das Umweltcontrolling werden überwiegend Modifikationen von Instrumenten aus anderen Controllingbereichen eingesetzt. Abb. 13.2 zeigt eine Auswahl der bekanntesten Instrumente des Umweltcontrollings. Ein großer Teil der *strategischen Instrumente* basiert auf Scoring-Ansätzen und unterliegt damit den in Abschnitt 5.3.1 geäußerten Kritikpunkten. Bei den *operativen Instrumenten* lassen sich erfassende Instrumente von bewertenden Instrumenten unterscheiden.

- *Erfassende Instrumente* konzentrieren sich auf technische Daten und generieren daraus quantitative Informationen für die verschiedenen Planungs-, Steuerungs- und Kontrollaufgaben. Das hiermit verfolgte Ziel ist vor allem die quantitative Reduktion von negativen Umweltwirkungen der betrieblichen Aktivitäten.

- *Bewertende Instrumente* hingegen konzentrieren sich darauf, die Auswirkungen der negativen Umweltwirkungen zu analysieren und sowohl inner- als auch zwischenbetrieblich vergleichbar zu machen.

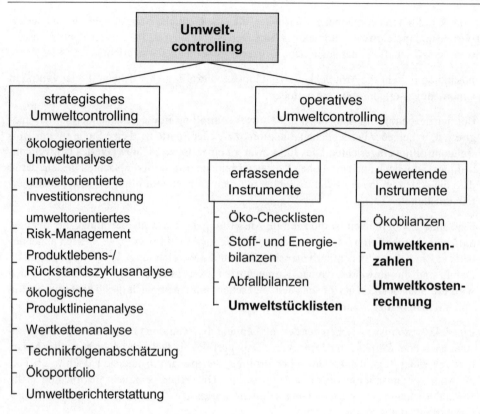

Abb. 13.2 Instrumente des Umweltcontrollings

In den folgenden Abschnitten werden mit Umweltstücklisten, Umweltkennzahlen und der Umweltkostenrechnung drei ausgewählte Instrumente des operativen Umweltcontrollings behandelt.

13.5.1 Umweltkennzahlen

Ein wichtiges Instrument des Umweltcontrollings sind *Umweltkennzahlen*. Ihre Aufgabe besteht darin, umweltrelevante Sachverhalte kompakt und übersichtlich darzustellen und einen Überblick über den bereits erreichten Stand des betrieblichen Umweltschutzes zu geben. Umweltkennzahlen dienen als Informationsgrundlage für umweltbezogene Entscheidungen und geben Hinweise auf ökologische Problembereiche des Unternehmens.

Umweltkennzahlen können als absolute oder relative Größen auftreten, wobei sich mindestens ein Bestandteil auf einen umweltrelevanten Sachverhalt beziehen muss. Ein Beispiel für eine absolute Größe ist der Wasserverbrauch in der betrachteten Periode, eine relative Größe ist die Abfallmenge je Produkteinheit. Weiter unterscheidet man monetäre, nicht-monetäre und gemischte Umweltkennzahlen.

13.5 Instrumente des Umweltcontrollings

- *Monetäre Umweltkennzahlen* geben Auskunft über die mit den Umweltwirkungen der betrieblichen Tätigkeit verbundenen wirtschaftlichen Auswirkungen. Als Datenquelle dienen unter anderem Umsatzerlöse, Aufwendungen, Kosten, Erträge und sonstige relevante Daten, die aus der Bilanz, der Gewinn- und Verlustrechnung, der Kostenrechnung oder aus statistischen Erhebungen gewonnen werden können. Ein Beispiel für eine monetäre Umweltkennzahl ist der Anteil der Umweltschutzkosten an den Gesamtkosten.

- Da sich ein Großteil der Umweltwirkungen nicht monetarisieren lässt, sind die *nicht-monetären Umweltkennzahlen* von deutlich größerer Bedeutung für die Abschätzung der ökologischen Relevanz von betrieblichen Sachverhalten. Umweltbezogene Daten, die als Basis für nicht-monetäre Umweltkennzahlen dienen können, stammen aus laufenden Messungen, die z. B. aufgrund behördlicher Kontrollvorschriften durchgeführt werden, aber auch aus Umweltbilanzen, Input/Output-Bilanzen oder Anlagenspiegeln. Ein Beispiel für eine nicht-monetäre Umweltkennzahl ist die Recyclingquote, die den Anteil der recycelten Abfallstoffe am Gesamtabfallaufkommen angibt.

- *Gemischte Umweltkennzahlen* verknüpfen ökonomisch und ökologisch relevante Informationen, indem sie sich aus monetären und nicht-monetären Größen zusammensetzen. Ein Beispiel für eine gemischte Umweltkennzahl sind die Entsorgungskosten je *kg* Abfall.

Umweltkennzahlen lassen sich nach unterschiedlichen Kriterien systematisieren. Bei einer Gliederung nach der *Wertschöpfungsphase* unterscheidet man zwischen Beschaffungs-, Produktions-, Transport-, Distributions- und Entsorgungskennzahlen. Eine Gliederung nach den betroffenen *Umweltbereichen* hingegen führt zu Kennzahlen in Bezug auf Schadstoffemissionen, Abfallaufkommen, Rohstoffverbrauch, Energieverbrauch, Wasserverbrauch, Lärm usw.

Als *Beispiele* für in inhaltlichem Zusammenhang stehende Umweltkennzahlen werden die Bereiche Logistik und Energie herangezogen. Dabei wird jeweils zwischen Umweltwirkungen auf der Input- und der Outputseite unterschieden.

Die mit den *Logistikprozessen* verbundenen Verkehrsströme führen zu teilweise erheblichen Umweltbelastungen. Folgende Kennzahlen beschreiben die Inputseite der Logistikprozesse:

- Angaben zum Fuhrpark: Bestand, Zugänge, Abgänge, Zustand, technische Eigenschaften, Verbrauchswerte
- Einsatzmengen an Kraftstoff, differenziert nach Kraftstoffarten
- wartungsbedingter Einsatz an Schmierstoffen usw.
- Wasserverbrauch der Fahrzeugwaschanlage
- Anzahl der Parkplätze bzw. versiegelte Fläche
- Dienstreisen in *km*, differenziert nach Verkehrsträgern

Auf der Outputseite der Logistikprozesse kommen die folgenden Kennzahlen zum Einsatz:

- Anzahl der Transporte
- Transportvolumen in *t*, *km* oder *tkm*, differenziert nach Verkehrsträgern

- Anzahl der Gefahrguttransporte, differenziert nach Verkehrsträgern
- verkehrsbedingte Emissionen in t: CO_2, CO, Kohlenwasserstoffe, Stickoxide, Partikel usw.
- Abgang an Fahrzeugen, Reifen, Batterien, Altöl usw. in Stück bzw. in kg

Auch die betriebliche *Energiewirtschaft* zählt zu den Bereichen, von denen erhebliche Umweltwirkungen ausgehen. Diese lassen sich auf der Inputseite über folgende Kennzahlen erfassen:

- bezogene Energie in kWh, insbesondere elektrische Energie, Fernwärme
- bezogene Energieträger in t, z. B. Propangas, Flüssiggas, Erdgas, Wasserstoffgas, Koks, Braunkohle, Steinkohle, leichtes bzw. schweres Heizöl, Dieselkraftstoff, Benzin usw.
- (Kreislauf-)Nutzung selbst erzeugter Energie oder Energieträger, z. B. von Abwärme, Wasserdampf, Holzresten

Da die eingesetzte Energie zum großen Teil in den Produktionsprozessen in Nutzenergie umgewandelt wird, treten auf der Outputseite im Wesentlichen die folgenden negativen Umweltwirkungen auf, die sich durch entsprechende Kennzahlen erfassen lassen:

- Abwärme, Energieverluste
- Emissionen: CO_2, CO, Stickoxide, Schwefeldioxid, Staub usw.

Aus derartigen Umweltkennzahlen lässt sich ein *Kennzahlensystem* aufbauen, das über inhaltliche oder rechnerische Zusammenhänge die relevanten Umweltbereiche und die in ihnen zu bearbeitenden Problemfelder möglichst umfassend abbildet. Die Etablierung eines Umweltkennzahlensystems kann folgendermaßen erfolgen: In der Anfangsphase wird für jeden Umweltbereich eine – eventuell sogar für alle Unternehmen einheitliche – Spitzenkennzahl erhoben, die im weiteren Verlauf sukzessiv immer weiter ergänzt bzw. aufgespalten wird. Dadurch wird der Aufwand gering gehalten und gleichzeitig eine überbetriebliche Vergleichbarkeit der Umweltwirkungen von Unternehmen hergestellt.

Der interne Nutzen von Umweltkennzahlen und Umweltkennzahlensystemen besteht darin, dass Informationen bereitgestellt werden, die für die Steuerung der von einem Unternehmen ausgehenden Umweltinanspruchnahme geeignet sind. Darüber hinaus können die erhobenen Informationen in die an externe Adressaten gerichtete betriebliche Umwelt- bzw. Nachhaltigkeitsberichterstattung einfließen (vgl. Steven et al. 1997).

13.5.2 Umweltstücklisten

Das Ziel von *Umweltstücklisten* besteht darin, die Umweltwirkungen der Produktion separat und möglichst trennscharf zu erfassen und sukzessiv den verschiedenen Wertschöpfungsstufen zuzuordnen. Dabei werden als Bezugsobjekte die drei Betrachtungsebenen Einsatzfaktoren, Produktionsprozesse und Produkte unterschieden (vgl. Steven/Letmathe 1996).

Auf der ersten Stufe werden die *faktorbezogenen Umweltwirkungen* erfasst, die sich dem Einsatz eines Produktionsfaktors zurechnen lassen. Dabei unterscheidet man zwischen direkten

13.5 Instrumente des Umweltcontrollings

Umweltwirkungen, die durch den Einsatz der Stoffe ausgelöst werden, und indirekten Umweltwirkungen, die durch die Gewinnung und Erzeugung dieser Stoffe auf den Vorstufen entstehen. So setzt der Einsatz von PVC bei Produktion, Konsum und Entsorgung unter anderem Chlorwasserstoffe, Vinylchlorid, Dioxine und Schwermetalle frei. Häufig hängen die Art und das Ausmaß der Umweltwirkungen eines Einsatzfaktors von dem Weg ab, auf dem der Faktor erzeugt wird. Ein Beispiel dafür ist Strom: Je nachdem, ob er aus Kohle, Kernenergie oder mit Solartechnik gewonnen wird, unterscheiden sich die mit einer Einheit verbundenen Umweltwirkungen. Die entsprechenden Daten müssen von den Lieferanten bereitgestellt oder vom Unternehmen selbst abgeschätzt werden. Abb. 13.3 zeigt einen Ausschnitt aus einer *faktorbezogenen Umweltstückliste*.

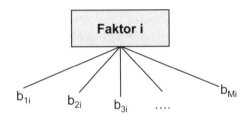

Abb. 13.3 Faktorbezogene Umweltstückliste

Dargestellt ist die Umweltstückliste für den Einsatzfaktor i; insgesamt setzt das Unternehmen $i = 1,...,I$ Faktorarten ein. Mit dem Faktoreinsatz sind $m = 1,...,M$ potentielle Umweltwirkungsarten verbunden. Die Koeffizienten b_{mi} geben an, in welchem Umfang die Umweltwirkungsart m beim Einsatz einer Einheit des Faktors i auftritt. Falls ein Faktor nicht zu einer bestimmte Umweltwirkungsart beiträgt, ist der entsprechende Koeffizient gleich null.

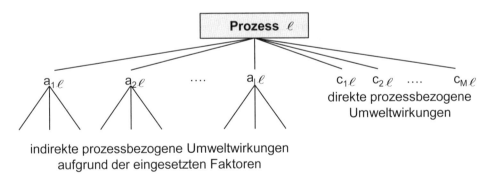

Abb. 13.4 Prozessbezogene Umweltstückliste

Auf der nächsten Stufe werden die mit den Produktionsprozessen $l = 1,...L$ verbundenen prozessbezogenen Umweltwirkungen erfasst. In Abb. 13.4 ist ein Ausschnitt aus einer *prozessbezogenen Umweltstückliste* dargestellt.

Auch hier unterscheidet man direkte prozessbezogene Umweltwirkungen, die bei jeder Durchführung des Prozesses auftreten, und indirekte prozessbezogene Umweltwirkungen, die dem Prozess über die Einsatzmengen der Produktionsfaktoren zugerechnet werden. Die direkten prozessbezogenen Umweltwirkungen werden über Prozesskoeffizienten c_{ml} erfasst, während für die indirekten prozessbezogenen Umweltwirkungen auf die Faktoren bezogene Prozesskoeffizienten a_{il} herangezogen werden.

Noch komplexer wird die Betrachtung, wenn man auf der letzten Stufe zu *produktbezogenen Umweltstücklisten* übergeht. Neben direkten produktbezogenen Umweltwirkungen werden indirekte Umweltwirkungen aufgrund der für das Produkt genutzten Produktionsprozesse sowie aufgrund der in den Produktionsprozessen eingesetzten Faktoren berücksichtigt. Zu den direkten produktbezogenen Umweltwirkungen gehören sowohl die bei der bestimmungsgemäßen Nutzung als auch die bei der Entsorgung der Produkte entstehenden Umweltwirkungen. Da beides stark vom Kundenverhalten abhängt, sind hierfür in der Regel lediglich Abschätzungen möglich.

Durch den Einsatz von Umweltstücklisten lässt sich erkennen, wie Entscheidungen über die Prozesswahl und die Faktorbeschaffung letztlich die von einem Produkt ausgehenden Umweltwirkungen beeinflussen. Umweltstücklisten geben Auskunft einerseits über die Verursacher und andererseits über die strukturelle Zusammensetzung der Umweltwirkungen eines Produkts. Sie lassen sich nicht nur zur Bilanzierung von in der Vergangenheit angefallenen Umweltwirkungen einsetzen, sondern können auch als Basis für eine umweltorientierte Planung dienen.

13.5.3 Umweltkostenrechnung

Die *Umweltkostenrechnung* dient dazu, die Auswirkungen des betrieblichen Handelns auf die Umwelt monetär abzubilden. Das Endziel ist eine verursachungsgerechte Zuordnung von Umweltkosten auf die Kostenträger, damit den innerbetrieblichen Entscheidungsträgern sowohl ökonomische als auch ökologische Informationen zur Verfügung stehen. Durch den gezielten Einsatz dieser Informationen lassen sich simultane Entscheidungen über die Erreichung von Gewinn- und Umweltschutzzielen treffen (vgl. Letmathe 1998).

Abb. 13.5 zeigt, über welchen Ursache-Wirkungs-Mechanismus die Umweltkosten entstehen. Die betrieblichen Prozesse, vor allem die güterwirtschaftlichen Prozesse Beschaffung, Produktion und Absatz, verursachen bestimmte Umweltwirkungen. Wie im Zusammenhang mit den Umweltstücklisten gezeigt wurde, resultieren die Umweltwirkungen der Beschaffung zum großen Teil aus der Entnahme der Ressourcen aus der Natur. Während der Produktion kommt es zu prozessbedingten Umweltwirkungen. Bei langlebigen Produkten, z. B. Kraftfahrzeugen oder Haushaltsgroßgeräten, tritt der größte Teil der Umweltwirkungen erst in der auf den Absatz folgenden Phase der Produktnutzung auf.

Diese Umweltwirkungen werden teilweise toleriert, so dass sie aus betriebswirtschaftlicher Perspektive als freie Güter angesehen werden können und nicht in die Entscheidungskalküle

13.5 Instrumente des Umweltcontrollings

einfließen. Mehr und mehr werden Umweltwirkungen jedoch über die umweltpolitischen Instrumente der Auflagen- und Abgabensteuerung, über Bestimmungen des Umweltrechts sowie über Markteffekte internalisiert, so dass sie zu Kosten in teilweise erheblicher Höhe führen.

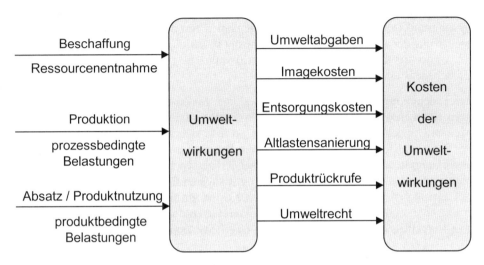

Abb. 13.5 Betriebliche Kosten von Umweltwirkungen

Bei der *Bewertung* von Umweltwirkungen sind die nachfolgenden Kostenkomponenten und Einflussgrößen zu berücksichtigen (vgl. Letmathe 1998, S. 176f.):

- *Direkte pagatorische Kosten* für Umweltwirkungen treten sowohl auf der Input- als auch auf der Outputseite des Produktionsprozesses auf. Die Beschaffungspreise für die Produktionsfaktoren werden zwar in der traditionellen Kostenrechnung in hinreichender Genauigkeit erfasst, jedoch wird in der Regel nicht separat ausgewiesen, welcher Anteil für die Umweltinanspruchnahme anzusetzen ist. Auf der Outputseite fallen Abgaben und Entsorgungsgebühren für Umweltbelastungen an.

- *Behandlungskosten* entstehen für die innerbetriebliche Aufbereitung von Stoffen, die einer zusätzlichen Bearbeitung bedürfen, bevor sie das Unternehmen verlassen oder wieder in demselben oder einem anderen Produktionsprozess eingesetzt werden. Beispiele sind Kosten für die Reinigung von Abwasser oder die Aufbereitung von Produktionsrückständen. Zur Bestimmung der Umweltschutzkosten kann auf die Verrechnungspreise der entsprechenden Kostenstellen zurückgegriffen werden.

- Für die Sortierung, Lagerung und den innerbetrieblichen Transport von Produktionsrückständen fallen *Logistikkosten* an, z. B. die Kosten für einen Spezialbehälter, in dem eine umweltschädliche Flüssigkeit zwischengelagert wird.

- Der spätere Rückbau von Produktionsanlagen sowie die Verpflichtung zur Rücknahme von ausgedienten Produkten führen zu Kosten in zukünftigen Perioden, die jedoch nach dem

Verursachungsprinzip bereits in der Entstehungsperiode in Form von *Rückstellungen* erfasst werden sollten.

- Kosten aus *Umweltrisiken* stellen aus Sicht des Unternehmens finanzielle Risiken dar, deren Höhe und Eintrittszeitpunkt ungewiss sind, z. B. Risiken aus der Umwelthaftpflicht oder aufgrund von Störfällen, bei denen ungeplante Umweltwirkungen auftreten. Für eine Abschätzung der anzusetzenden Kosten sollte der Erwartungswert ermittelt werden, indem jedes Umweltrisiko hinsichtlich seiner Eintrittswahrscheinlichkeit und der voraussichtlichen Schadenshöhe abgeschätzt wird.

- Auch in den *indirekten Bereichen* wie Verwaltung, Einkauf oder Vertrieb fallen Umweltkosten an, ebenso für den oder die Umweltschutzbeauftragten. Sie lassen sich teilweise einzelnen Umweltwirkungsarten zurechnen, so dass sich ihre Kostensätze z. B. mithilfe einer Prozesskostenrechnung ermitteln lassen. Dazu muss ermittelt werden, welche Umweltwirkungsart als Kostentreiber in welchen Prozessen fungiert. So fallen für Abfälle nicht nur die Entsorgungskosten und die Logistikkosten für deren Sammlung, Transport und Lagerung an, sondern es entstehen auch Kosten für die Auswahl und Überwachung des Entsorgers und für das Ausfüllen und Archivieren des Entsorgungsnachweises. Bei dieser Vorgehensweise ist darauf zu achten, dass keine Doppelverrechnung erfolgt.

- Weiter sind *Opportunitätskosten* zu berücksichtigen, die dann entstehen, wenn es aufgrund der vom Unternehmen ausgehenden Umweltwirkungen zu einem Nachfragerückgang kommt.

Wie diese Aufzählung zeigt, handelt es sich teilweise um pagatorische und teilweise um kalkulatorische Kosten, die teils als Einzel- und teils als Gemeinkosten entweder gemeinsam mit traditionellen Kostengrößen oder separat erfasst werden können. Für jede Kategorie ist eine Abschätzung vorzunehmen, um insgesamt den Verrechnungspreis einer Umweltwirkungsart zu ermitteln. Dennoch kommt es bei einer isolierten Bestimmung von Verrechnungspreisen zu einer Verzerrung, da die häufig vorhandenen Interdependenzen zwischen verschiedenen Umweltwirkungsarten nicht berücksichtigt werden. Aus theoretischer Perspektive ist daher einer simultanen Bestimmung der Verrechnungspreise der Vorzug zu geben (vgl. Letmathe 1998, S. 182ff.).

Um in der Umweltkostenrechnung einen verlässlichen Ausweis der Umweltkosten vorzunehmen, müssen diese Effekte soweit wie möglich voneinander getrennt werden. Abb. 13.6 zeigt, wie in den traditionellen Kosten enthaltene Umweltkosten im Rahmen einer Kostenrechnung über die Kostenarten- und Kostenstellenrechnung bis hin zur Kostenträgerrechnung verrechnet werden. Die Wertansätze für die Kostenartenrechnung lassen sich durch Bewertung der faktorbezogenen Umweltstücklisten bzw. aus den betrieblichen Input-Output-Bilanzen ermitteln. Zur Unterstützung des Wertansatzes in der Kostenstellenrechnung können die prozessbezogenen Umweltstücklisten sowie die Prozessbilanzen herangezogen werden. Die Wertansätze in der Kostenträgerrechnung können schließlich durch Bewertung der produktbezogenen Umweltstücklisten bzw. der Produktbilanzen ermittelt werden. Falls sich eine Umweltwirkungsart nicht eindeutig einem Faktor, einem Prozess oder einem Produkt zurechnen lässt, ist eine Schlüsselung erforderlich.

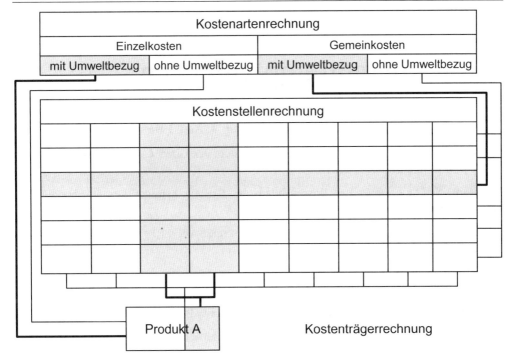

Abb. 13.6 *Verrechnung von Umweltkosten*

13.6 Weiterführende Literatur

Corsten, H., Corsten, M.: Öko-Controlling – Möglichkeiten und Grenzen, in: Wirtschaftswissenschaftliches Studium 40, 2011, S. 612-619

Jensen, J. C., Berg, N.: Nachhaltigkeitsberichterstattung, in: Wirtschaftswissenschaftliches Studium 40, 2011, S. 225-230

Letmathe, P.: Umweltbezogene Kostenrechnung, Vahlen, München 1998

Steven, M., Letmathe, P.: Umweltstücklisten als Datengrundlage für umweltorientierte PPS-Systeme, in: Albach, H., Dyckhoff, H. (Hrsg.), Betriebliches Umweltmanagement 1996 (ZfB-Ergänzungsheft 2/96), Gabler Verlag, Wiesbaden, 1996, S. 165-183

Steven, M., Letmathe, P.: Der Einsatz von Kennzahlen in der Umweltberichterstattung, in: Zeitschrift für Angewandte Umweltforschung 13, 2000b, S. 31-49

14 Literaturempfehlungen

Adam, D.: Planung und Entscheidung, Gabler Verlag, 4. Aufl. 1996

Agthe, K.: Stufenweise Fixkostenrechnung im System des Direct Costing, in: Zeitschrift für Betriebswirtschaft 29, 1959, S. 404-418

Alevifard, S.: Anwendung der Wissensbilanz im Kontext hybrider Leistungsbündel, Dr. Kovač, Hamburg 2014

Bauer, J.: Produktionscontrolling und -management mit SAP® ERP, Springer Vieweg, Wiesbaden, 4. Aufl. 2012

Becker, W., Baltzer, B., Ulrich, P.: Wertschöpfungsorientiertes Controlling, Kohlhammer, Stuttgart 2014

Bellman, R.: Dynamic Programming, Princeton University Press, Princeton, New Jersey 1957

Bender, B., Steven, M.: Erfolgsindikatoren in der technischen Produktentwicklung, in: Die Unternehmung 69, 2015, S. 354-370

Berens, W., Delfmann, W., Schmitting, W.: Quantitative Planung, Schäffer-Poeschel, Stuttgart, 4. Aufl. 2004

Bühner, R.: Betriebswirtschaftliche Organisationslehre, Oldenbourg, München, 10. Aufl. 2004

Bundesumweltministerium/Umweltbundesamt (Hrsg.): Handbuch Umweltcontrolling, Vahlen, München, 2. Aufl. 2001

Coenenberg, A., Fischer, T. M., Günther, T.: Kostenrechnung und Kostenanalyse, Schäffer-Poeschel, Stuttgart, 8. Aufl. 2012

Coners, A., von der Hardt, G.: Time-Driven Activity-Based Costing: Motivation und Anwendungsperspektiven, in: Zeitschrift für Controlling und Management 48, 2004, S. 108-118

Cooper, R.; Kaplan, R. S.: Measure Costs Right: Make the Right Decisions, in: Harvard Business Review 1988, Sept-Oct, S. 96-103

Corsten, H., Corsten, M.: Öko-Controlling – Möglichkeiten und Grenzen, in: Wirtschaftswissenschaftliches Studium 40, 2011, S. 612-619

Corsten, H., Corsten, H., Sartor, C.: Operations Research, Vahlen, München 2005

Corsten, H., Friedl, B. (Hrsg.): Einführung in das Produktionscontrolling, Vahlen, München 1999

Dantzig, G. B.: Linear Programming and Extensions, Princeton University Press, Princeton (New Jersey) 1963

Deimel, K., Isemann, R., Müller, S.: Kosten- und Erlösrechnung, Pearson Studium, München 2006

Ehrlenspiel, K., Kiewert, A., Lindemann, U. (Hrsg.): Kostengünstig entwickeln und konstruieren: Kostenmanagement bei integrierter Produktentwicklung, Springer, Berlin usw., 3. Aufl. 2000

Elkington, J.: Cannibals with Forks: Triple Bottom Line of 21st Century Business, Capstone Publishing, Oxford 1997

Ellinger, T., Beuermann, G., Leisten, R.: Operations Research, Springer, Berlin usw., 6. Aufl. 2003

Ewert, R., Wagenhofer, A.: Interne Unternehmensrechnung, Springer, Berlin usw., 8. Aufl. 2014

Fandel, G., Fey, A., Heuft, B., Pitz, T.: Kostenrechnung, Springer, Berlin usw., 3. Aufl. 2008

Franz, K.-P.: Kennzahlensysteme für das Produktionsmanagement, in: Corsten, H., Friedl, B. (Hrsg.), Einführung in das Produktionscontrolling, Vahlen, München 1999, S. 291-317

Feldbauer-Durstmüller, B., Haas, T., Mühlböck, S.: Controlling in Familienunternehmen: eine empirische Studie, in: Zeitschrift für Finance & Controlling, 2008, Band 2, Heft 5, S. 198-202

Fischer, T. M., Gülgel, K.: Unternehmensziele und Anreizsysteme, in: Wirtschaftswissenschaftliches Studium 42, 2013, S. 126-133

Friedl, B.: Controlling, UVK Verlagsgemeinschaft, Konstanz 2013

Friedl, G., Hofmann, C., Pedell, B.: Kostenrechnung, Vahlen, München, 2. Aufl. 2013

Göpfert, I.: Berichtswesen, in: Küpper, H.-U., Wagenhofer, A. (Hrsg.), Handwörterbuch Unternehmensrechnung und Controlling, Schäffer-Poeschel, Stuttgart, 4. Aufl. 2002, Sp. 143-156

Göpfert, I.: Logistik – Führungskonzeption, Vahlen, München, 2. Aufl. 2005

Grandjean, L., Alevifard, S., Steven, M.: Strategic Adaptability of Industrial Product-Service-Systems – Dynamic Effective IPS^2, in: Procedia CIRP, Vol. 16, 2014, S. 314-319

Gutenberg, E.: Grundlagen der Betriebswirtschaft, Erster Band: Die Produktion, Springer, Berlin usw., 1. Aufl. 1951, 24. Aufl. 1983

Haberstock, L.: Kostenrechnung I, ESV Erich Schmidt Verlag, Berlin, 13. Aufl. 2008

Hahn, D., Laßmann, G.: Produktionswirtschaft – Controlling industrieller Produktion, Band 1 & 2, Physica, Heidelberg, 3. Aufl. 1999

Harrington, H. J.: Business Process Improvement, The Breakthrough Strategy for Total Quality, Productivity and Competitiveness, McGraw-Hill, New York u. a., 1991

Hildenbrand, K.: Strategisches Dienstleistungsmanagement in produzierenden Unternehmen, Difo-Druck, Bamberg 2006

Hofmann, C.: Anreizsysteme, in: Küpper, H.-U., Wagenhofer, A. (Hrsg.), Handwörterbuch Unternehmensrechnung und Controlling, Schäffer Poeschel, Stuttgart 2001, Sp. 69-79

Hoitsch, H.-J., Lingnau, V.: Kosten- und Erlösrechnung, Springer, Berlin usw., 6. Aufl. 2007

Horváth, P.: Controlling, Vahlen, München, 12. Aufl. 2012

Janker, C. G.: Multivariate Lieferantenbewertung, Gabler, Wiesbaden 2004

Jensen, J. C., Berg, N.: Nachhaltigkeitsberichterstattung, in: Wirtschaftswissenschaftliches Studium 40, 2011, S. 225-230

Jensen, M. C., Meckling, W. H.: Theory of the Firm – Managerial Behaviour, Agency Costs and Ownership Struktur, in: Journal of Financial Economics 3, 1976, S. 305-360

Jung, H.: Controlling, Oldenbourg, München, 4. Aufl. 2014

Kajüter, P.: Proaktives Kostenmanagement, Deutscher Universitätsverlag, Wiesbaden 2000

Kaplan, R. S., Anderson, S. R.: Time-Driven Activity-Based Costing, Harvard Business School Press, Boston/Mass. 2007

Keine gen. Schulte, J., Eckelsbach, H., Steven, M., Alevifard, S.: Hybride Leistungsbündel – Auf steinigem Weg in die Praxis, in: wt werkstattstechnik online 102, 2012, S. 485-492

Kilger, W.: Einführung in die Kostenrechnung, Gabler, Wiesbaden, 3. Aufl. 1987

Kilger, W., Pampel, J., Vikas, K.: Flexible Plankostenrechnung und Deckungsbeitragsrechnung, Gabler, Wiesbaden, 13. Aufl. 2012

Kistner, K.-P.: Optimierungsmethoden, Physica, Heidelberg, 3. Aufl. 2003

Kistner, K.-P., Steven, M.: Betriebswirtschaftslehre im Grundstudium, Bd. 2: Buchführung, Kostenrechnung, Bilanzen, Physica, Heidelberg 1997

Klein, A., Schnell, H.: Controlling in der Produktion: Instrumente, Strategien und Best-Practices, Haufe 2012

Klein, R., Neugebauer, M., Scholl, A.: Software zur Entscheidungsanalyse – Eine Marktübersicht, in: Wirtschaftswissenschaftliches Studium 40, 2011, S. 513-519

Kloock, J., Sieben, G., Schildbach, T., Homburg, C.: Kosten- und Leistungsrechnung, Lucius & Lucius, Stuttgart, 10. Aufl. 2008

Koch, R.: Betriebliches Berichtswesen als Informations- und Steuerungsinstrument, Peter Lang, Frankfurt, 1994, S. 71-99

Künzli, B.: Szenariotechnik, in: zfo – Zeitschrift Führung + Organisation 82, S. 46-48

Küpper, H.-U., Friedl, G., Hofmann, C., Pedell, B.: Controlling, Schäffer-Poeschel, Stuttgart, 6. Aufl. 2013

Lange, C., von Ahsen, A., Daldrup, H.: Umweltschutz-Reporting, Oldenbourg, München/Wien 2001

Laurischkat, K.: Product-Service Systems – IT-gestützte Generierung und Modellierung von PSS-Dienstleistungsanteilen, Shaker Verlag, Aachen 2012

Laux, H., Liermann, F.: Grundlagen der Organisation, Springer, Berlin usw., 6. Aufl. 2005

Letmathe, P.: Umweltbezogene Kostenrechnung, Vahlen, München 1998

Letmathe, P.: Flexible Standardisierung – Ein dezentrales Produktionsmanagement-Konzept für kleine und mittlere Unternehmen, Gabler, Wiesbaden 2002

Letmathe, P.: Effizienzpotenziale aufdecken, in: Best in Procurement 2, 2011, Heft 6, S. 48-50

Levitt, T.: Marketing Intangible Products and Products Intangibles, in: Harvard Business Review 59, 1981, Issue 5/6, S. 96-102

Levitt, T.: Ted Levitt on Marketing, Harvard Business Press 2006

May, C., Koch, A.: Overall Equipment Effectiveness – Werkzeug zur Produktivitätssteigerung, in: Zeitschrift der Unternehmensberatung, Heft 6, 2008, S. 245-250

Meier, H., Kortmann, D., Golembiewski, M.: Hybride Leistungsbündel in kooperativen Anbieter-Netzwerken, in: Industrie Management 22, 2006, Heft 4, S. 25-28

Meier, H., Roy, R., Seliger, G.: Industrial Product-Service Systems – IPS^2, in: CIRP Annals – Manufacturing Technology, Vol. 59, Issue 2, 2010, S. 607-627

Meier, H., Uhlmann, E., Kortmann, D.: Hybride Leistungsbündel, in: wt werkstattstechnik online, Jg. 95, 2005, S. 528-532

Meier, H., Uhlmann, E.: Hybride Leistungsbündel – Ein neues Produktverständnis, in: Meier, H., Uhlmann, E. (Hrsg.), Integrierte Industrielle Sach- und Dienstleistungen, Springer, Berlin usw. 2012, S. 1-21

Mißler-Behr, M.: Fuzzybasierte Controllinginstrumente, Gabler, Wiesbaden 2001

Ossadnik, W.: Controlling, Oldenbourg, München/Wien, 4. Aufl. 2009

Pastwa, A.: Serviceorientierung im betrieblichen Berichtswesen, Peter Lang Verlag, Frankfurt am Main 2010

Perlewitz, U.: Konzept zur lebenszyklusorientierten Verbesserung der Effektivität von Produktionseinrichtungen, IPK Verlag, Berlin, 1999

Pfohl, H.-C.: Logistiksysteme, Springer, Berlin usw., 8. Aufl. 2010

Pfohl, H.-C., Zöllner, W. A.: Effizienzmessung der Logistik, in: Die Betriebswirtschaft 51, 1991, S. 323-339

Plinke, W., Rese, M.: Industrielle Kostenrechnung, Springer, Berlin usw., 7. Aufl. 2006

Pollmeier, I.: Strategisches Supply Chain Controlling in der Automobilwirtschaft, Dr. Kovač, Hamburg 2008

Preißler, P. R.: Controlling, Oldenbourg, München/Wien, 14. Aufl. 2013

Rautenstrauch, C.: Betriebliche Umweltinformationssysteme, Springer, Berlin usw. 1999

Rese, M., Meier, H., Gesing, J., Boßlau, M.: An Ontology of Business Models for Industrial Product-Service Systems, in: Shimomura, Y., Kimita, K. (Hrsg.), The Philosopher's Stone for Sustainability, Springer-Verlag, Berlin usw. 2013, S. 191-196

Reiß, M., Corsten, H.: Gestaltungsdomänen des Kostenmanagements, in: Männel, W. (Hrsg.), Handbuch Kostenrechnung, Gabler, Wiesbaden 1992, S. 1478-1491

Richter, A., Steven, M.: Controlling-Aspekte industrieller Produkt-Service Systeme, in: wt werkstattstechnik online 99, 2009, Heft 7, S. 558-563

Richter, A.: Planung, Steuerung und Koordination industrieller Produkt-Service-Systeme, Dissertation Bochum 2011

Riebel, P.: Einzelkosten- und Deckungsbeitragsrechnung, Gabler, Wiesbaden, 7. Aufl. 1994

Schmalenbach, E.: Pretiale Wirtschaftslenkung, Industrie- und Handelsverlag, Bremen-Horn 1948

Schneeweiß, C.: Hierarchies in Distributed Decision Making, Springer, Berlin usw. 1999

Schneider, D., Dellner, K., Michel, C.: Benchmarking der Hersteller-Händler-Beziehung in der Automobilbranche, in: Zeitschrift für Unternehmensentwicklung und Industrial Engineering 4, 2003, S. 176-180

Schoebel, D.: Multikriterielle Gestaltung von pharmazeutischen Wirkstoffanlagen im Rahmen der strategischen Anlagenwirtschaft mithilfe von Methoden der Computational Intelligence, Gabler, Wiesbaden 2008

Schweitzer, M., Küpper, H.-U.: Systeme der Kosten- und Erlösrechnung, Vahlen, München, 10. Aufl. 2011

Seidel, E., Clausen, J., Seifert, E. K.: Umweltkennzahlen, Vahlen, München 1998

Seidenschwarz, W.: Target Costing. Marktorientiertes Zielkostenmanagement, Vahlen, München, 2. Aufl. 2013

Smith, A.: An Inquiry into the Nature and Causes of the Wealth of Nations. Vol. I/ Vol. II. Printed for W. Strahn; and T. Cadell, in the Strand, 1776; IDION-Verlag, München 1976

Soth, T.: Entwicklung eines Kosten-Management-Systems für hybride Leistungsbündel, Dissertation, Bochum 2011

Steven, M.: Anforderungen an Betriebliche Umweltinformationssysteme aus Sicht der Produktionswirtschaft, in: Wirtschaftswissenschaftliches Studium 24, 1995, S. 475-478

Steven, M.: Produktionstheorie, Gabler, Wiesbaden 1998

14 Literaturempfehlungen

Steven, M.: Die Koordination im Unternehmen, in: wisu – Das Wirtschaftsstudium 30, 2001, S. 965-970

Steven, M.: Handbuch Produktion, Kohlhammer, Stuttgart 2007, S. 489-501

Steven, M.: BWL für Ingenieure, Oldenbourg, München 2012

Steven, M.: Einführung in die Produktionswirtschaft, Kohlhammer, Stuttgart 2013

Steven, M.: Produktionsmanagement, Kohlhammer, Stuttgart 2014

Steven, M.: Produktionslogistik, Kohlhammer, Stuttgart 2015

Steven, M., Alevifard, S.: Strategisches Controlling hybrider Leistungsbündel – Planung, Steuerung und Kontrolle anpassungsfähiger HLB, in: wt werkstattstechnik online, 103. Jg., 2013, Heft 7/8, S. 577-582

Steven, M., Böning, M.: Entwicklung und Aufgaben eines lebenszyklusorientierten Controlling von Produktionsanlagen, in: Wirtschaftswissenschaftliches Studium 28, 1999, S. 76-80

Steven, M., Keine gen. Schulte, J., Alevifard, S.: Strategisches Controlling von hybriden Leistungsbündeln, in: Meier, H., Uhlmann, E. (Hrsg.), Integrierte Industrielle Sach- und Dienstleistungen, Springer, Berlin usw. 2012, S. 285-307

Steven, M., Letmathe, P.: Umweltstücklisten als Datengrundlage für umweltorientierte PPS-Systeme, in: Albach, H., Dyckhoff, H. (Hrsg.), Betriebliches Umweltmanagement 1996 (ZfB-Ergänzungsheft 2/96), Gabler, Wiesbaden, 1996, S. 165-183

Steven, M., Letmathe, P.: Objektorientierte Kostenrechnung, in: Kostenrechnungspraxis 44, 2000a, S. 237-245

Steven, M., Letmathe, P.: Der Einsatz von Kennzahlen in der Umweltberichterstattung, in: Zeitschrift für Angewandte Umweltforschung 13, 2000b, S. 31-49

Steven, M., Richter, A.: Hierarchical Planning for Industrial Product Service Systems, in: Sakao, T., Larsson, T., Lindahl, M. (Hrsg.), Proceedings of the 2nd CIRP IPS² Conference 2010, Linköping University Press, Linköping, 2010, S. 151-158

Steven, M., Schade, S.: Produktionswirtschaftliche Analyse produktbegleitender Dienstleistungen, in: Zeitschrift für Betriebswirtschaft 74, 2004, S. 543-562

Steven, M., Schwarz, E. J., Letmathe, P.: Umweltberichterstattung und Umwelterklärung nach der EG-Ökoaudit-Verordnung, Springer, Berlin usw. 1997

Taschner, A.: Management Reporting – Erfolgsfaktor internes Berichtswesen, Springer Gabler, Wiesbaden 2013

Töpfer, A.: Benchmarking, in: Wirtschaftswissenschaftliches Studium 26, 1997, S. 257-263

Vahrenkamp, R.: Logistikmanagement, Oldenbourg, München, 4. Aufl. 2000

Vahrenkamp, R.: Logistik, Oldenbourg, München/Wien, 7. Aufl. 2012

Wall, F.: Controlling zwischen Entscheidungs- und Verhaltenssteuerungsfunktion, in: Die Betriebswirtschaft 68, 2008, S. 463-482

Wasmuth, K.: Kostenmanagement im Service Engineering industrieller Dienstleistungen, Dr. Kovač, Hamburg 2009

Wasmuth, K., Steven, M.: TCO-Management bei ergebnisorientierten hybriden Leistungsbündeln, in: Controlling 24, 2012, S. 40-46

Weber, J.: Logistikcontrolling, in: Küpper, H.-U., Wagenhofer, A. (Hrsg.), Handwörterbuch Unternehmensrechnung und Controlling, Schäffer-Poeschel, Stuttgart, 4. Aufl. 2002a, Sp. 1222-1230

Weber, J.: Logistik- und Supply Chain Controlling, Schäffer-Poeschel, Stuttgart, 5. Aufl. 2002b

Weber, J. : Logistikkostenrechnung, Springer, Berlin usw., 3. Aufl. 2012

Weber, J., Kummer, S.: Logistikmanagement, Schäffer Poeschel, Stuttgart, 2. Aufl. 1998

Weber, J., Schäffer, U.: Einführung in das Controlling, Schäffer-Poeschel, Stuttgart, 14. Aufl. 2014

Weber, J., Wallenburg, M.: Logistik- und Supply Chain Controlling, Schäffer-Poeschel, Stuttgart, 6. Aufl. 2010

Weber, J., Weißenberger, B.: Einführung in das Rechnungswesen – Bilanzierung und Kostenrechnung, Schäffer Poeschel, Stuttgart, 8. Aufl. 2010

Werners, B.: Grundlagen des Operations Research, Springer, Berlin usw., 3. Aufl. 2013

Westhaus, M., Seuring, S.: Zum Begriff des Supply Chain Controlling – Ergebnisse einer Delphi-Studie, in: Logistik Management 7, 2005, S. 43-54

WCED: Our Common Future, World Commission on Environment and Development, New York 1987

Wild, J.: Grundlagen der Unternehmensplanung, Westdeutscher Verlag, Opladen, 4. Aufl. 1982

Wöhe, G., Döring, U.: Einführung in die Allgemeine Betriebswirtschaftslehre, Vahlen, München, 25. Aufl. 2013

Woratschek, H., Schröder, J., Eymann, T., Buck, M. (Hrsg.): Wertschöpfungsorientiertes Benchmarking, Springer Vieweg, Berlin/Heidelberg 2015

Marion Steven

Einführung in die Produktionswirtschaft

2013. X, 214 Seiten,
102 Abb., 9 Tab. Kart. € 29,90
ISBN 978-3-17-023443-7

auch als EBOOK

Die Produktion ist eine zentrale betriebliche Funktion, die unter den Bedingungen des globalen Standortwettbewerbs so gestaltet werden muss, dass nachhaltige Wettbewerbsvorteile entstehen. Das Aufgabenfeld der Produktionswirtschaft umfasst insbesondere die Materialbereitstellung, die Lieferantenwahl, Transportvorgänge, die Lagerhaltung, die Planung von Produktionsprogrammen, die Planung und Steuerung des Produktionsprozesses selbst sowie die Abbildung und Kontrolle dieser Vorgänge im Rechnungswesen. Das Lehrbuch hat das Ziel, Studierende ohne Vorkenntnisse mit den wichtigsten Sachverhalten und Planungsmethoden der Produktionswirtschaft vertraut zu machen. Es ist in 13 Lehreinheiten gegliedert, deren Inhalt jeweils dem Umfang einer Vorlesungsdoppelstunde entspricht.

Leseproben und weitere Informationen unter www.kohlhammer.de

W. Kohlhammer GmbH
70549 Stuttgart
vertrieb@kohlhammer.de

Marion Steven

**Produktions-
management**

auch als EBOOK

2014. XI, 230 Seiten,
82 Abb., 22 Tab. Kart. € 29,99
ISBN 978-3-17-025655-2

Die Aufgabe des Produktionsmanagements ist die Ausgestaltung des Produktionsbereichs und die laufende Planung der Abläufe innerhalb des Produktionssystems eines Unternehmens. Ausgehend von einer Einordnung des Produktionsmanagements werden die wichtigsten Entscheidungen auf der strategischen, der taktischen und der operativen Planungsebene behandelt. Dabei werden sowohl konzeptionelle als auch quantitative Modelle eingesetzt. Abschließend wird mithilfe der hierarchischen Produktionsplanung, der PPS-Systeme und der ganzheitlichen Produktionssysteme der Bereich des Produktionsmanagements aus einer umfassenden Perspektive dargestellt. Der Stoff ist in 13 Lehreinheiten gegliedert, deren Inhalt jeweils dem Umfang einer Vorlesungsdoppelstunde entspricht und die weitgehend unabhängig voneinander durchgearbeitet werden können.

Leseproben und weitere Informationen unter www.kohlhammer.de

W. Kohlhammer GmbH
70549 Stuttgart
vertrieb@kohlhammer.de

Marion Steven

**Produktions-
logistik**

2015. X, 232 Seiten,
106 Abb., 29 Tab. Kart. € 32,99
ISBN 978-3-17-028636-8

auch als
EBOOK

Die Produktionslogistik befasst sich mit der Planung, Ausgestaltung, Durchführung und Kontrolle von raum-zeitlichen Transformationsprozessen, die innerhalb von Unternehmen oder zwischen Unternehmen stattfinden. Ausgehend von den Zielen und Aufgaben der Produktionslogistik werden entsprechend der Wertschöpfungskette die Bereiche Beschaffungslogistik, Fertigungslogistik, Distributionslogistik und Entsorgungslogistik behandelt. Abschließend erfolgt eine integrierte Betrachtung im Rahmen des Supply Chain Managements. Neben praxisnahen Ausführungen werden auch konzeptionelle und quantitative Modelle eingesetzt. Der Stoff ist in 13 Lehreinheiten gegliedert, deren Inhalt jeweils dem Umfang einer Vorlesungs-Doppelstunde entspricht und die weitgehend unabhängig voneinander durchgearbeitet werden können.

Leseproben und weitere Informationen unter www.kohlhammer.de

W. Kohlhammer GmbH
70549 Stuttgart
vertrieb@kohlhammer.de

150 Jahre Kohlhammer

Jochen Sigloch
Thomas Egner
Stephan Wildner

Einführung in die Betriebswirtschaftslehre

5., aktualisierte und erweiterte Auflage 2015
321 Seiten, 218 Abb. Kart. € 36,99
ISBN 978-3-17-023270-9

auch als EBOOK

Grundzüge der BWL

Das vorliegende Lehrbuch behandelt die Grundzüge der Betriebswirtschaftslehre. Es wird ein einführender Überblick über das breite Spektrum betriebswirtschaftlicher Fragestellungen und Entscheidungsprobleme vermittelt. Als zentrale Aspekte werden neben den konstitutiven Entscheidungen, Fragen der Unternehmensführung, des betrieblichen Leistungsprozesses, der Finanzierung und Investition, der Unternehmensrechnung sowie des Umweltmanagements behandelt. Das Buch ist als Textgrundlage für Einführungsveranstaltungen in die Betriebswirtschaftslehre konzipiert, kann aber auch als Einstiegsliteratur für Praktiker herangezogen werden. Besonderer Wert wird deshalb auf eine übersichtliche, prägnante und dank zahlreicher Beispiele und Abbildungen anschauliche Darstellung der Inhalte gelegt.

Leseproben und weitere Informationen unter www.kohlhammer.de

W. Kohlhammer GmbH
70549 Stuttgart
vertrieb@kohlhammer.de